中国法院2024年度案例

国家法官学院　最高人民法院司法案例研究院　/ 编

道路交通纠纷

中国法制出版社
CHINA LEGAL PUBLISHING HOUSE

《中国法院2024年度案例》通讯编辑名单

序

党的二十大擘画了全面建成社会主义现代化强国、以中国式现代化全面推进中华民族伟大复兴的宏伟蓝图，强调全面依法治国是国家治理的一场深刻革命，必须更好发挥法治固根本、稳预期、利长远的保障作用，在法治轨道上全面建设社会主义现代化国家。为落实习近平总书记“一个案例胜过一打文件”的重要指示精神，人民法院始终把完善中国特色案例制度，加强司法案例研究作为推进全面依法治国、支撑和服务中国式现代化的重要途径，通过发布具有普遍指导意义的典型案例，统一法律适用、提高审判质效，提升司法公信力，努力让人民群众在每一个司法案件中感受到公平正义。为更好满足社会各界和人民群众多元化司法需求，把习近平法治思想落实到人民法院审判工作全过程各方面，人民法院案例库于2024年2月27日正式上线并向社会开放，这是进一步完善中国特色案例制度的重要举措，是最高人民法院推出的新的“公共法律服务产品”。

“中国法院年度案例系列”丛书以及时记录人民法院司法审判工作新发展、新成就为己任，通过总结提炼典型案例的裁判规则、裁判方法和裁判理念，发挥案例鲜活生动、针对性强的优势，以案释法，以点带面，有针对性地阐释法律条文和立法精神，促进社会公众通过案例更加方便地学习法律，领悟法治精神，发挥司法规范、指导、评价、引领的重要作用，大力弘扬社会主义核心价值观，积极服务人民法院案例库建设，加强案例库案例研究，促进统一法律适用、提升审判质效，丰富实践法学研究，增强全民法治意识和法治素养，展现新时代我国法治建设新成就。

“中国法院年度案例系列”丛书自2012年编辑出版以来，已连续出版13年，受到读者广泛好评。为更加全面地反映我国司法审判执行工作的发展进程，顺应审判执行实践需要，响应读者需求，丛书于2014年度新增金融纠纷、行政纠纷、刑事案例3个分册，2015年度将刑事案例调整为刑法总则案例、刑法分则案例2个分册，2016年度新增知识产权纠纷分册，2017年度新增执行案例分册，2018年度将刑事案例扩充为4个分册，2022年度将土地纠纷（含林地纠纷）分册改为土地纠纷（含环境资源纠纷）分册。自2020年起，丛书由国家法官学院与最高人民法院司法案例研究院共同编辑，每年年初定期出版。在全国各级人民法院的大力支持下，丛书编委会现编辑出版《中国法院2024年度案例系列》丛书，共23册。

“中国法院年度案例系列”丛书以开放务实的态度、简洁明快的风格，在编辑过程中坚持以下方法，努力让案例书籍“好读有用”：一是高度提炼案例内容，控制案例篇幅，每个案例字数基本在3000字左右；二是突出争议焦点，尽可能在有限的篇幅内为读者提供更多有效、有益的信息；三是注重释法说理，大多数案例由法官撰写“法官后语”，高度提炼、总结案例的指导价值，力求引发读者思考，为司法审判提供借鉴，为法学研究提供启迪。

“中国法院年度案例系列”丛书编辑工作坚持以下原则：一是以研究案例库案例为首要任务。自今年起，“中国法院年度案例系列”丛书优先选用人民法院案例库案例作为研究对象，力求对案例库案例裁判要旨的基本内涵、价值导向、法理基础、适用要点等进行深入分析，增强丛书的权威性、参考性。二是广泛选编案例。国家法官学院和最高人民法院司法案例研究院每年通过各高级人民法院从全国各地法院汇集上一年度审结的典型案例近万件，使该丛书有广泛的精选基础，通过优中选优，可提供给读者新近发生的全国各地多种类型的典型性、疑难性案例。三是方便读者检索。丛书坚持以读者为本，做到分卷细化，每卷案例主要根据案由（罪名）分类编排，每个案例用一句话概括裁判规则、裁判思路、裁判理念、裁判方法或焦点问题作为主标题，让读者一目了然，迅速找到目标案例。

中国法制出版社始终全力支持“中国法院年度案例系列”丛书的出版，给了编者们巨大的鼓励。2024年，丛书将继续提供数据库增值服务。购买本书，扫描前勒口二维码，即可在本年度免费查阅往年同类案例数据库。我们在此谨表谢忱，并希望通过共同努力，逐步完善，做得更好，探索出一条充分挖掘好、宣传好人民法院案例库案例和其他典型案例价值的新路，为广大法律工作者和社会公众提供权威、鲜活、精准的办案参考、研究素材，更好地服务司法审判实践、服务法学教育研究、服务法治中国建设。

“中国法院年度案例系列”丛书既是法官、检察官、律师等法律工作者的办案参考和司法人员培训辅助教材，也是社会大众学法用法的经典案例读本，同时也为教学科研机构开展案例研究提供了良好的系列素材。当然，编者们在编写过程中也难以一步到位实现最初的编写愿望，客观上会存在各种不足甚至错误，欢迎读者批评指正。我们诚心听取各方建议，立足提质增效，不断拓宽司法案例研究领域，创新司法案例研究方法，助推实现中国特色司法案例研究事业的高质量发展。

国家法官学院　最高人民法院司法案例研究院

2024 年 5 月

目　录

Contents

一、交通事故中的主体问题

二、交通事故损害赔偿

三、交通事故损害赔偿程序

四、交通事故保险理赔

一、交通事故中的主体问题

1

连环碰撞交通事故中，未与受害者车辆发生接触或碰撞的无责车辆也要在交强险无责限额范围内承担赔偿责任

——林某某诉卢某某等机动车交通事故责任案

【案件基本信息】

1. 裁判书字号

广西壮族自治区贵港市中级人民法院（2022）桂 08 民终 1971 号民事判决书

2. 案由：机动车交通事故责任纠纷

3. 当事人

原告（被上诉人）：林某某

被告（上诉人）：甲保险公司

被告：卢某某、胡某、钟某、乙保险公司

【基本案情】

2021 年 6 月 13 日 13 时 9 分许，卢某某驾驶云 G3××××号轻型自卸货车行至某路段时越过中心双实线分别与对向驶来由钟某驾驶的桂 RY××××号小型轿

车和白某某驾驶搭载林某某等人的粤 S6××××号小型轿车发生碰撞，造成林某某等人受伤，三辆车不同程度损坏的道路交通事故。经认定卢某某负全部责任，林某某等人均无责任。

2022 年 3 月 4 日，林某某委托某司法鉴定所进行鉴定。某司法鉴定所于 2022 年 3 月 9 日作出《司法鉴定意见书》，鉴定意见为：（一）林某某在左锁骨中段骨折与本次交通事故之间存在直接因果关系，参与度为 100%；（二）林某某因交通事故所致左锁骨中段完全性骨折治疗后致左肩关节功能丧失 35.22%，伤残评定为十级伤残；（三）林某某左锁骨中段骨折非手术治疗误工期为 120 日，护理期为 60 日，营养期为 90 日。

林某某因此事故造成的各项经济损失共计 143964.23 元。事故发生后，卢某某已垫付 4167.12 元。

云 G3××××号轻型自卸货车在甲保险公司处投保了交强险和商业第三者责任险 150 万元，桂 RY××××号小型轿车在乙保险公司投保了交强险和商业第三者责任险 200 万元，事故发生在保险期间内。

本事故的另一伤者白某某就其损失向本院提起诉讼，本院依法适用小额诉讼程序进行了审理，并于 2022 年 6 月 22 日作出（2022）桂 0821 民初 1869 号民事判决，确定由甲保险公司在交强险医疗费用赔偿限额内赔偿 18000 元、在死亡伤残赔偿限额内赔偿 14128 元、在商业第三者责任险限额内赔偿 2210.99 元给白某某。

【案件焦点】

连环碰撞交通事故中，未与受害者车辆发生碰撞或接触的一方应否在交强险无责限额范围内承担赔偿责任。

【法院裁判要旨】[①]

广西壮族自治区平南县人民法院经审理认为：交强险具有法定性、强制性、

① 本书【法院裁判要旨】适用的法律法规等条文均为案件裁判当时有效，下文不再对此进行提示。

公益性，交强险责任是一种法定责任。交强险限额内的保险赔付责任与侵权责任相互分离，不以其承保的无责机动车是否与被侵权人发生碰撞或接触为认定标准。钟某在此次交通事故中无责任，乙保险公司应在交强险无责限额内承担赔偿责任。

林某某的医疗费、住院伙食补助费、营养费共计 7947.84 元，因甲保险公司已在交强险医疗费用赔偿限额内赔偿 18000 元给本事故的另一伤者白某某，故应由乙保险公司在交强险无责任医疗费用赔偿限额内赔偿 1800 元给林某某；林某某的护理费、误工费、残疾赔偿金、精神损害抚慰金、交通费、鉴定费共计 136016.39 元未超出轻型自卸货车和桂 RY××××号小型轿车交强险死亡伤残赔偿限额之和，则应由甲保险公司和乙保险公司按照责任限额与责任限额之和的比例承担赔偿责任，甲保险公司应在交强险死亡伤残赔偿限额内赔偿 123651.26 元｛136016.39 元×［180000 元÷（180000 元+18000 元）］｝、乙保险公司应在交强险无责任死亡伤残赔偿限额内赔偿 12365.13 元｛136016.39 元×［18000 元÷（180000 元+18000 元）］｝给林某某。交强险赔偿不足的 6147.84 元（7947.84 元-1800 元），因卢某某负事故全部责任，且系云 G3××××号轻型自卸货车的实际所有人，应承担 100%的民事赔偿责任，故应由卢某某赔偿 6147.84 元给林某某。由于卢某某驾驶的轻型自卸货车在甲保险公司投保有 150 万元商业第三者责任险，故应由甲保险公司在商业第三者责任险赔偿 6147.84 元给林某某。综上，甲保险公司应赔偿 129799.10 元（123651.26 元+6147.84 元）给林某某，乙保险公司应赔偿 14165.13 元（1800 元+12365.13 元）给林某某。

广西壮族自治区平南县人民法院依照《中华人民共和国民法典》第一千一百六十五条、第一千一百七十九条、第一千一百八十三条、第一千二百零八条、第一千二百一十三条，《中华人民共和国道路交通安全法》第七十六条，《中华人民共和国保险法》第六十五条第一款、第二款，《最高人民法院关于审理人身损害赔偿案件适用法律若干问题的解释》第六条、第七条、第八条、第九条、第十条、第十一条、第十二条、第十六条、第十七条，《最高人民法院关于审理道路交通事故损害赔偿案件适用法律若干问题的解释》第二条、第十三条、第十八条，《最高人民法院关于确定民事侵权精神损害赔偿责任若干问题的解释》第五条以及《中华人民共和国民事诉讼法》第一百四十七条的规定，判决如下：

一、被告甲保险公司在本判决生效之日起十日内赔偿 129799.10 元给原告林某某（原告林某某在该赔偿款中返还 4167.12 元给被告卢某某）；

二、被告乙保险公司在本判决生效之日起十日内赔偿 14165.13 元给原告林某某；

三、驳回原告林某某的其他诉讼请求。

甲保险公司不服一审判决，提出上诉。广西壮族自治区贵港市中级人民法院同意一审法院裁判意见。

广西壮族自治区贵港市中级人民法院依照《中华人民共和国民事诉讼法》第一百七十七条第一款第一项的规定，判决如下：

驳回上诉，维持原判。

【法官后语】①

本案的争议焦点是：连环碰撞交通事故中，未与受害者车辆发生碰撞或接触的一方应否在交强险无责限额范围内承担赔偿责任。

一种意见认为，交强险无责赔偿并不是绝对无条件的，应根据该机动车与受害人的伤亡等损害是否存在事实及法律上的因果关系予以认定。连环碰撞交通事故中，未与受害者车辆发生碰撞或接触的一方对受害者受损没有原因力，不承担赔偿责任。

另一种意见认为，交强险无责赔偿不以车辆发生碰撞或接触为前提。连环碰撞中，即使对受害者受损没有原因力，只要无责事故车辆与受害人属于同一起交通事故，无责车辆的保险公司也应承担无责赔付义务。

笔者同意第二种意见，理由如下：

① 本书【法官后语】对此类法律问题涉及的法律法规等内容进行了时效性更新，下文不再对此进行提示。

其一，《机动车交通事故责任强制保险条例》第二十一条、第二十三条，《机动车交通事故责任强制保险条款》第八条已明确规定交强险责任限额分为死亡伤残赔偿限额、医疗费用赔偿限额、财产损失赔偿限额以及被保险人在道路交通事故中无责任的赔偿限额。被保险机动车发生交通事故，被保险人无责任时，无责任死亡伤残赔偿限额为18000元；无责任医疗费用赔偿限额为1800元；无责任财产损失赔偿限额为100元。

其二，《中华人民共和国民法典》第一千二百一十三条规定，发生道路交通事故后，应当首先由交强险在其责任限额范围内予以赔偿，也即无论是否为机动车一方责任，交强险都需要先行赔付。只不过，在机动车一方无责的情况下，保险责任限额不同。

其三，二次碰撞是否属于同一起交通事故。法院在认定交通事故次数时，应综合考虑二次碰撞发生的时间和空间、碰撞中的侵权行为、损害结果、因果关系以及交警部门对事故的认定等因素予以判断。本案中卢某某驾驶的车辆先与钟某驾驶的车辆发生碰撞，继而立即又与林某某乘坐的车辆发生碰撞，卢某某的车辆碰撞到钟某的车辆后，卢某某尚未能够下车查看，未对事故进行初步处理又与林某某乘坐的车辆发生碰撞，且交警部门根据两次碰撞的事实经过、事故形成原因、当事人过错及责任进行一次交通事故责任分析，并作出上述责任认定，本案应将两次碰撞视为同一事故。

其四，根据交强险的功能定位与侵权责任的关系，可分为两种模式。第一种模式以侵权责任为基础，强调交强险的责任保险属性，强调交强险分担被保险人损失的功能，需要先按照当事人的过错判定责任大小，保险公司再据此对被侵权人的损失进行赔偿。第二种模式为基本保障模式或“脱钩模式”，更重视受害人的损失填补、强调交强险的基本社会保障功能。此模式下，交强险限额内的保险赔付责任与侵权责任相互分离。只要道路交通事故造成损害，保险人即需向被侵权人承担责任。在道路交通纠纷高发的情况下，我国交强险更强调其基本保障功能，更重视交强险对被侵权人的损失填补，采取在一定范围内与侵权责任脱钩的模式。

综上，连环碰撞交通事故中，只要被保险机动车与受害者车辆在同一交通事故并造成损害，即使被保险车辆未与受害者车辆发生碰撞或接触也应在无责限额内赔偿责任。故，本案中乙保险公司在交强险无责限额范围内应承担赔偿责任。

编写人：广西壮族自治区平南县人民法院　韦露丝

2

未投保交强险的交通事故无责方应在交强险无责限额内承担赔偿责任

——王某某诉刘某某等机动车交通事故责任案

【案件基本信息】

1. 裁判书字号

山东省淄博市张店区人民法院（2022）鲁0303民初5174号民事判决书

2. 案由：机动车交通事故责任纠纷

3. 当事人

原告：王某某

被告：刘某某、保险公司、宋某某

【基本案情】

2021年11月6日，被告刘某某驾车由西向东行驶与同向原告王某某驾驶的车辆相撞后致原告王某某车辆又撞至被告宋某某驾驶的车辆，致车辆受损，原告王某某受伤，造成交通事故。道路交通事故认定书认定被告刘某某负事故全部责任，原告王某某、被告宋某某无事故责任。被告刘某某驾驶车辆在被告保险公司处投保交强险及商业三者险（200万元），事故发生在保险期内。被告宋某某驾驶车辆未投保保险。原告王某某因事故受伤住院治疗11天，经鉴定机构鉴定，构成一处八级伤残、一处九级伤残，护理期90日，营养期120日。各方无法就事故赔偿事宜达成一致，原告王某某诉至法院，要求各被告赔偿误工费、护理费、住院伙食补助费、残疾赔偿金、精神抚慰金等各项损失共计265798.83元。被告刘某某辩称，由保险公司处理。被告刘某某车辆保险公司辩称，同意在交强险与商业险范围内赔偿原告合理合法损失。被告宋某某辩称，根据事故责任认定书，我方没有责任，不予赔偿。

【案件焦点】

案涉事故中不负事故责任的被告宋某某是否应当就原告王某某的损失承担赔偿责任。

【法院裁判要旨】

山东省淄博市张店区人民法院经审理认为：被保险机动车发生道路交通事故造成本车人员、被保险人以外的受害人人身伤亡、财产损失的，由保险公司依法在机动车交通事故责任强制保险责任限额范围内予以赔偿。《最高人民法院关于审理道路交通事故损害赔偿案件适用法律若干问题的解释》第十八条规定，多辆机动车发生交通事故造成第三人损害，损失超出各机动车交强险责任限额之和的，由各保险公司在各自责任限额范围内承担赔偿责任；损失未超出各机动车交强险责任限额之和，当事人请求由各保险公司按照其责任限额与责任限额之和的比例承担赔偿责任的，人民法院应予支持。案涉事故属于多车相撞事故，被告宋某某虽对事故发生没有责任，但依据上述法律规定，其车辆在投保交强险的前提下，承保的保险公司应在交强险无责任赔偿限额内承担赔偿责任。但是，事故发生时，被告宋某某驾驶车辆未购买交强险。《机动车交通事故责任强制保险条例》第二条明确规定，在中华人民共和国境内道路上行驶的机动车的所有人或者管理人，应当依照《中华人民共和国道路交通安全法》的规定投保机动车交通事故责任强制保险。《最高人民法院关于审理道路交通事故损害赔偿案件适用法律若干问题的解释》第十六条规定，未依法投保交强险的机动车发生交通事故造成损害，当事人请求投保义务人在交强险责任限额范围内予以赔偿的，人民法院应予支持。因此，原告王某某诉求投保义务人宋某某在交强险责任限额范围内予以赔偿，于法有据，予以支持。

根据案涉事故责任划分及投保情况，本次事故给原告造成的损失，应先由被告保险公司在交强险责任限额范围内赔偿198772.73元、被告宋某某在交强险无责赔付限额内赔偿19877.27元（医疗费用赔偿限额1800元+死亡伤残赔偿限额18000元+财产损失77.27元），不足部分由被告保险公司在商业三者险范围内按照保险合同约定予以赔偿，仍有不足的，由被告刘某某赔偿。

山东省淄博市张店区人民法院依据《中华人民共和国民法典》第一千一百七十九条、第一千一百八十四条、第一千二百零八条、第一千二百一十三条，《最高人民法院关于审理道路交通事故损害赔偿案件适用法律若干问题的解释》第十六条、第十八条和《机动车交通事故责任强制保险条例》第二条的规定，判决如下：

一、被告保险公司于本判决生效后十日内在交强险范围内赔偿原告王某某各项损失共计198772.73元（被告保险公司垫付的18000元应在该项中扣除结算）；

二、被告宋某某于本判决生效后十日内赔偿原告王某某各项损失共计19877.27元；

三、被告保险公司于本判决生效后十日内在商业三者险范围内赔偿原告王某某各项损失共计54091.67元（被告刘某某垫付的1538元应在该项中扣除结算，由保险公司返还给刘某某）；

四、被告刘某某于本判决生效后十日内赔偿原告王某某复印费8元；

五、驳回原告王某某其他诉讼请求。

判决后，双方当事人均未上诉，本判决现已生效。

【法官后语】

本案的争议焦点之一是案涉事故中不负事故责任的被告宋某某是否应当就原告王某某的损失承担赔偿责任。这涉及机动车交通事故责任强制保险（以下简称交强险）“无责赔付”的概念。交强险作为国家法律规定实行的强制保险险种，目的就在于为受害人提供及时、有效的救济，维护社会安全，保护社会公共利益，“无责赔付”制度的规定更加体现了交强险的强制性、无过错赔偿性、保障受害人利益的公益性等特点。无责赔付，简言之，即没有事故责任的赔付，有人会提出疑问，没有事故责任为何要赔付？那是因为混淆了事故责任与赔偿责任、行政责任与民事责任不同的法律概念。

无责赔付中的“事故责任”是公安交通管理机关针对特定的交通事故单方面作出具有法律效力的具体行政行为所确定的责任，是一种行政责任，而非民事责任。当事人不负行政责任并不代表其不用承担民事责任。《中华人民共和国道路交通安全法》第七十六条规定“机动车发生交通事故造成人身伤亡、财产损失的，由保险公司在机动车第三者责任强制保险责任限额范围内予以赔偿”，该规定未设定赔偿的前提。从《机动车交通事故责任强制保险条例》第二十一条、第二十三条以及交强险保单的内容中看，无论是否为机动车一方责任，交强险都需要先行赔付。上述便是关于“无责赔付”的法律依据。因此，无责赔付，是指没有事故责任（行政责任）的赔付，不是没有赔偿责任（民事责任）的赔付，只要机动车发生交通事故与损害后果之间存在因果关系，就应当对损害后果承担法定的赔偿责任，只不过，在机动车一方无责的情况下，保险责任限额不同。2020 年 9 月 19 日之后，被保险人在道路交通事故中无责任的赔偿限额提高为：死亡伤残赔偿限额 18000 元，医疗费用赔偿限额 1800 元，财产损失赔偿限额 100 元。若投保机动车交强险一方在事故中无责任，则以上述无责限额为限，对受害人进行赔偿。

《中华人民共和国民法典》第一千二百一十三条关于交通事故责任承担主体赔偿顺序是这样规定的：机动车发生交通事故造成损害，属于该机动车一方责任的，先由承保机动车强制保险的保险人在强制保险责任限额范围内予以赔偿；不足部分，由承保机动车商业保险的保险人按照保险合同的约定予以赔偿；仍然不足或者没有投保机动车商业保险的，由侵权人赔偿。本案案涉事故为多车相撞事故，原告王某某驾驶车辆与被告刘某某、宋某某驾驶的车辆均接触碰撞，《最高人民法院关于审理道路交通事故损害赔偿案件适用法律若干问题的解释》第十八条规定，多辆机动车发生交通事故造成第三人损害，损失超出各机动车交强险责任限额之和的，由各保险公司在各自责任限额范围内承担赔偿责任；损失未超出各机动车交强险责任限额之和，当事人请求由各保险公司按照其责任限额与责任限额之和的比例承担赔偿责任的，人民法院应予支持。被告宋某某不负事故责任，本应由承保其机动车强制保险的保险公司在无责赔付限额内依照上述法律规定承担赔偿责任，但是被告宋某某并未为其车辆购买交强险。《机动车交通事故责任强制保险条例》第二条明确规定，在中华人民共和国境内道路上行驶的机动车的所有人或者管理人，应当依照《中华人民共和国道路交通安全法》的规定投保机动车交通事故责任强制保险。被告宋某某驾驶车辆未购买交强险而上路行驶，属于违法行为。《最高人民法院关于审理道路交通事故损害赔偿案件适用法律若干问题的解释》第十六条规定，未依法投保交强险的机动车发生交通事故造成损害，当事人请求投保义务人在交强险责任限额范围内予以赔偿的，人民法院应予支持。依据上述法律规定，被告宋某某作为投保义务人应当在交强险无责任限额范围内赔偿原告王某某损失。综上，法院作出上述判决。

编写人：山东省淄博市张店区人民法院　胡卿

3

为公司送货途中发生交通事故的，根据驾驶人与公司合同关系的性质确定赔偿义务主体

——孙某某诉郭某1等机动车交通事故责任案

【案件基本信息】

1. 裁判书字号

北京市第二中级人民法院（2022）京02民终10434号民事判决书

2. 案由：机动车交通事故责任纠纷

3. 当事人

原告（被上诉人）：孙某某

被告（上诉人）：酒店公司、余某某

被告（被上诉人）：郭某2、郭某1

【基本案情】

郭某2系郭某1之子。余某某系酒店公司法定代表人。2020年5月6日17时30分许，郭某2驾驶三轮摩托车由东向西超越在非机动车道内行驶的孙某某驾驶的电动自行车行至某公交车站处后停车，适有孙某某驾驶电动自行车由后方驶来，电动自行车左侧前部与三轮摩托车后部右侧接触，造成孙某某受伤，车辆损坏。经交管部门认定，郭某2承担全部责任，孙某某无责任。郭某2不服提出复核，交管部门作出《道路交通事故复核结论》，维持原结论。

事发后孙某某被送往医院救治。经委托鉴定机构就孙某某受伤与事故因果关系及护理期、营养期、护理依赖等进行鉴定，鉴定意见为：孙某某颅脑损伤与交通事故存在直接因果关系；孙某某颅脑损伤构成一级伤残；护理期、营养期评定至伤残评定前一日；护理人数为1人；护理依赖程度为完全护理依赖。

酒店公司、余某某提交余某某与郭某1的微信截图，显示事发前公司向郭某1发送送货地址、货物名称、电话信息。

【案件焦点】

郭某1与酒店公司之间系承揽关系抑或雇佣关系。

【法院裁判要旨】

北京市丰台区人民法院经审理认为：首先，郭某1之子郭某2系在为酒店公司送货过程中发生交通事故，应视为事故发生在为酒店公司提供劳务过程中；其次，郭某2驾驶的车辆系酒店公司法定代表人余某某所购买，送货时使用酒店公司法定代表人余某某购置的车辆；最后，关于双方劳动报酬结算方式以及送货使用的交通工具方面，虽然酒店公司与郭某 1 等均称有活就干、不固定结算时间、平时基本使用郭某 1 自己车辆等，但均未向法院提交证据证明各自主张。综合上述事实，结合酒店公司提交的事发当日指派工作任务的微信截图，此次事故发生时郭某 1 确系接受酒店公司的指派提供劳务，工作的完成并非依赖于郭某 1 的技术、工具等，而系接受酒店公司的指示、监督、管理完成工作任务后，由酒店公司向其结算劳动报酬，故双方之间更符合雇佣关系的法律特征，而非承揽合同关系。因此，对于孙某某的伤害后果应由酒店公司承担赔偿责任。郭某 1 将公司指派的任务交由未成年人完成，对事故发生存在重大过失，应承担连带赔偿责任。余某某作为车辆所有人或管理人将车辆任由未取得驾驶资格的未成年人使用，应承担共同赔偿责任。

北京市丰台区人民法院依照《中华人民共和国侵权责任法》第六条、第十六条、第三十二条、第三十五条、第四十九条，《最高人民法院关于审理人身损害赔偿案件适用法律若干问题的解释》第九条、第十七条、第十八条、第十九条、第二十一条、第二十二条、第二十三条、第二十四条、第二十五条，《最高人民法院关于审理道路交通事故损害赔偿案件适用法律若干问题的解释》第二条的规定，判决如下：

酒店公司、余某某、郭某 1 赔偿孙某某医疗费、住院伙食补助费、护理费、交通费、营养费、残疾赔偿金、残疾辅助器具费、精神损害抚慰金及其他合理费用。

酒店公司不服一审判决，提出上诉。北京市第二中级人民法院经审理同意一审法院裁判意见，判决如下：

驳回上诉，维持原判。

【法官后语】

从表现形式上，雇佣与承揽法律关系具有相似的特征，即通常均表现为雇员或者承揽人为完成工作而提供一定的劳务。因此实践中两类法律关系不易区分。而对两者的区分认定又至关重要，不仅会直接导致案件中责任承担者的不同，也会直接影响受害人的损害赔偿能否实现。在劳务供给方对方侵权的场合，若认定为雇佣关系，则应适用雇主责任，由雇主对外承担责任；若认定为承揽关系，通常由承揽人承担责任，定作人仅在有选任、指示过失时才承担相应的责任。因此在此类侵权纠纷案件中，双方当事人的争议焦点集中在对合同的定性上，本案即为一典型例证。

当合同双方就合同类型无约定时，人民法院一般应结合工作性质、控制程度、技能要求、工作工具、工作时间、付酬方式等标准进行综合判断。以下结合本案详论之：

1. 用人者对劳务者及工作细节的控制程度。首先，在雇佣关系中，雇主与雇员之间通常具有从属关系，雇员受雇主的指挥和监督，独立性较差，而承揽人提供劳务则具有较强的对立性，不受定作人的支配和控制；其次，雇员提供劳务的内容系雇主安排，雇主对于工作细节具有决定权，可随时干预雇员的工作，而承揽人对工作过程和细节具有自主掌控权。因此，用人者对劳务者本人的控制、支配能力越强，对工作细节的控制力越强，越倾向于认定为雇佣关系。本案中，事发前酒店公司向郭某1发送送货地址、货物名称、电话信息等，郭某1系根据公司的安排和指示进行送货，服从公司的指挥、监督，其对于工作如何安排并无自主权。

2. 用人者是否提供工作工具、指定工作场所等。如果劳务者提供劳务系在用人者指定的工作场所，使用用人者提供的设备、工具，则倾向于认定为雇佣关系。若劳务者系使用自己的设备，在自己选择的工作场所进行劳务，则倾向于认定为承揽关系。本案中，事发当日送货系使用酒店公司的车辆，目的为将货物（当事人均陈述为垃圾桶）送至公司指定的场所（收货人处），根据郭某1陈述，在双方数次交易中，除使用三大广贸车辆外，也存在酒店公司同意其租赁车辆，相关费用由公司报销的情形，从双方交易习惯看，郭某1提供劳务依靠公司提供或认可的工具，劳务内容指向公司确定的场所。

3. 劳务者从事工作所需要的技能及报酬体现的技能价值。通常来说，承揽人提供劳务需要独立的工作技能，如加工、修理、测试等，其报酬体现其投入的技术价值。而雇员提供劳务通常缺乏独立的工作技能，其报酬多体现劳务本身的价值而非技术价值。本案中郭某1为酒店公司频繁提供劳务，虽每次在提供劳务后结算报酬，但报酬未体现郭某1有投入的技术价值或使用自己设备的利润。

4. 劳务者提供劳务的独立经营性。承揽人所提供的劳务系其独立的业务或经营活动，而雇佣所提供的劳务系雇主生产经营活动的组成部分，并非自身独立的经营活动。本案中，郭某1提供的送货劳动是酒店公司经营活动的组成部分，系在公司监管和约束下的一种从属劳动，并非郭某1独立的经营业务。

综合上述方面，郭某1与酒店公司之间应认定为雇佣关系更为适当，据此适用雇主责任确定赔偿义务人。

编写人：北京市第二中级人民法院　华娇

4

交通事故责任纠纷中工伤责任与侵权责任竞合时的责任主体认定

——连某诉孙某、某镇人民政府机动车交通事故责任案

【案件基本信息】

1. 裁判书字号

山东省威海市中级人民法院（2022）鲁10民终700号民事判决书

2. 案由：机动车交通事故责任纠纷

3. 当事人

原告（上诉人）：连某

被告（被上诉人）：孙某、某镇人民政府

【基本案情】

2021年1月28日14时许，孙某驾驶小型面包车载刘某由南向北行驶左转弯，与由西向东行驶的丛某驾驶重型货车相撞，致双方车损，孙某受伤，刘某当场死亡。此事故经交警大队认定：孙某、丛某承担事故的同等责任，刘某无责任。事故发生时刘某未婚，未生育子女，本案原告连某系刘某之母，刘某之父刘某某于2021年6月11日死亡。

孙某驾驶的面包车登记在其本人名下，该车未投保车上人员责任险（乘客）。事故发生时，孙某任某镇人民政府（以下简称某镇政府）副镇长。刘某系某市人才创新发展中心的工作人员，属事业编制，2020年11月刘某根据《引进重点高校优秀毕业生公告》的要求，被安排至某镇政府挂职锻炼一年。某镇政府认可事故发生时，孙某拉载刘某为辖区内生活困难老党员发放慰问金。事故发生后，某镇政府就孙某因此事故遭受侵害向工伤审核单位进行工伤申报，某市人力资源和社会保障局就刘某因此事故遭受侵害向工伤审核单位进行工伤申报。经核实，工伤审核单位已经分别作出认定工伤决定书，认定刘某因此次交通事故导致的死亡，孙某因此次事故所受的伤害均为工伤，并已经明确了刘某、孙某的工伤待遇。工伤保险共赔偿刘某亲属一次性工亡补助金876680元，丧葬补助金37453.02元，合计914133.02元。

另查，丛某驾驶的重型货车登记在其本人名下，该车在保险公司投保交强险以及商业第三者责任保险，事故发生在保险期间内。2021年3月22日，连某、刘某某与丛某以及孙某经某市道路交通事故纠纷人民调解委员会调解，三方达成调解协议：一、刘某死亡赔偿金、丧葬费合计916564.5元，刘某亲属处理事故产生误工费2415元，刘某亲属精神抚慰金5000元，以上合计923979.5元，孙某因该交通事故构成十级伤残，应在丛某交强险内按比例分担，现孙某自愿放弃交强险赔偿自己应得部分全部让给刘某亲属。丛某在交强险内赔付刘某死亡赔偿金180000元，余额按照50%在丛某第三者保险内承担，计371989.75元，合计557989.75元。二、孙某赔偿刘某另案处理。截至目前，该款已经由太平财产保险有限公司赔偿完毕。诉讼过程中，连某自愿撤回对丛某的起诉。

2021 年 2 月 4 日，连某、刘某某（乙方）与孙某（甲方）签订《协议书》，协议书载明乙方之女刘某乘坐甲方驾驶其所有的车辆下乡途中发生交通事故当场死亡，事故发生后交警部门尚未作出责任认定，为及时处理刘某的遗体并给予乙方精神抚慰，现甲乙双方经协商自愿达成如下协议：一、甲方自愿先行垫付给乙方导致刘某死亡的赔偿金 50000 元。二、待此次事故责任作出后，由甲方根据责任认定以及法律规定对乙方进行赔偿，甲方此次先行垫付给乙方的赔偿款从甲方应当承担的赔偿款中扣减，不足部分再另行支付。协议签订后，孙某给付连某 50000 元。

【案件焦点】

因工伤事故产生人身损害，而存在工伤责任与侵权责任竞合的情况下，如何认定责任承担的主体。

【法院裁判要旨】

山东省乳山市人民法院经审理认为：对于孙某是否应当承担人身损害赔偿责任取决于对孙某行为的认定。本案中，孙某驾驶的车辆与丛某驾驶的车辆相撞导致刘某死亡，理应由孙某、丛某承担相应的赔偿责任。因丛某应当承担的赔偿责任在本次诉讼前已经由其承保的保险公司履行了赔偿义务，且连某自愿撤回对丛某的起诉，故对丛某应当承担的赔偿责任，本院不再阐述。孙某事发时虽然系驾驶登记在个人名下的私家车，搭载刘某前往为老党员发放慰问金，但该行为应当被认定为履行职务行为，即孙某驾驶车辆致使刘某死亡发生在执行工作任务过程中，由此导致的侵权责任应当由孙某的用人单位即某镇政府承担。

对于某镇政府是否应当承担人身损害赔偿责任。本案交通事故发生时，刘某系某市人力资源和社会保障局职工，某镇政府系其挂职锻炼的接收单位。虽然公务员、事业编制在挂职锻炼期间，不改变与原机关的人事关系，但真正的劳动给付发生在刘某与某镇政府之间，故此处的某镇政府应当是处于与用人单位一致的地位，某镇政府不属于《最高人民法院关于审理人身损害赔偿案件适用法律若干问题的解释》第三条第二款规定中的第三人。且刘某的亲属已经获得工伤保险赔偿一次性工亡补助金 876680 元，丧葬补助金 37453.02 元，合计 914133.02 元。故连某起诉，要求孙某、某镇政府承担赔偿责任，理由不当，本院不予支持。

山东省乳山市人民法院依照《中华人民共和国民法典》第一千一百九十一条、《最高人民法院关于审理人身损害赔偿案件适用法律若干问题的解释》第三条的规定，判决如下：

驳回连某要求孙某、某镇人民政府连带赔偿 371989.75 元的诉讼请求。

连某不服一审判决，提起上诉。山东省威海市中级人民法院同意一审裁判意见。

山东省威海市中级人民法院依照《中华人民共和国民事诉讼法》第一百七十七条第一款第一项的规定，判决如下：

驳回上诉，维持原判。

【法官后语】

本案主要涉及因工伤事故造成人身损害，而出现工伤责任与侵权责任竞合的情况下，应当如何划分责任并认定责任承担的主体。

根据《工伤保险条例》第十四条规定："职工有下列情形之一的，应当认定为工伤：(一) 在工作时间和工作场所内，因工作原因受到事故伤害的；(二) 工作时间前后在工作场所内，从事与工作有关的预备性或者收尾性工作受到事故伤害的；(三) 在工作时间和工作场所内，因履行工作职责受到暴力等意外伤害的；(四) 患职业病的；(五) 因工外出期间，由于工作原因受到伤害或者发生事故下落不明的；(六) 在上下班途中，受到非本人主要责任的交通事故或者城市轨道交通、客运轮渡、火车事故伤害的；(七) 法律、行政法规规定应当认定为工伤的其他情形。"该条款明确了应当认定为工伤的法定情形。进言之，只要符合上述法定情形，无论职工所受伤害是否由第三人侵权引起，都应当认定为工伤。换言之，是否存在第三人侵权不影响工伤的认定。

本案争议焦点在于，虽然受害人是在履行职务的过程中发生人身损害，依法应当按照工伤事故处理，但同时，受害人也是因交通事故而产生伤亡后果。此时，受害人家属在获得工伤保险赔偿后，能否再要求事故认定的责任主体按照交通事故承担人身损害赔偿责任。

《最高人民法院关于审理人身损害赔偿案件适用法律若干问题的解释》第三条第一款明确规定："依法应当参加工伤保险统筹的用人单位的劳动者，因工伤事故遭受人身损害，劳动者或者其近亲属向人民法院起诉请求用人单位承担民事赔偿责任的，告知其按《工伤保险条例》的规定处理。"第二款规定："因用人单位以外的第三人侵权造成劳动者人身损害，赔偿权利人请求第三人承担民事赔偿责任的，人民法院应予支持。"根据上述两条规定可知，劳动者因工伤事故受到人身损害，应就损害造成的原因，区分两种情况：其一，因用人单位以外的第三人侵权所造成的；其二，非因用人单位以外的第三人侵权所造成的（包括但不限于因用人单位方面以及劳动者自身的原因）。

一、因用人单位以外的第三人侵权造成损害，兼具工伤保险补偿请求权与人身损害赔偿请求权

若此时的情况为，因用人单位以外的第三人侵权造成损害。虽然仍然是基于同一损害事实，但因存在于两个不同的法律关系之中，适用不同的归责原则，互不排斥。其法理基础在于，一方面，因为工伤事故的发生，劳动者与用人单位之间形成工伤保险补偿关系，而国家设置工伤保险制度，目的是保障因工作遭受事故伤害或者患职业病的职工获得医疗救治和经济补偿，因此，只要客观上存在工伤事故，就会在受伤职工和用人单位之间产生工伤保险补偿关系。确认该法律关系成立与否，无须考虑工伤事故发生的原因，即使该事故系因用人单位以外的第三人侵权所致，或者是由于受伤职工本人的过失所致，都不影响受伤职工向用人单位主张其权利。另一方面，基于侵权事实的存在，受伤职工作为被侵权人，与侵权人之间形成侵权之债的法律关系，被侵权人当然有权据此向侵权人主张人身损害赔偿。侵权之债成立与否，与被侵权人是否获得工伤保险赔偿无关，即使用人单位已经给付受伤职工工伤保险补偿，也不能免除侵

权人的赔偿责任。

综上，因用人单位以外的第三人侵权造成劳动者人身损害，构成工伤的，劳动者具有双重主体身份——工伤事故中的受伤职工及人身侵权的被侵权人。基于该双重主体身份，劳动者遂有权获得双重赔偿——既有权向用人单位主张工伤保险补偿，亦有权向侵权人主张人身损害赔偿。在这种情形下，用人单位和侵权人应当依法承担各自所负的责任，不因受伤职工先行获得一方赔偿、实际损失已得到全部或部分补偿而免除或减轻另一方的责任。

本案中，孙某驾驶的车辆与从某驾驶的车辆相撞导致刘某死亡，理应由孙某、从某承担相应的赔偿责任。此时，双方系基于侵权损害事故的发生，造成了损害严重后果，且双方对事故的发生均具有过错，遂应当承担损害赔偿责任，因从某应当承担的赔偿责任在本次诉讼前已经由其承保的保险公司履行，故本案并未就从某应负担的部分进行过多赘述。

二、非因用人单位以外的第三人侵权，仅有权获得工伤保险补偿

在工伤事故是非因用人单位以外的第三人侵权所造成的情况下（包括但不限于因用人单位方面以及劳动者自身的原因），抑或是工伤事故是本单位正在履行工作职责的其他职工引起的，即侵权责任的赔偿主体与工伤责任的补偿主体为同一单位的，那么，此时的劳动者或者其近亲属只能请求按照工伤事故处理，仅有权获得工伤保险赔偿，而不能再向用人单位主张人身损害赔偿。

深入思考其中的原因，一方面，该职工履行职责的行为是代表本单位，其行为后果仅能依法享受工伤保险待遇，而不能获得双重赔偿；另一方面，在用人单位已经为劳动者足额缴纳工伤保险费用的情况下，如果再让其承担侵权责任，将过分地增加用人单位的成本，违背了工伤保险创设的目的。毕竟，工伤保险的建立在某种意义上，是为了减轻用人单位的责任并使该责任社会化。再反言之，若用人单位不仅要承担工伤保险费的缴纳义务，同时还可能因为侵权行为而支付损害赔偿，那么用人单位的工伤责任不仅没有因工伤保险制度的创建而减弱，反而比工伤保险制度建立前进一步加重，严重背离创设工伤保险制度的目的。

本案中，事发时孙某搭载刘某下乡为老党员发放慰问金，该行为应当被认定为履行职务行为，即孙某驾驶车辆导致刘某死亡发生在执行工作任务过程中，由此导致的侵权责任，孙某所负责任应当由其用人单位即某镇政府承担。但同时，该镇政府系刘某的挂职锻炼接收单位，其已配合刘某的亲属办理工伤保险赔偿，那么此时的问题为某镇政府是否为用人单位以外的第三人，是否应当再行承担赔偿侵权损害责任。

三、如何综合考量与界定用人单位以外的第三人之范围

劳务派遣用工与劳动合同用工同样是受劳动合同法调整的用工形式，在劳务派遣用工形式中用工单位与劳动者之间虽然没有劳动合同，但是真正的劳动给付发生在劳动者与用工单位之间，用工单位需要对劳动者承担相应的义务，故用工单位应当是处于与用人单位一致的地位。用工单位不属于《最高人民法院关于审理人身损害赔偿案件适用法律若干问题的解释》第三条第二款规定中的第三人地位。即在发生损害后果时，若劳动者已经以工伤保险取得相应的补偿，不能再以人身损害为由重复主张赔偿责任。

虽上述概念从文义解释的角度来看，与本案的主体关系及合同关系并不完全贴合，但为了综合考量本案的主体责任，我们不妨借鉴该思考。本案交通事故发生时，刘某系某市人力资源和社会保障局职工，与某市人力资源和社会保障局订立劳动合同，虽然公务员、事业编制在挂职锻炼期间，不改变与原机关的人事关系，但某镇政府系其挂职锻炼的接收单位，真正的劳动给付发生在刘某与某镇政府之间，故此处的某镇政府应当是处于与用人单位一致的地位，其不属于《最高人民法院关于审理人身损害赔偿案件适用法律若干问题的解释》第三条第二款规定中的第三人。因此，就本案事故中孙某应当承担赔偿的部分，连某仅有权主张工伤保险赔偿。

综上所述，引起工伤的“第三人”应当为用人单位和本单位正在履行工作职责的职工以外的法人、其他组织或者个人。如果工伤事故是本单位正在履行工作职责的其他职工引起的，那么工伤职工及其家属则不能再向引起工伤事故的职工提出人身损害赔偿，因为该职工履行职责的行为是代表本单位，其行为

后果应当由该用人单位承担。即该工伤职工及其家属只能依法享受工伤保险待遇，不能获得双重赔偿。

编写人：山东省乳山市人民法院 袁菁

5

电商平台经营者未尽审核义务和安全保障义务的责任认定

——高某诉科技公司等机动车交通事故责任案

【案件基本信息】

1. 裁判书字号

重庆市第一中级人民法院（2022）渝01民终11534号民事判决书

2. 案由：机动车交通事故责任纠纷

3. 当事人

原告（被上诉人）：高某

被告（上诉人）：科技公司

被告（被上诉人）：杨某、罗某、保险公司

【基本案情】

2020年12月29日，原告因朋友搬家在科技公司应用程序（Application，App）平台上申请订单并支付运费67元，订单备注：两人跟车。该订单由罗某接单并由罗某驾驶渝A3××××小型面包车承担运输任务。

2020年12月29日4时23分许，罗某驾驶未购买交强险且改装后的渝A3××××小型面包车行驶至人行横道线路段，向左变更车道时与杨某醉酒后（血液中乙醇含量为124.3mg/100mL）驾驶的渝AZ××××小型轿车相撞，致车辆受损、罗某受伤，渝A3××××小型面包车乘坐人高某受伤的道路交通事故。某市公安局某区分局交通巡逻警察支队作出道路交通事故认定书，认定杨某和罗某承担此次事故的同等责任，高某不承担事故责任。同时，该事故认定书在对事故原因进行分析认为：此事故中杨某醉酒后超速驾驶车辆的行为与罗某驾驶未购买交强险和改装后的车辆从最右侧车道向左变更车道的行为均是造成此事故的原因。

原告受伤后当即被送往医院住院治疗，并于2021年4月20日出院。其后又在多家医院继续住院治疗，产生相关费用。2021年6月10日，某司法鉴定中心出具鉴定意见，被鉴定人高某为一级伤残，完全护理依赖，日常生活建议二人护理，误工期评为定残前一日，伤后营养期评为定残前一日。

2021年7月27日，一审法院作出刑事判决书，判决被告人杨某犯危险驾驶罪，判处拘役四个月，并处罚金8000元。该判决书已发生法律效力。

罗某系渝A3××××车辆的所有权人，该车辆行驶证载明的使用性质为非营运，核定载人数7人。科技公司App的经营者为科技公司，罗某为科技公司App平台的注册司机。2020年10月19日，罗某向科技公司交纳保证金1300元。罗某陈述，其非法改装了该车辆，拆卸了座位，每拉完一单，科技公司App平台要求上传车贴和照片，科技公司对其拆卸座位是知晓的。

杨某系渝AZ××××车辆的所有权人，该车辆在保险公司投保了交强险和商业三者险100万元，事故发生在保险期内。2021年7月9日，杨某作出《放弃索赔声明》，即渝AZ××××保险车辆于2020年12月29日出险，因醉酒驾驶的原因，现本人决定自行承担本次事故全部的损失费用，即该部分损失费用无须贵公司赔偿，同意保险公司根据现有资料一次性理赔结算，自行承担的部分及结案后发生的费用均与贵公司无关，由我方承担一切责任。

【案件焦点】

各被告应承担的责任及责任范围如何认定。

【法院裁判要旨】

重庆市江北区人民法院经审理认为：某市公安局某区分局交通巡逻警察支

队作出的道路交通事故认定书认定杨某和罗某承担此次事故的同等责任，高某不承担事故的责任，该事故认定书证据充分，责任划分得当，各方当事人均无异议，本院予以采信，并作为本案定案的依据。结合交警部门的责任认定，本院确定由杨某承担50%的赔偿责任，罗某承担50%的赔偿责任。

虽杨某系醉驾造成本案交通事故，但交强险的赔付以无过错为原则，故保险公司应在交强险赔偿范围内承担赔偿责任，并依法享有追偿权。杨某作出的《放弃索赔声明》损害了原告的合法权益，不符合法律的相关规定，该声明无效，本院不予支持。

且杨某在投保商业三者险时，确认已收到保险条款并确认保险公司对免责条款的内容已向其进行了明确说明，其也未提出相反证据证明保险公司未向投保人对该免责条款的内容履行明确说明义务，故本院认定保险公司在订立保险合同时对免责条款已向投保人尽到了提示和明确说明义务，该免责条款产生法律效力，故保险公司在商业三者险范围内不予赔偿。

未依法投保交强险的机动车发生交通事故造成损害，当事人请求投保义务人在交强险责任限额范围内予以赔偿的，人民法院应予支持。罗某所有并驾驶的渝A3××××车辆未投保交强险，应由罗某先在交强险责任限额范围内予以赔偿，超出交强险的部分由罗某根据上述责任划分承担50%的赔偿责任。

关于科技公司是否承担责任的问题。罗某将其所有的车辆用于涉案营运业务，并与原告建立了运输合同法律关系，本案现有证据不能证明罗某与科技公司之间存在雇佣、挂靠、劳务等关系。科技公司App的经营者为科技公司，科技公司为社会公众提供关于货物运输车辆的信息交易平台，应当按照道路运输和电子商务经营相关规范开展经营活动。根据《中华人民共和国电子商务法》第三十八条第二款规定，结合本案查明的事实，渝A3××××车辆未投保交强险并进行了改装，该车辆只有副驾驶1个座位，除驾驶员外只能1人跟车，而事发时该车辆乘坐了原告等2人，不符合安全要求，科技公司未尽到必要的审核义务，对消费者未尽到安全保障义务，科技公司存在过错。本院确定原告的损失首先由罗某承担赔偿责任，科技公司应对罗某不能清偿的部分承担补充赔偿责任。原告要求科技公司承担连带赔偿责任，缺乏合同约定和法律依据，本院不予支持。

重庆市江北区人民法院依照《最高人民法院关于适用〈中华人民共和国民法典〉时间效力的若干规定》第一条第二款，《中华人民共和国侵权责任法》第六条、第十六条、第四十八条，《中华人民共和国道路交通安全法》第七十六条，《中华人民共和国电子商务法》第三十八条第二款，《最高人民法院关于审理道路交通事故损害赔偿案件适用法律若干问题的解释》第十六条、第十八条第一款第二项、第十九条，《最高人民法院关于审理人身损害赔偿案件适用法律若干问题的解释》第十七条、第十八条、第十九条、第二十条、第二十一条、第二十二条、第二十三条、第二十四条、第二十五条、第二十六条、第二十八条，《最高人民法院关于确定民事侵权精神损害赔偿责任若干问题的解释》第八条第二款，《中华人民共和国民事诉讼法》第一百四十七条的规定，判决如下：

一、被告保险公司于本判决生效之日起十日内赔偿原告高某 198000 元；

二、被告杨某于本判决生效之日起十日内赔偿原告高某 461694.22 元；

三、被告罗某于本判决生效之日起十日内赔偿原告高某 846334.21 元；

四、被告科技公司对被告罗某承担的上述赔偿责任承担补充赔偿责任；

五、驳回原告高某的其他诉讼请求。

科技公司不服一审判决，提出上诉。重庆市第一中级人民法院同意一审法院裁判意见。

重庆市第一中级人民法院依照《中华人民共和国民事诉讼法》第一百七十七条第一款第一项的规定，判决如下：

驳回上诉，维持原判。

【法官后语】

电子商务平台属于以互联网为依托的平台经济，其通过线上虚拟交易场所促成消费者与经营者达成交易，以此收取费用获得收益。科技公司所居间服务的货物运输行业关系到消费者的生命健康，除提供信息服务外，其作为电子商务平台经营者，应对消费者尽到较高的安全保障义务和必要的审查义务。

根据《中华人民共和国电子商务法》第三十八条第二款的规定，电子商务平台经营者对关系消费者生命健康的商品或者服务，负有审核义务和安全保障义务，造成消费者损害的，依法承担相应的责任。前述义务属于法定义务，电子商务平台经营者应当积极履行，不能通过约定进行排除。

一是电子商务平台经营者的审核义务。通常认为，电子商务平台经营者负有对平台内经营者进行形式审查的义务，对基础信息应当实行实质审查，此种审查程度应当达到公众的合理预期。同时，因不同电商平台的功能和定位不同，其资质资格审查义务的内容也存在差异。如对网约车或货运车电商平台而言，驾驶员的基本信息、驾驶资格和车辆适行、安全资质等情况，电子商务平台经营者应当进行合理审查。

二是电子商务平台经营者的安全保障义务。《中华人民共和国民法典》第一千一百九十八条和《中华人民共和国消费者权益保护法》第十八条第二款对安全保障义务作出了规定，电子商务平台经营者的安全保障义务与其不同，主要是线上的安全保障义务，其义务来源于电子商务平台经营者对商品以及服务信息的掌握，属于防止损害发生的义务。电子商务平台经营者发现平台内商品或者服务不符合保障人身、财产安全的，应当依法采取必要措施，商品或者服务与实际情况不符时，应当及时更新相关信息，为消费者的选择提供合理指引。对平台内的商品或者服务信息、交易信息提供数据保存，为消费者维权提供证据。在网约车或货运车电子商务平台中，应当确保司机为车辆投保交强险等，使被侵权人在事故发生后可以得到及时的救济。

对于责任形态及范围的确定，《中华人民共和国电子商务法》第三十八条第二款规定为“相应的责任”。对于相应责任的理解，普遍认为其为多元性责任，包括连带责任、补充责任等，即应当结合平台的过错程度、因果关系和具体案件事实等加以确定该责任形态。在第三人造成消费者损害的情形下，该相应责任可以解释为补充责任，理由在于第三人的侵害是造成消费者损害发生的直接原因，平台经营者或因未履行相应义务对危险的发生具有间接原因力，两者不在同一层面，因而平台经营者应承担补充责任。

此外，在没有法律明确规定的情况下，按照一般侵权过错归责原则，消费者应当对平台经营者存在过错承担证明责任。实际生活中，普通消费者保存信息、收集证据的能力较弱，而平台经营者因交易发生在其线上平台，无疑具有更强的信息优势地位。从消费者权益保护的角度出发，在诉讼中可以适当减轻消费者之证明负担，采取降低其证明标准、运用经验法则、发出文书提出命令等方法，如此有利于法院对事实的认定、维护消费者证据提出的弱势地位。

编写人：重庆市江北区人民法院　彭霞　黄庆华

6

共享汽车租赁平台未尽审核义务应承担相应过错责任

——袁某某诉蔡某等机动车交通事故责任案

【案件基本信息】

1. 裁判书字号

江苏省苏州市中级人民法院（2021）苏05民终4605号民事判决书

2. 案由：机动车交通事故责任纠纷

3. 当事人

原告（被上诉人）：袁某某

被告（上诉人）：科技公司

被告（被上诉人）：蔡某、甲保险公司

被告：乙保险公司

【基本案情】

蔡某通过应用程序（Application，App）在线向科技公司租赁共享汽车，在驾驶汽车过程中与袁某某驾驶的电动自行车发生碰撞，导致袁某某受伤。交警部门认为，袁某某违反交通信号灯通行，是造成事故的原因之一；蔡某在驾驶证超分状态下驾驶机动车上道路行驶，疏于观察路面情况，是造成事故的另一原因，且在发生事故后逃离现场。综上，交警部门认定蔡某应负事故全部责任，袁某某不负事故责任。袁某某就其所受损失，将蔡某、科技公司及承保案涉机动车交强险的甲保险公司、承保商业险的乙保险公司诉至法院。

【案件焦点】

共享汽车租赁平台对袁某某的损失是否应承担赔偿责任。

【法院裁判要旨】

江苏省太仓市人民法院经审理认为：事故责任认定系从行政管理角度作出，并不完全等同民事赔偿责任，在民事赔偿责任划分上，仍应考虑当事人的过错。因租赁机动车发生交通事故的，在交强险内不足赔偿的部分，属于机动车一方责任的，由机动车使用人承担赔偿责任，机动车所有人、管理人对损害的发生有过错的，承担相应的赔偿责任，同时被侵权人对损害的发生也有过错的，适当减轻机动车一方的责任。蔡某驾驶的车辆系科技公司通过 App 对外出租，签订租车协议前，蔡某的驾驶证已记满 12 分，根据规定，蔡某不得驾驶机动车，科技公司作为专业的汽车租赁公司，在线签订租车协议时应对承租人的驾驶资格情况进行必要的审查，但科技公司未能尽到上述义务，对损害的发生具有过错，应承担相应的赔偿责任。经考量各方过错，认定在交强险中不足赔偿的损失应由蔡某承担 80%的赔偿责任，科技公司承担 5%的赔偿责任，袁某某自担 15%的损失。蔡某在发生交通事故后存在毁灭证据的行为，承保商业险的保险公司可以免责。

江苏省太仓市人民法院依照《中华人民共和国侵权责任法》第二条、第六条、第十六条、第二十二条、第二十六条、第四十九条，《中华人民共和国道路交通安全法》第七十六条，《最高人民法院关于适用〈中华人民共和国保险法〉若干问题的解释（二）》第十条，《最高人民法院关于审理人身损害赔偿案件适用法律若干问题的解释》第十七条、第十八条、第十九条、第二十条、第二十一条、第二十二条、第二十三条、第二十四条、第二十五条，《最高人民法院关于确定民事侵权精神损害赔偿责任若干问题的解释》第十条，《最高人民法院关于审理道路交通事故损害赔偿案件适用法律若干问题的解释》第一条，《最高人民法院关于适用〈中华人民共和国民法典〉时间效力的若干规定》，《最高人民法院关于适用〈中华人民共和国民事诉讼法〉的解释》第九十条的规定，判决如下：

一、甲保险公司赔偿袁某某 120000 元；

二、蔡某赔偿袁某某 133497.23 元；

三、科技公司赔偿袁某某 8343.58 元。

科技公司不服一审判决，提出上诉。江苏省苏州市中级人民法院经审理认为：机动车所有人或管理人将车出借或出租时，在确保车辆性能安全的同时，对驾驶人员是否符合法律规定应尽到谨慎的注意义务。科技公司在签订租车协议时应对承租人的驾驶资格进行必要的审查。科技公司称其已经尽到了审核义务，但未能提供证据证明其在签订该租车协议时对租车人的驾驶资格已进行全面的审核，原审法院认定其未尽到谨慎注意义务，酌定其承担 5%的民事赔偿责任，并无不当。因此，科技公司的上诉理由不能成立。

江苏省苏州市中级人民法院依照《中华人民共和国民事诉讼法》第一百七十条第一款第一项的规定，判决如下：

驳回上诉，维持原判。

【法官后语】

伴随网络信息技术的高速发展，共享汽车应时而生。共享汽车在给用户带来便捷使用体验的同时，引发的交通事故亦时有发生，租赁对象的不特定性使得这一共享经济业态存在一些法律问题。在目前的司法实际中，共享汽车租赁平台常因未履行审慎的审核义务而担责，如用户无证驾驶、醉酒驾驶等。如何在司法实践中认定共享平台的过错，以及防范共享汽车租赁中的法律风险是值得研究的问题。

一、如何认定共享汽车租赁平台的过错

共享平台的过错及赔偿责任与其在不同运营模式中的法律地位有关，不同运营模式中平台的法律地位不同，法定义务亦不相同。平台责任的大小，需对平台的过错程度、风险控制能力、过错与损害后果的原因力等因素进行综合考量。当前我国共享汽车租赁行业的运营模式主要有两种，一种为平台作为出租人的“直营模式”；另一种为平台作为交易组织者的“加盟模式”。平台直接作为出租人时，不仅需要履行审核义务及安全保障义务，还需要履行出租人的义务。根据《最高人民法院关于审理道路交通事故损害赔偿案件适用法律若干问题的解释》第一条规定，机动车所有人或者管理人的过错主要表现在对车辆适驾性、驾驶人适格性等方面未尽审慎的审查义务。其中车辆适驾性主要体现在“物”的瑕疵保障义务，提供的车辆不应存在质量、性能缺陷，履行维持车辆符合约定用途的义务，定期对车辆进行安全技术检验和维修保养，保障车辆的适驾性、安全性。驾驶人适格性方面的义务主要表现在“人”的审核义务，不能将机动车交由不具备相应驾驶资格和能力的人员驾驶。

本案中，机动车使用人线上租赁共享汽车时驾驶证已扣满12分，共享汽车租赁平台通过手机App提供汽车租赁服务，仅对用户是否持有驾驶证进行形式审核，并未对驾驶人的适格性进行全面审查，故应在过错范围内承担相应的赔偿责任。

二、如何防范共享汽车租赁中的法律风险

共享汽车带来的用户管理、运营安全等问题不断暴露，影响社会的公共安全及行业的健康发展，相应主体应在共享经济的热潮中回归冷静，直面现实出现的问题，从以下方面防范相应的法律风险：(1) 审慎检查车辆状况。除平台保障车辆的适驾性外，用户在使用共享汽车前亦应对车辆的安全性能进行检查。(2) 审慎核查驾驶人信息。目前，各共享平台对用户信息审核标准不一，大多仅对身份证、驾驶证进行形式审核，而对驾驶证扣分情况、驾驶人的精神状态、实际驾驶人与注册用户是否一致等重要信息不予涉及。对此，平台应完善注册、审核等流程，并将驾驶人员信息实时与公安部门对接，全面审查用户身份及驾驶资格。(3) 加强车辆使用监测。经过人脸识别等技术手段，防止不具有驾驶资格的人员用车。可安装实时跟踪监测的预警系统，对驾驶人用车情况进行实时监测，一旦发现情况及时预警，将存在驾驶证超分、醉酒驾驶、实际驾驶人与注册人不一致等情况的人员排除在使用用户之外。(4) 规范平台保险购买。实践中，涉及保险额度和免责条款的争议日益增多，平台应根据实际需要、协议内容及时、足额购买保险；相关行业部门应加强对共享汽车购买保险的监督管理力度；用户应特别留意车辆的投保情况，如保险险种、保险额度等信息，避免因保险原因而面临赔偿风险。

编写人：江苏省太仓市人民法院　乐辉

7

网约车交通事故中网约车平台公司的责任认定

——苏某 1 等诉王某、技术公司机动车交通事故责任案

【案件基本信息】

1. 裁判书字号

广东省珠海市中级人民法院（2022）粤 04 民终 419 号民事判决书

2. 案由：机动车交通事故责任纠纷

3. 当事人

原告（上诉人）：苏某 1、古某、何某、苏某 2、苏某 3（以下简称苏某 1 等）

被告（被上诉人）：技术公司

被告：王某

【基本案情】

2021 年 7 月 26 日，王某使用自有的粤 C8××××号小型普通客车利用某专车

平台（技术公司）进行营运载客行为。王某驾车遇苏某某步行使用人行横道时发生碰撞，造成苏某某当场死亡、车辆受损的交通事故。2021年8月20日，某市公安局交通警察支队某大队出具《道路交通事故认定书》认定王某应承担事故全部责任，苏某某不承担此事故责任。事发时王某的案涉车辆营业性机动车交通事故责任强制保险（以下简称交强险）已过期，未购买营业性第三者责任险。

何某系苏某某配偶，苏某1、古某系苏某某父母，苏某2和苏某3系苏某某子女。

苏某1等提交的某专车平台注册页面截图中“车辆要求”包括“车辆具有在保内50万元三者责任险”。

技术公司提交的《服务协议与隐私政策》约定使用车辆需要满足的标准中包括车辆保险：交强险。其提交的《服务合作协议》约定：“您登录应用程序、通过应用程序接单或服务乘客，则视为您已作出如下保证及承诺……（二）您使用的车辆满足如下标准……应取得法律法规或行业标准等文件规定的相应资质；如果法律法规或行业标准等文件另有其他规定，您使用的车辆应当同时满足上述文件其他规定的要求。”“在交通事故中，您侵权或违约造成我司的损失，对于超出法律规定应当由保险公司赔偿的部分，我司有权向您进行追偿。”“我司与您仅存在合作关系，不存在任何直接或间接的劳动关系或劳务关系，不适用《劳动法》《劳动合同法》《社会保险法》《住房公积金管理条例》等法律法规。”“如因司机违约情节严重，造成人员伤亡（含司机、乘客及第三方伤亡），则由警方介入处理，平台将先行垫付医疗费。最终，由司机承担警方判定的责任后果。”

技术公司称本案是派单模式，不用抢单。王某可以不接单，但取消订单会对司机扣违约金。平时王某可以选择上线或下线，无在线时长的要求。技术公司对王某有培训、考核。

【案件焦点】

网约车交通事故中网约车平台公司的责任认定。

【法院裁判要旨】

广东省珠海横琴新区人民法院经审理认为：对于《道路交通事故认定书》各方当事人无异议，法院予以确认。王某应当赔偿因事故发生给苏某1等造成的损失。对于技术公司的责任问题，法院认为王某与技术公司不构成劳动关系或者劳务关系，但技术公司未能发现涉案车辆交强险过期，依然许可涉案车辆使用其平台进行运营，对此有过错，应在交强险范围内对苏某1等的损失承担连带责任。经审查，法院确定苏某1等可主张的损失包括死亡赔偿金、精神损害抚慰金、被扶养人生活费共计1375426.67元。

广东省珠海横琴新区人民法院依照《最高人民法院关于审理道路交通事故损害赔偿案件适用法律若干问题的解释》第十六条、《最高人民法院关于确定民事侵权精神损害赔偿责任若干问题的解释》第五条的规定，判决如下：

一、王某于判决生效之日起十五日内向苏某1等赔偿人民币1375426.67元；

二、技术公司在人民币18万元的范围内对王某上述债务承担连带责任；

三、驳回苏某1等的其他诉讼请求。

苏某1等不服一审判决，提起上诉。广东省珠海市中级人民法院经审理认为：双方当事人对一审法院判决的王某赔偿金额无异议，因此本案争议焦点是技术公司是否应当对苏某1等所受损害承担赔偿责任以及承担何种性质的赔偿责任。

王某在选择是否提供网约车服务，安排服务时间、地点等方面具有自主性，技术公司对王某的监督、考核、培训没有明显超出《网络预约出租汽车经营服务管理暂行办法》规定的范围，不足以认定双方之间形成从属性关系，不能认定王某与技术公司存在劳动关系。

王某的车辆未投交强险及第三者责任险，技术公司虽存在未确保车辆具有适格保险的行为，但与苏某某死亡的损害结果之间不存在侵权法上的因果关系，故技术公司不承担直接侵权责任。

技术公司违反法定注意义务，未确保王某车辆依法投保，造成了苏某1等不能获得保险金赔偿的损害后果。其对此损害的发生具有过错，应承担侵权责任，赔偿范围应以其造成的损失为限，即在交强险18万元、第三者责任险100万元保额范围内承担连带责任。综上所述，一审判决认定事实清楚，但适用法律有误，导致实体处理结果不当，应予纠正。

广东省珠海市中级人民法院依照《中华人民共和国民法典》第一千一百六十五条第一款、《中华人民共和国民事诉讼法》第一百七十七条第一款第二项的规定，判决如下：

一、维持广东省珠海横琴新区人民法院（2021）粤0491民初5389号民事判决第一项；

二、撤销广东省珠海横琴新区人民法院（2021）粤0491民初5389号民事判决第三项；

三、变更广东省珠海横琴新区人民法院（2021）粤0491民初5389号民事判决第二项为：技术公司在人民币118万元的范围内对王某上述债务承担连带责任；

四、驳回苏某1等的其他诉讼请求；

五、驳回苏某1等的其他上诉请求。

【法官后语】

信息化飞速发展的今天，乘坐网约车出行成为社会大众的常态化选择。相较于其他出行方式，通过网约车平台在线下单，有网络平台审核背书，订单清晰明确，操作方便快捷，系统评价考核，让乘客感觉出行安全便捷有保障。然而与此同时，因网络约车服务造成的纠纷不断增多，国家虽出台了对经营性质网络约车服务的各项规范，但司法实践中对网约车出现交通事故，网约车平台公司的责任认定仍存在不同认识。

本案中出现多重法律关系，数种责任交织，当事人多，各执一词，矛盾突现，案情复杂。案件审查重点分为三步走：第一步是准确考察网约车的经营管理模式，对比分析确认案涉网约车平台公司与网约车驾驶员之间不构成劳动关系，不应承担用人单位责任；第二步是对加害行为、损害结果、因果关系进行全面解读，并从立法目的进行深度剖析，清晰适度地认定网约车平台公司虽有加害行为，但与损害结果没有直接因果关系，不应承担直接侵权责任；第三步是从侵权法的整体视角予以综合考量，判断网约车平台公司因违反法定注意义务，对受害人不能获得保险金的损害后果具有过错，应当承担其他侵权责任。以下对争议焦点进行逐一剖析。

一、网约车平台公司应否承担用人单位责任

网约车平台公司与驾驶员之间的法律关系既可以是劳动合同关系，也可以是其他合同关系。本案中，王某与技术公司之间并未签订书面劳动合同，而是签订了《服务合作协议》，其中明确约定双方“不存在任何直接或间接的劳动关系”。尽管如此，劳动法的目的在于保护劳动者的合法权益，相对用人单位来说，劳动者往往处于弱势地位，谈判能力较弱，故不能仅凭驾驶员与网约车平台公司之间的协议确定两者之间的法律关系。双方之间是否存在劳动关系，还需考察合同的实际履行情况。

构成劳动关系的“劳动管理”的核心要素是用人单位指挥、控制劳动者的范围和程度，以及指挥、控制是否使双方关系具有从属性。技术公司与王某符合法律、法规规定的用人单位和劳动者的主体资格，王某所提供的网约车服务属于技术公司业务的组成部分，技术公司也根据订单完成情况向王某支付报酬。网约车为王某私人所有，王某可以选择登录某平台接单，也可以选择下线。王某有权自行确定提供网约车服务的时间和地点。技术公司对王某的监督、考核、培训虽然有较为细节之处，但尚未达到普通劳动关系中用人单位对劳动者的控制范围和程度，不足以认定双方之间形成从属性关系、存在劳动关系，故不能认定技术公司承担用人单位责任。

二、网约车平台公司应否承担直接侵权责任

直接侵权责任的认定，应从是否存在加害行为、有无损害结果、两者是否存在因果关系三个层面综合判断。

关于加害行为。技术公司应当保证王某的车辆具有营运相关保险，且该保险标准由当地政府结合本地实际情况确定。王某的车辆既未投保交强险，也未投保第三者责任险，技术公司在未确保车辆具有符合法定标准保险的情形下，仍为王某提供信息对接、开展网约车经营服务，其行为违反法律规定，存在加害行为。

关于损害结果。苏某某的死亡显然属于苏某1等遭受的损害，此种损害属于人身损害，其所对应的人身权利在《中华人民共和国民法典》总则编第五章规定的“民事权利”保护范围之内。

关于因果关系。如果技术公司履行了确保车辆具有适格保险的义务，则王某就不能接入某平台载客，也就不会发生提供网约车服务过程中造成交通事故的结果。因此，技术公司未履行确保车辆具有适格保险的义务是事故损害发生的必要条件。但是，根据侵权法上的相当因果关系标准，未确保车辆具有适格保险的行为，与事故损害之间有无因果关系，尚应考量该行为是否明显增加了事故损害发生的客观可能性。交通事故发生风险的可能性增加源自车辆进行营运行为，车辆未投保本身不是交通事故发生的原因。规定网约车平台公司应当“确保车辆具有营业性机动车交通事故责任强制保险、营业性第三者责任险”，具有如下立法意旨：阻止未投保或未足额投保的车辆接入网约车平台，避免此种车辆在网约车服务过程中发生交通事故，被侵权人因车辆无保险或无足额保险无法得到充分赔偿。该规定的直接目的并不在于防止交通事故的发生以及保护个人人身不受损害。因此技术公司未确保车辆具有适格保险的行为，与苏某某死亡的损害结果之间不存在侵权法上的因果关系，不应承担直接侵权责任。

三、网约车平台公司应否承担其他侵权责任

从保险角度看，苏某1等未能获得保险金赔偿属于损害。不过，此种损害并非人身权利或其他民事权利遭受侵害的后果，而是车辆未投保产生的未获得利益。此种获得保险金赔偿的利益是否在侵权责任法的保护范围之内，是认定技术公司的行为是否构成侵权的前提条件。就此，应探究相关规定的立法目的，从侵权法的整体视角予以综合考量。法规规定“网约车平台公司应当确保车辆具有适格保险”，主要目的在于避免被侵权人因车辆无保险或无足额保险无法得到充分赔偿，具有明显的保护个人的性质。因此，网约车经营服务中，被侵权人获得保险金赔偿的利益应受侵权法的保护。

网约车平台公司从事网约车经营，承担承运人责任，是机动车营运这一危险源的开启者和控制者，并从网约车经营行为中获利，其对营运的支配程度和获利程度，往往高于普通的机动车投保义务人，令其对未确保车辆具有适格保险的行为承担侵权责任，符合侵权法的整体价值取向。从成本效益角度看，网约车平台公司审查车辆投保状态成本不会很高，通过赋予受害人损害赔偿请求权，促使其强化审查义务，不会给网约车平台公司造成不合理的负担，与机动车运营的风险和可能造成的损失相较，符合效率原则。

综上，技术公司存在违反规定未确保王某车辆依法投保的行为，造成苏某1等不能获得保险金赔偿的损害后果。技术公司违反法定注意义务，对此损害的发生具有过错，应承担侵权责任。苏某1等可以同时请求或分别请求技术公司和王某承担赔偿责任，技术公司在其造成的损失即在交强险、第三者责任险保额范围内承担连带责任。技术公司承担赔偿责任后，可依照法律规定或合同约定与王某处理追偿问题。

“道路千万条，安全第一条。”该案判决旨在告诫网约车驾驶员及网约车平台公司，安全驾驶、及时投保、合规营运是驾驶员的法定义务，而网约车平台公司不仅要搭建便捷高效的网络运营平台，更要加强对网约车的管理和监督，完善事故赔付管理体系，健全安全服务质保制度。只有每一方交通安全责任主体都切实担负起己方职责，才能构建起平安交通的无忧保障，共同维护社会大众的出行安全。

编写人：广东省珠海市中级人民法院　张丹

8

交通事故责任纠纷中骑手侵权责任的认定

——于某某诉张某某等机动车交通事故责任案

【案件基本信息】

1. 裁判书字号

山东省德州市中级人民法院（2023）鲁 14 民终 231 号民事判决书

2. 案由：机动车交通事故责任纠纷

3. 当事人

原告（被上诉人）：于某某

被告（上诉人）：网络公司

被告：张某某、保险公司

【基本案情】

2021 年 7 月 14 日 17 时 20 分许，张某某骑行电动自行车行驶至事故地点闯信号灯时，其车与于某某骑行的电动自行车发生碰撞，造成两车损坏，致使于某某受伤。交警部门出具《道路交通事故认定书》，认定张某某负全部责任，于某某无责任。网络公司与张某某于 2021 年 7 月 13 日签订《承揽合同》《服务信息采集表》，证明张某某系网络公司的兼职骑手。事故发生之日系张某某首日进行外卖配送，其作为新骑手，跟随老骑手马某某进行送餐。张某某称支付了装备（外卖箱、马甲）押金 300 元和 100 元的保险费。

网络公司作为投保人及被保险人为雇员张某某投保“骑手雇主责任保险”附加第三者责任，保险期间自 2021 年 7 月 14 日 00 时至 2021 年 7 月 15 日 00 时，第三者责任赔偿限额 450000 元。案涉雇主责任保险条款“责任免除”部分第六条约定："下列原因造成的损失、费用和责任，保险人不负责赔偿……（五）被保险人的工作人员的故意行为、自残、自杀。"

保险公司主张因张某某闯红灯保险免赔，提交《保险公司雇主责任保险条款》，其中责任免除部分第六条规定："下列原因造成的损失、费用和责任，保险人不负责赔偿：（一）投保人、被保险人及其代表的故意或重大过失行为……"保险公司提交投保流程视频，证明在投保时已尽到提示义务。

【案件焦点】

骑手用人单位是否应承担赔偿责任。

【法院裁判要旨】

山东省德州市德城区人民法院经审理认为：第一，张某某事发时是否从事职务行为。《中华人民共和国民法典》第一千一百九十一条第一款规定："用人单位的工作人员因执行工作任务造成他人损害的，由用人单位承担侵权责任。用人单位承担侵权责任后，可以向有故意或者重大过失的工作人员追偿。"外卖员接受配送公司的指令从事工作，接受配送公司管理，且由配送公司按照约定发放工资，配送公司为外卖员投有保险。故虽张某某与网络公司签订承揽协议，但与其从事劳动的性质不符，应当认定张某某与网络公司之间为雇佣关系。本案中，根据马某某、刘某某的陈述，配送公司的新人管理是由老骑手带着送餐一天。马某某 2021 年 7 月 14 日配送内容为板面、牛肉丸等的订单信息中取货时间为 17 时 17 分，要求 17 时 48 分之前送达，配送时间与本次交通事故发生时间相符，与张某某所述去一家牛肉板面店为马某某取餐的陈述能够相互印证，马某某与张某某就事发时前后过程的叙述亦吻合，能够证明张某某事发时在送餐过程中。事发当天张某某虽未使用其个人账户，但其事发时是在骑行载有外卖公司的标志箱子送外卖公司的订单，其行为外观符合履行职务的表面特征和一般人的通常判断。故张某某事发时应视为从事职务行为，网络公司作为雇主应就于某某所受损失承担赔偿责任。第二，保险公司的免责主张能否得到支持。保险公司主张因张某某闯红灯而保险免责，提交《保险公司雇主责任保险条款》，其中责任免除部分第六条规定："下列原因造成的损失、费用和责任，保险人不负责赔偿（一）投保人、被保险人及其代表的故意或重大过失行为……"《中华人民共和国道路交通安全法》第三十八条规定，"车辆、行人应当按照交通信号通行"。本案中，张某某闯信号灯的行为违反法律强制性规定，亦不为现代文明社会所提倡，故保险公司主张因张某某闯红灯保险免赔，一审法院予以支持。

山东省德州市德城区人民法院依照《中华人民共和国民法典》第一千一百七十九条、第一千一百九十一条、第一千二百零八条，《最高人民法院关于审理人身损害赔偿案件适用法律若干问题的解释》第六条、第七条、第八条、第九条、第十条、第十一条、第十二条的规定，判决如下：

一、网络公司支付于某某各项损失共计 143189.31 元；

二、于某某返还张某某 4864 元。

网络公司不服一审判决，提起上诉。山东省德州市中级人民法院经审理认为：网络公司作为投保人及雇主为其雇员张某某在保险公司投保骑手雇主责任保险附加第三者责任保险，涉案保险条款第六条约定："下列原因造成的损失、费用和责任，保险人不负责赔偿……（五）被保险人的工作人员的故意行为、自残、自杀。"张某某系为网络公司履行职务行为过程中发生本案事故，对因张某某故意行为造成的损失，保险人保险公司不承担赔偿责任。根据交警部门出具的事故认定书载明张某某行驶至事故地点闯信号灯时发生本案事故，且在一审庭审中张某某陈述"怕跟不上就闯了红灯"，可以证实张某某本人对闯红灯存在主观上的故意，因此，根据上述合同约定，保险人保险公司对本案事故产生的损失不应承担赔偿责任，一审判令由张某某雇主网络公司承担赔偿责任并无不当。

山东省德州市中级人民法院依照《中华人民共和国民事诉讼法》第一百七十七条第一款第一项的规定，判决如下：

驳回上诉，维持原判。

【法官后语】

本案系两辆电动自行车之间发生的交通事故责任纠纷，裁判的关键在于确定责任主体及责任比例。

本案侵权责任的承担首先应考虑张某某的身份，同时，侵权行为本身的违法性也是影响赔偿责任主体认定的重要因素。骑手在从事互联网外卖平台工作任务过程中发生侵权行为，应当考察骑手与平台、外包公司之间的工作模式、平台对骑手的管理模式等因素，在正确认定各主体之间实质法律关系的基础上确定侵权责任的承担。

本案中，张某某为与网络公司（代理商外包公司）签订协议的兼职骑手。张某某与网络公司之间构成何种法律关系，是影响本案侵权责任主体确定的关键所在。审判实践中，针对骑手与外包公司的法律关系，主要存在以下几种裁判观点：

第一种：劳动关系。骑手与外包公司签订劳务协议，基于规范企业合法用工、依法保护劳动者合法权益的原则，综合考察劳动者是否接受用人单位日常管理、劳动报酬、是否系用人单位主营业务范围等因素确定构成劳动关系。

第二种：承揽合同关系。双方签订合同以完成配送任务为目的，接单、送货是完成工作成果的手段，工作时间不固定、自主决定是否参与抢单配送，虽每月固定时间支付报酬，但以订单数作为结算依据，骑手在完成工作过程中有独立性、自主性，公司对骑手不进行控制、支配，骑手对公司不存在从属关系和人身依附性，双方间合同履行符合承揽合同法律关系的特征。

第三种：劳务雇佣关系。虽然双方签订承揽协议，但根据当事人的行为内容与公司的运营范围，结合投保雇主责任保险的事实，系借承揽之名，行雇佣之实。

第四种：用工关系。《中华人民共和国民法典》第一千一百九十一条延续了原《中华人民共和国侵权责任法》第三十四条用工单位承担替代赔偿责任的规定，用工关系是指用工者和被用工者之间因用工而形成的关系，用工者是指利用他人为自己提供劳务或工作，并享有指挥或监督权利的人；被用工者是指为他人提供劳务或工作，并受他人指挥或监督的人。用工关系涵盖了随着劳动力聚集和支配方式创新形势下的各种用工关系，包括用人单位与劳动者之间订立劳动合同的关系，以及个人之间提供劳务的关系等多种关系形态。

笔者赞同第四种观点，即骑手与外包公司之间构成《中华人民共和国民法典》中的用工关系，骑手在从事配送服务过程中造成侵权的，应由公司作为用人单位对外承担侵权赔偿责任。理由如下：

一、免除一方义务、加重对方责任的格式合同条款无效

本案中网络公司作为外卖公司的外包公司，其提交的与张某某签订的《承揽合同》中约定“乙方在承揽外卖配送业务中发生事故，造成乙方或第三方损失的，由乙方承担各项损失”。该合同约定不合理地加重了骑手的责任，免除了用工单位网络公司的赔偿责任，根据《中华人民共和国民法典》第四百九十七条规定，该承揽合同的责任承担部分的格式条款约定无效。

二、主体间性质的认定应考察双方行为内容的实质

实践中，虽然骑手与公司签订了名义上的承揽合同或其他协议，但对双方关系的考察应当穿透协议约定的外观，着眼侵权行为发生时当事人之间关系的实质。

本案所属的用工关系存在以下特点：第一，被用工者按照用工者的意志从事一定行为，由此形成的利益归用工者。即外卖配送业务并非以骑手个人名义，而是以公司平台名义，亦体现了公司意志和利益。第二，用工者与被用工者之间形成指挥监督关系，被用工者的活动内容和活动方式都受到用工者的控制，两者之间的指挥监督关系是判断用工关系的最重要因素，用工者须享有对被用工者指挥监督的权利，而实际是否行使该权利并不影响对二者关系的判断。本案双方监督管理义务约定“乙方承揽配送业务，有接受甲方监督检查的义务，乙方要遵守合同约定，达到甲方的各项要求和标准，并就配送服务质量接受甲方的监督。监督的方式包括但不限于：外卖平台的网络监督、配送服务对象的举报监督、甲方的情况通报监督”。前述约定中对报酬结算、监督检查义务的内容契合上述关于用工关系的界定。第三，被用工者对外以用工者的名义从事

行为，这也是区别劳动关系与劳务关系的重要因素。第四，用工者要向被用工者支付报酬。报酬计算，涉案《承揽合同》约定报酬结算方式为：每月固定日结算上个月承揽费用，此外另有其他相关的业务奖励。

本案事故发生时，张某某根据网络公司工作人员的微信指示跟随小组长练习配送业务，张某某处于业务学习阶段，该配送练习行为属于该公司业务范围，并且，该公司为张某某投保了雇主责任险。综合上述事实，应当认定网络公司与张某某之间构成用工关系。从接受工作成果和承担工作风险的对等公平性角度，对张某某因执行工作任务期间发生交通事故而导致侵权结果的赔偿责任应由其用工单位网络公司承担。

三、保险赔偿责任承担的认定

网络公司为张某某投保了雇主责任保险附加三者责任险，涉案保险条款中责任免除条款约定被保险人工作人员的故意行为等，保险人不负责赔偿。

本案张某某事发时存在违反信号灯指示的行为，其本人对此明知而故意为之，因此发生事故产生的损失，保险公司不予赔偿。根据《最高人民法院关于适用〈中华人民共和国保险法〉若干问题的解释（二）》第十条的规定，保险人将法律、行政法规中的禁止性规定情形作为保险合同免责条款的免责事由，保险人对该条款作出提示后，投保人、被保险人或者受益人以保险人未履行明确说明义务为由主张该条款不成为合同内容的，人民法院不予支持。因此，涉案保险中的雇员存在故意行为导致侵权结果损失的，保险公司在履行提示义务后即不再承担保险赔偿责任。同时，用人单位在承担对外赔偿责任后亦可依法向存在故意或重大过失的工作人员进行追偿。

综上，随着灵活就业和新就业形态的不断增加，强化对灵活就业和新形态就业人员的劳动权益保障是支持和促进新就业形态发展、增强社会发展动力的重要方面。在实践中，一些用人单位为了降低成本、规避用工单位责任，采取社会化用工方式，或将劳动用工外包给第三方企业，或以加盟等方式用合同关系代替雇佣关系，或诱导劳动者注册为个体工商户。本案通过对新形态就业人员在用工过程中对外侵权责任的确定，充分保障了就业人员和受害人的合法权益，同时，也通过保险责任的承担对企业确立科学规范的管理制度、推进安全就业提供了司法遵循。

编写人：山东省德州市中级人民法院　陈涛　巩书辉

9

众包外卖骑手抢单过程中造成损害的，众包劳务公司应当承担用人单位的赔偿责任

——张某某诉人力资源管理公司等机动车交通事故责任案

【案件基本信息】

1. 裁判书字号

北京市第三中级人民法院（2022）京03民终2569号民事判决书

2. 案由：机动车交通事故责任纠纷

3. 当事人

原告（被上诉人）：张某某

被告（上诉人）：人力资源管理公司

被告（被上诉人）：刘某某

被告：科技公司

【基本案情】

2020年6月30日22时10分，刘某某骑电动自行车与步行的张某某碰撞，造成车辆接触部位损坏，刘某某、张某某受伤。经交管部门认定，刘某某有车辆在人行道或者行人通行范围内剐撞行人的过错行为，为全部责任，张某某为无责。科技公司是某外卖平台的经营主体，刘某某与人力资源管理公司在线上签有网约配送员服务协议。人力资源管理公司认可刘某某是其众包配送员，但

人力资源管理公司认为其与刘某某只在接到订单到配送完成这一段时间内存在劳务关系，在配送之外的时间或两单之间的时间，其与刘某某不存在劳务关系，即便刘某某在事发时登录软件，但是没有配送，人力资源管理公司也不应当承担责任。经平台后台核查刘某某发生事故时在众包平台的抢单记录，2020年6月30日22时至22时10分的应用程序操作记录，其中包括6次抢单，4次确认抢单记录，但均未抢单成功。

人力资源管理公司的《网约配送员服务协议》模板显示：欢迎网约配送员与本公司共同签署本《网约配送员服务协议》并使用众包平台服务……当您按照注册页面提示填写信息、阅读并同意本协议及相关规范、附件且完成全部注册程序后，即表示您已充分阅读、理解并接受本协议及相关规范、附件的全部内容，并与本公司达成一致，成为本公司的服务人员……2.1您同意与本公司签订本协议，按照众包平台展示的配送信息需求内容、要求、标准，自主选择接收服务事项，在接单后及时完成配送服务并收取本公司支付的服务费或奖励（如有）。

【案件焦点】

众包外卖骑手抢单过程中造成损害的，众包劳务公司是否应当承担用人单位的赔偿责任。

【法院裁判要旨】

北京市朝阳区人民法院经审理认为：刘某某与人力资源管理公司签订《网约配送员服务协议》，双方之间存在雇佣关系。本案证据能够证明事发时刘某某正在抢单，该行为是刘某某为配送订单履行职务需进行的必要操作，与刘某某为人力资源管理公司提供劳务存在内在联系，故应认定事发时刘某某系在履行职务，人力资源管理公司作为用人单位应对刘某某给张某某造成的损失承担赔偿责任。

北京市朝阳区人民法院依据《中华人民共和国侵权责任法》第六条、第三十四条的规定，判决如下：

人力资源管理公司于判决生效之日起七日内赔偿张某某各项损失共计199439.83元。

人力资源管理公司不服一审判决，提出上诉。北京市第三中级人民法院经审理认为：刘某某在抢单时发生了交通事故，虽然抢单未成功，但抢单行为是众包员完成配送工作的必要操作环节，一旦开始上线抢单，众包员提供劳务从主观意图的心理活动阶段进入了客观实施阶段，抢单行为具备了执行工作任务的外观，抢单模式进一步提升了劳务派发的效率，人力资源管理公司客观上因此而获益，因此应当认定刘某某在抢单过程中造成交通事故时属于执行工作任务期间。故人力资源管理公司作为用人单位应对案涉刘某某给张某某造成的损失承担赔偿责任。

北京市第三中级人民法院依照《中华人民共和国民事诉讼法》第一百七十七条第一款第一项的规定，判决如下：

驳回上诉，维持原判。

【法官后语】

随着数字经济的快速发展，劳务众包模式逐渐兴起，众包模式指的是一个公司或机构把过去由员工执行的工作任务，以自由自愿的形式外包给非特定的大众群体的做法，以此借助闲散资源的力量，达成任务。尤其在外卖配送行业，消费者点单后，平台通过众包劳务公司发布配送任务，由劳务人员采用主动抢单的方式进行劳务承接。有观点认为，只有抢到单以后在配送过程中发生事故的，才属于因执行工作任务造成他人损害，抢不到单的，与劳务公司无关。但实践中，由于抢单激烈，配送员在路上边驾驶边抢单的情形时有发生，单没抢到又撞到了人，责任如何分担就成为焦点问题。《中华人民共和国民法典》第一千一百九十一条第一款规定，用人单位的工作人员因执行工作任务造成他人损害的，由用人单位承担侵权责任。本案中，根据人力资源管理公司所称与刘某某签订的网络配送员协议内容，能够认定双方自完成全部注册程序后即同意协议内容并成立劳务关系。综合考虑本次事故的发生时间、刘某某在事故发生前的抢单频率，操作次数，能够认定本次事故发生于刘某某抢单期间。因此在抢单模式下，正确界定众包劳务人员执行工作任务期间就显得尤为必要。

就抢单期间发生交通事故应否认定属于执行工作任务一节，结合外卖众包工作的特点，可以从以下两方面分析：

一、抢单行为具备众包执行工作任务的外观

本案中，刘某某是通过互联网众包平台与人力资源管理公司建立劳务关系，并通过抢单完成其发送的工作任务。众包员可能在社会上具有其他不同的职业，平时完成本职工作，不执行众包劳务企业的工作任务。当其放下平时工作，通过手机应用程序开始上线抢单时就意味着其工作角色发生了转换，抢单行为是众包员完成配送工作的必要操作环节，一旦开始上线抢单，众包员提供劳务从主观意图的心理活动阶段进入了客观实施阶段，众包员就要投入必要的精力随时关注出现的订单情况，并对订单的距离、完成难易程度等进行判断和选择，还要通过快速的手动操作获取订单及确认订单，这些行为实际都是众包员获得订单，从而完成众包配送工作的前提。因此，应当认为抢单行为与众包劳务工作紧密相连，具备了众包员执行工作任务的外观。

二、众包企业实质从抢单行为中获得利益

众包模式的产生及抢单模式的设立便于众包企业整合利用社会的闲散劳动力资源，本案中刘某某虽未抢单成功，但他的参与行为对其他成功抢单的众包员会产生促进效应，抢单未成功往往会刺激众包员投入更大精力进行抢单，本案中刘某某6次抢单、4次操作确认抢单仍未抢单成功，可见抢单竞争之激烈，抢单模式进一步提升了劳务派发的效率。

综合以上分析，认为刘某某事故发生时具备了执行工作任务的外观，人力资源管理公司客观上因此而获益，因此应当认定刘某某在发生交通事故时属于执行工作任务期间。故人力资源管理公司作为用人单位应对案涉刘某某给张某某造成的损失承担赔偿责任。

编写人：北京市第三中级人民法院　郑吉喆　刘嘉玮

10

以挂靠形式从事道路运输经营的机动车发生交通事故的责任承担

——高某诉朱某等机动车交通事故责任案

【案件基本信息】

1. 裁判书字号

山东省淄博市中级人民法院（2021）鲁03民终2120号民事判决书

2. 案由：机动车交通事故责任纠纷

3. 当事人

原告（被上诉人）：高某

被告（上诉人）：贾某

被告（被上诉人）：客运公司、朱某

【基本案情】

2012年8月19日9时44分，被告朱某驾驶被告贾某所有的鲁CTJ×××号车辆沿某路由北向南行驶，向西右转弯驶入非机动车道时，与由北向南行驶的原告高某驾驶的电动自行车相撞，致原告受伤，车辆损坏，造成交通事故。经某市公安局交通警察支队某大队认定被告朱某负事故的全部责任，原告高某不负责任。事故发生时，事故车辆鲁CTJ×××号车辆挂靠于被告客运公司。事故发生后，保险公司已按照生效民事判决书在保险限额内赔付完毕。2021年2月8日，原告高某向朱某、贾某、客运公司提起本案后续治疗费之诉，请求判令被告朱某赔偿原告损失551500元，被告贾某、客运公司对上述款项承担连带赔偿责任。

【案件焦点】

以挂靠形式从事道路运输经营的机动车发生交通事故，侵权责任主体及侵权责任的认定。

【法院裁判要旨】

山东省淄博市张店区人民法院经审理认为：公民的合法权益受法律保护。侵害公民的身体健康权及财产权应当承担赔偿责任。本案系交通事故损害赔偿，应当按照双方在事故中的过错确定赔偿责任。某市公安局交通警察支队某大队的交通事故认定书，认定事实清楚，责任划分明确，予以采信。《最高人民法院关于审理人身损害赔偿案件适用法律若干问题的解释》第九条规定："雇员在从事雇佣活动中致人损害的，雇主应当承担赔偿责任；雇员因故意或者重大过失致人损害的，应当与雇主承担连带赔偿责任。"被告客运公司提交的被告贾某给公司出具的承诺书中已经自认被告朱某系其雇佣人员，故被告贾某作为雇主，应当承担赔偿责任。根据交通事故认定书被告朱某承担事故全部责任，属于重大过失，故被告朱某应承担连带赔偿责任。（2012）张民初字第 2705 号民事判决书已生效，该法律文书已认定被告客运公司与贾某为挂靠关系并在本次事故中承担连带责任，虽然涉案车辆已经不再运营，但该事故发生在涉案车辆运营期间，因此被告客运公司作为被挂靠单位应承担连带责任。故对二被告不应承担赔偿责任的理由本院不予采信。被告朱某经本院合法传唤后未到庭参加诉讼，视为放弃相应诉讼权利。针对原告提交的证据以及被告的质证意见，本院认定原告经济损失共计 202900 元。

山东省淄博市张店区人民法院依照《中华人民共和国侵权责任法》第十六条、第十九条、第四十八条，《中华人民共和国道路交通安全法》第七十六条，《最高人民法院关于审理道路交通事故损害赔偿案件适用法律若干问题的解释》第十四条，《中华人民共和国民事诉讼法》第一百四十四条的规定，判决如下：

一、被告贾某于本判决生效后十日内赔偿原告高某各项经济损失 202900 元；

二、被告朱某、客运公司对上述判决第一项承担连带赔偿责任；

三、驳回原告高某的其他诉讼请求。

贾某不服一审判决，提起上诉。山东省淄博市中级人民法院经审理认为：(2012)张民初字第2705号民事判决对案涉机动车交通事故各方当事人承担的责任已经作出了认定并发生了法律效力，且（2015）张民初字第2556号民事判决支持了贾某在（2012）张民初字第2705号案件中承担连带责任后向朱某行使追偿权，据此，本案高某的后续治疗费亦应当依照已经生效的（2012）张民初字第2705号民事判决的内容分担赔偿责任，不存在重新对事故赔偿责任进行认定的问题，一审认定贾某承担赔偿责任，朱某、客运公司承担连带赔偿责任的判决结果，并无不当，但对贾某与朱某之间存在雇佣关系的认定有误，该认定与生效的（2012）张民初字第2705号和（2015）张民初字第2556号民事判决认定的承包关系相悖，本院予以纠正。贾某承担赔偿责任后，可依据(2015)张民初字第2556号民事判决认定的事实向朱某行使本案后续治疗费垫付的追偿权。上诉人贾某以其与朱某不存在雇佣关系抗辩其应当承担的连带赔偿责任，与已发生法律效力的判决相悖，本院不予支持。综上所述，贾某的上诉请求不能成立，应予驳回；一审判决认定事实清楚，适用法律正确。

山东省淄博市中级人民法院依照《中华人民共和国民事诉讼法》第一百七十条第一款第一项的规定，判决如下：

驳回上诉，维持原判。

【法官后语】

本案主要涉及《中华人民共和国民法典》第一千二百一十一条规定的机动车挂靠从事道路运输经营发生交通事故情形下，侵权责任主体及责任承担方式的正确认定问题。

机动车挂靠在司法实践中时有发生，其原因和性质亦多种多样，本条规定仅限于从事道路运输经营的机动车挂靠行为。机动车挂靠运营，一般指没有运输经营权的个人或单位为了运输经营，将机动车挂靠于具有运输经营权的公司，从而以该公司名义对外进行运输经营。这种情况下，实际的车主经运输企业同意，以运输企业名义从事道路运输经营活动，其中车主就是挂靠人，运输企业为被挂靠人。值得注意的是，本条法律规定并未对有偿和无偿挂靠予以区分，亦未作例外性规定，因而挂靠行为的有偿与否均不影响挂靠经营情形下被挂靠人承担责任。规范挂靠运营，对于有效防范交通事故，切实保障人民群众合法权益，具有重要作用。

机动车挂靠运营的运输行业具有高度危险性，需要行政许可。国务院《道路运输条例》明确规定，从事客运或货运经营，应具备一定条件并申请取得道路运输经营许可。该条例第三十三条还规定，车辆营运证不得转让、出租。道路运输企业允许他人挂靠，是一种变相转让、出租的行为。对此，交通运输部门多次明确“坚决清理和取缔运输车辆挂靠经营”及“禁止挂靠经营”①。司法实践中，挂靠行为违反了强制性行政法规，应当否定其效力。

挂靠运输经营行为系违反强制性行政法规而被明令禁止的行为，被挂靠人却仍然为之，且其将经营许可证租借给他人并允许挂靠人使用其名义系其自愿选择，视为其自愿承担他人在运营中可能带来的风险，造成危险的扩大，并放任风险的发生，主观上对风险发生亦存在明显的过错，客观上是对挂靠人进行运输经营可能给不特定的第三人带来的危险的放任，提高了挂靠车辆发生事故的可能性和危害性。而挂靠人明知自己不具有运营资质，挂靠他人名义运营，对风险的发生主观上同样具备明显过错，且其作为机动车使用人，对事故的发生亦是当然的责任主体。虽然在造成损害的过错上，挂靠人与被挂靠人可能并不相同。但二者之间相互明知，共同实施非法行为，两者的过错相互结合造成事故发生，构成共同侵权，应当承担连带责任。机动车道路运输经营不同于一般的机动车出行，其使用频率、事故率、损害后果都相对较高。为了保障公共安全，必须对机动车道路运输经营从源头上予以管控，实施严格的准入制度，保证运营人的风险管理能力，保证第三人的权利可以得到及时救济。为了实现这一公法目的，私法也应通过社会利益衡量，保障行政管制的有效运行，从而

① 参见原交通部《道路运输业发展规划纲要（2001-2010年）》第三条“主要措施”第三项“完善法律体系，改善和加强行业管理”第二点，以及《道路旅客运输及客运站管理规定》第五条。

有效维护受害人的合法权益，增加被挂靠人的违法成本，减少不具备经营资格的主体从事车辆运输经营的违法现象的发生，进而降低交通事故隐患，保障公共安全①。

本案中，生效法律文书已认定被告客运公司与贾某为挂靠关系并在本次事故中承担连带责任，虽然涉案车辆已经不再运营，但该事故发生在涉案车辆运营期间，故被告客运公司作为被挂靠单位应承担连带责任。

编写人：山东省淄博市张店区人民法院　刘晓辉

11

意外交通事故中机动车与行人的责任承担

——宋某某诉汤某某等机动车交通事故责任案

【案件基本信息】

1. 裁判书字号

重庆市第一中级人民法院（2021）渝01民终4136号民事判决书

2. 案由：机动车交通事故责任纠纷

3. 当事人

原告（被上诉人）：宋某某

被告（上诉人）：甲保险公司

被告（被上诉人）：汤某某、汽车服务公司、融资租赁公司、乙保险公司

【基本案情】

2020年5月22日21时46分，汤某某驾驶渝A5××××号小型普通客车，在

① 最高人民法院民事审判第一庭编著：《最高人民法院关于道路交通损害赔偿司法解释理解与适用》，人民法院出版社2012年版，第54~55页。

某环道某医院大门附近人行道将停驶在此的车辆倒车并准备驶入某环道路段处时，恰逢经过在此处人行道上行走的宋某某，宋某某因人行道与车库出入口高处有高度差，在行走至此处时不小心踩空后跌倒在车库出入口处，汤某某在行人宋某某跌倒时，车辆仍处于未完全倒车回正位置上，随后汤某某驾驶车辆向某环道方向行驶时，因宋某某跌倒的位置处于驾驶室内汤某某观察的盲区，汤某某无法观察到倒在路面上的宋某某，导致碾轧宋某某，造成宋某某受伤的道路交通意外。经某交通巡逻警察支队认定，驾驶人汤某某与行人宋某某均无导致交通事故的过错，属于意外事故，双方均不承担事故责任。宋某某治疗终结后经鉴定构成九级伤残。鉴定机构对后续医疗费及护理期限进了评定。另查明，渝A5××××号小型普通客车登记在汽车服务公司名下，系融资租赁公司指定其代持案涉车辆的所有权。2020年1月2日，案涉车辆被出租给汤某某。该车在乙保险公司购买了交强险，在甲保险公司购买了100万元商业三者险，含不计免赔附加险，事故发生在保险责任期内。

【案件焦点】

意外交通事故中机动车与行人之间的责任如何承担。

【法院裁判要旨】

重庆市江北区人民法院经审理认为：本次事故符合交通事故的定义，故应当按照道路交通安全法和侵权责任法的相关规定依法处理此案。道路交通安全法将机动车行驶视为危险活动，机动车与非机动车、行人之间发生交通事故的归责原则符合无过错责任归责原则的特点。根据《中华人民共和国道路交通安全法》第七十六条第二款、《最高人民法院关于审理道路交通事故损害赔偿案件适用法律若干问题的解释》第十六条、《中华人民共和国侵权责任法》第四十九条的规定，本案中，汤某某驾驶机动车致行人宋某某受伤，虽然双方对事故的发生均无过错，但机动车与行人之间发生交通事故的归责原则为无过错责任原则，故应当由机动车一方即汤某某承担赔偿责任；因行人宋某某对事故的发生无过错，不符合可以减轻机动车一方责任的情形，不能根据“机动车一方没有过错的，承担不超过百分之十的赔偿责任”确认本案的赔偿责任范围。本案肇事车辆在乙保险公司购买了交强险，在甲保险公司购买了商业三者险，该车的实际所有人融资租赁公司将涉案车辆通过融资租赁的方式出租给汤某某，由汤某某实际控制并驾驶涉案车辆。因此，对于此事故造成宋某某的各项损失，先由乙保险公司在交强险责任限额范围内赔偿，不足部分，由甲保险公司在商业三者险范围内予以赔偿，仍有不足的，由汤某某予以赔偿。

重庆市江北区人民法院依照《中华人民共和国侵权责任法》第四十八条、第四十九条，《中华人民共和国道路交通安全法》第七十六条、第一百一十九条，《最高人民法院关于审理人身损害赔偿案件适用法律若干问题的解释》第二十二条、第二十三条、第二十四条、第二十五条、第三十五条，《最高人民法院关于审理道路交通事故损害赔偿案件适用法律若干问题的解释》第十六条和《中华人民共和国民事诉讼法》第一百四十四条的规定，判决如下：

一、乙保险公司于本判决生效之日起十日内赔偿宋某某 72742.40 元；

二、甲保险公司于本判决生效之日起十日内赔偿宋某某 5820 元；

三、汤某某于本判决生效之日起十日内赔偿宋某某 2500 元；

四、驳回宋某某的其他诉讼请求。

甲保险公司不服一审判决，提起上诉。重庆市第一中级人民法院经审理认为：道路交通安全法将机动车行驶视为危险活动，机动车与非机动车、行人之间发生交通事故的归责原则符合无过错责任归责原则的特点。汤某某驾驶机动车致行人宋某某受伤，虽然双方对事故的发生均无过错，但机动车与行人之间发生交通事故的归责原则为无过错责任原则，故应当由机动车一方即汤某某承担赔偿责任；因行人宋某某对事故的发生无过错，不符合可以减轻机动车一方责任的情形，不能根据“机动车一方没有过错的，承担不超过百分之十的赔偿责任”确认本案的赔偿责任范围。本次事故的发生汤某某并无过错，故对精神损害抚慰金不予支持。

重庆市第一中级人民法院依照《中华人民共和国民事诉讼法》第一百七十

条第一款第一项的规定，判决如下：

驳回上诉，维持原判。

【法官后语】

一、机动车与行人间意外交通事故的侵权责任归责原则

意外交通事故作为交通事故的特殊形态，属于交通事故的范畴，而交通事故是在道路交通领域发生的侵权行为，由此产生的赔偿责任属特殊侵权责任。侵权责任的归责原则作为"侵权行为法的核心"，在损害事实发生后确定行为人是否承担损害赔偿责任以及确定责任大小方面具有决定性作用。从侵权法的性质与作用上来看，侵权法是以救济受害人为中心，突出对受害人权益的保护。采用无过错责任归责原则将人的生命健康权置于比通行权和财产权更高的位置，体现了法律对受害人生命权与健康权的关怀，与《中华人民共和国民法典》《中华人民共和国刑法》中公民的生命健康权受法律保护相契合。此外，针对交通事故的不可避免性与频发性，采用无过错责任归责原则合理分配风险，对危险因素的制造者科以更高的安全注意义务，符合社会发展的需要。

二、意外交通事故中机动车与行人间赔偿责任的认定与承担

《中华人民共和国道路交通安全法》第七十六条对交通事故的责任认定与承担进行了具体规定。首先，从该条文的立法意旨来看，机动车一方能够减责或免责的情形是行人存在过错或故意，否则机动车均应承担责任。其次，从条文文义进行解读，条款第二项规定的三种情形从逻辑上看呈递进关系。在非机动车或行人没有过错的情况下，由机动车一方承担赔偿责任，此时不考虑机动车一方的过错，即无论机动车有无过错，均是承担全部赔偿责任，体现了无过错责任归责原则的特点。在非机动车或行人存在过错时，适用过失相抵原则，即根据非机动车或行人的过错程度可以相应减轻机动车一方的赔偿责任，当非机动车或行人过错程度增大到其应当承担全责时，此时机动车一方的赔偿责任相应递减至10%以下。最后，从举证责任的分配来看，非机动车或行人仅需对损害事实举证，机动车一方有证据证明非机动车驾驶人或行人有过错的，根据过错程度适当减轻机动车一方的赔偿责任。该条款要求机动车一方举证证明非

机动车或行人存在过错，并以此来考量机动车承担责任递减的程度，并未明确规定机动车一方证明其无过错时即可以免责。

综上，应对第七十六条第一款第二项三个分目的内涵作出限缩性理解，其适用条件应逐步递增，不可单独理解为在机动车一方没有过错的情况下，仅由其承担不超过百分之十的赔偿责任。

三、意外交通事故中机动车与行人间责任认定与承担的裁判思路

在机动车与行人均无过错的意外交通事故中，首先应根据无过错责任的归责原则，认定由机动车一方承担全部赔偿责任。因交通事故赔偿责任中，损害赔偿主体既包括作为直接参与人的机动车驾驶人，又包括承保交强险和商业三者险的保险公司这类间接参与人。此时，还需进一步厘清各赔偿主体的责任范围。主要包括：交强险的赔付范围、商业三者险的赔付范围以及精神抚慰金应否得到支持。

1. 交强险的赔付范围

首先，从《机动车交通事故责任强制保险条例》第二十三条及《机动车交通事故责任强制保险条例》第八条规定的内容来看，保险公司承担赔偿责任的范围，是由被保险人是否承担损害赔偿责任而决定的，故“无责任的赔偿限额”中“无责任”应理解为损害赔偿责任，并非指交通事故责任。其次，我国实行机动车责任强制保险制度，交强险是法定险、强制险、责任险，具有公益性和为第三人利益性，且从《中华人民共和国道路交通安全法》的规定和立法目的看，更加强调交强险的基本保障功能，重视交强险对受害人损失的填补功能，若认定由交强险在无责任的赔偿限额内赔偿，此时受害人获赔的金额极为有限，受害人在无过错的情况下还需承担大部分损失，有失公平。因此，基于交强险制度的社会保障属性，由交强险在有责限额范围内赔偿更为妥当。

2. 商业三者险的赔付范围

意外交通事故属于交通事故范畴，其并不因“意外发生”而成为保险人免责的法定事由，承保商业三者险的保险公司不能以机动车一方（投保人）无事故责任为由主张其不承担赔偿责任。而且，《中国保险行业协会机动车商业保险示范条款（2020版）》对交通意外事故中保险人的赔偿义务进行了明确规

定，即保险期间，被保险人或其允许的驾驶人在使用被保险机动车过程中发生意外事故，致使第三者遭受人身伤亡或财产直接损毁，依法应对第三者承担的损害赔偿责任，且不属于免除保险人责任的范围，保险人应依照保险合同的约定，对于超过交强险各分项赔偿限额的部分负责赔偿。在意外交通事故中，机动车一方的侵权责任不以其在事故中是否具有过错作为判断依据，故对交强险不足以赔偿的部分，理应由承保商业三者险的保险公司根据保险合同予以赔偿。

3. 精神抚慰金应否得到支持的问题

因机动车与行人主观上均不具有造成损害的故意和过失，在确定损失时应只在受害人的财产性损失范围内进行物质上的补偿。而精神损害赔偿的目的在于惩戒侵权人，安抚受害人，其成立的基础在于行为人的行为具有可归责性。再者，设立保险制度的目的在于通过分散风险的方式解脱被保险人的赔偿责任并填补受害人所受损失，故其赔偿范围应当以满足受害人的基本生存需要为标准，不宜进行扩大。因此，在机动车与行人均不存在过错的意外交通事故中，行人主张精神抚慰金不具有合理性，人民法院不应予以支持。

编写人：重庆市第一中级人民法院　刘学亮　杨韵加

12

无法划分受害人和行为人在事故中的责任的，法院可以根据实际情况适用公平原则

——周某某诉吴某某、保险公司机动车交通事故责任案

【案件基本信息】

1. 裁判书字号

福建省厦门市中级人民法院（2022）闽 02 民终 7182 号民事判决书

2. 案由：机动车交通事故责任纠纷

3. 当事人

原告（上诉人）：周某某

被告（被上诉人）：吴某某、保险公司

【基本案情】

事故第一情节：2021年6月7日8时51分许，周某某驾驶车牌号为闽DN××××号轻型厢式货车沿某大道某隧道由东往西方向快速车道内行驶至事故路段碰撞到隧道隔离护栏。第二情节：周某某驾车碰撞隧道隔离护栏不到一秒钟，后方同车道由吴某某驾驶的车牌号为闽D2××××号小型轿车车头又碰撞到闽DN××××号轻型厢式货车的尾部，造成周某某受伤、两车及护栏损坏的损害后果。

某市公安局某分局交警大队认定，第一情节周某某负事故全部责任，第二情节吴某某负事故全部责任，周某某不负事故责任。周某某诉称，其合理损失，由二被告承担全部的赔偿责任，被告保险公司在交强险及商业三者险范围内先行承担赔偿责任，不足部分由被告吴某某承担。并称受伤是在第二情节发生。被告保险公司在交强险、商业险范围内赔偿原告2001731元。吴某某对被告保险公司赔偿不足部分承担赔偿责任。

【案件焦点】

交通事故中，对于前后情节相差不足一秒且情节责任划分不同的，如何确定事故责任。

【法院裁判要旨】

福建省厦门市集美区人民法院经审理认为：根据查明的事实，第一情节，周某某驾车碰撞到隧道隔离护栏，周某某负事故全部责任。第二情节，周某某驾车碰撞隧道隔离护栏不到一秒钟，吴某某驾车车头碰撞到周某某所驾车辆的尾部，造成周某某受伤的损害后果，吴某某负事故全部责任，周某某不负事故责任。两个情节先后发生，相差不到一秒钟，第一情节系第二情节的一个间接原因，两个情节在造成周某某受伤损害后果中的作用无法区分，责任份额难以划分，故依法推定周某某、吴某某对周某某损伤的合理损失平均承担责任，即周某某自己承担损害后果50%的民事责任，吴某某承担50%的民事赔偿责任。

福建省厦门市集美区人民法院依据《中华人民共和国民法典》第一千一百六十五条第一款、第一千一百七十九条、第一千一百八十三条第一款、第一千二百零八条、第一千二百一十三条，《中华人民共和国道路交通安全法》第七十六条，《最高人民法院关于适用〈中华人民共和国民法典〉时间效力的若干规定》第一条，《最高人民法院关于审理道路交通事故损害赔偿案件适用法律若干问题的解释》第十一条、第十三条，《最高人民法院关于审理人身损害赔偿案件适用法律若干问题的解释》第六条、第七条、第八条、第九条、第十条、第十一条、第十二条、第十三条、第十六条、第二十二条，《最高人民法院关于确定民事侵权精神损害赔偿责任若干问题的解释》第五条，《中华人民共和国民事诉讼法》第六十七条第一款的规定，判决如下：

一、被告保险公司应于本判决生效之日起十日内赔偿原告周某某经济损失1013542.60元；

二、被告吴某某应于本判决生效之日起五日内赔偿原告周某某经济损失2800元；

三、驳回原告周某某的其他诉讼请求。

周某某不服一审判决，提起上诉。福建省厦门市中级人民法院经审理认为：同意厦门市集美区法院的裁判意见，同时进一步补充交通事故认定书、现场照片等在案证据，周某某驾驶的货车先撞到隧道隔离护栏，随后吴某某的后车躲避不及碰撞前车右后角，车身嵌入前车车厢尾部下方，前车的高度、体积、重量明显强于后车，可看出在第一情节中前车碰撞隧道隔离护栏的撞击力造成周某某受伤的可能性已存在，第二情节中后车的碰撞对前车的推动力较有限。而且，本案并没有其他证据证明系后车的作用力直接造成周某某的伤情。综上，周某某主张其伤情完全是后车追尾造成的，依据不足，不予采纳。

福建省厦门市中级人民法院依照《中华人民共和国民事诉讼法》第一百七

十七条第一款第一项的规定，判决如下：

驳回上诉，维持原判。

【法官后语】

在一起交通事故中，公安部门出具的道路交通事故认定书是法院依法判断双方民事责任的重要依据，然而司法实践中，因为事故本身的复杂性和现代取证方式的局限性，公安部门和法院无法明确查明事故成因、划分双方责任的情况时有发生。在案件事实明确又无法划分双方责任情况的前提下，如何对受害人的权益进行救济，是社会保障领域关注的问题之一。

在我国的司法实践中，公平原则通常在两种意义上适用：一是在处理损害赔偿案件时，根据具体情况公平合理地确定赔偿数额；二是在当事人对于损害的发生都不应承担侵权责任时，法官应当以公平作为衡量的价值标准，根据实际情况，由当事人双方公平地分担损失，当事人的负担能力也是适用公平原则所要考虑的必要因素。

公平责任相对于归责原则，是一种例外、补充规定。在法律没有特别规定适用无过错责任或公平责任的情况下，都要适用过错责任。过错责任在侵权法中是一般性条款，应当适用于法律有规定的情况，绝不能在法律有规定的情况下而适用公平责任。

在现有立法模式和法律规定框架下，公平原则的适用条件如下：

1. 一方有致人损害的行为或为受益人。因为有致人损害的行为，才可能适用公平原则。如果一方是受益人，那么，分担损失就是受益的代价。

2. 损害后果实际发生且较为严重。如果损害后果较为轻微，则可由受害人自行承担，而不需要通过法律手段进行救济，这种损害后果可以是人身损害也可以是精神损害，法官在司法审判中根据具体案件情况判断。这是法官自由裁量权行使之一。

3. 双方当事人都没有过错，或者无法判断双方当事人在侵权行为中的过错。一般认为，如果双方当事人的过错可以划分，那么案件应该适用过错责任或者无过错责任。公平原则仅在双方当事人均无过错情况下或者无法判断双方当事人在侵权行为中的过错大小才能适用。双方当事人均应该举证自身行为不存在过错。本案事故有别于一般的交通事故，存在两个责任划分完全不同的事故情节。一方面，原告驾驶的车辆自行撞上隧道隔离护栏，系驾驶重大过失。其车辆在客观上造成了事故现场阻碍车辆正常通行，是造成本次事故的一个原因。另一方面，隧道内车多复杂，被告在第一情节发生后不到一秒即撞上原告车辆，说明被告驾驶车辆未谨慎观察隧道情况，未与前车保持适当距离，这也是造成本次事故的一个原因。原告辩称被告驾驶的轿车没有保持适当车距，车速太高，追尾被告车辆，是导致交通事故的主要原因，但是结合现场照片等在案证据，可看出在第一情节中前车碰撞隧道隔离护栏的撞击力造成原告受伤的可能性已存在，第二情节中后车的碰撞对前车的推动力较有限。而且，本案并没有其他证据证明系后车的作用力直接造成原告的伤情。由此，原告主张其伤情完全是后车追尾造成的，依据不足。综上，因双方均无可减轻责任理由，在无法依照过错责任重新分配双方责任前提下适用公平原则应予支持。

编写人：福建省厦门市集美区人民法院　杨小芬

13

未经登记的装载机上路行驶造成交通事故的责任认定

——保险公司诉杨某某、建筑工程公司机动车交通事故责任案

【案件基本信息】

1. 裁判书字号

山东省淄博市中级人民法院（2022）鲁03民终2529号民事判决书

2. 案由：机动车交通事故责任纠纷

3. 当事人

原告（上诉人）：保险公司

被告（被上诉人）：杨某某、建筑工程公司

【基本案情】

2019年8月2日11时，被告杨某某驾驶装载机与张某某驾驶的鲁C×××××号车辆相撞，致使鲁C×××××号车辆受损，经交警认定被告杨某某负事故全部责任。鲁C×××××号车辆车主为汽车贸易公司，在原告处投保交强险、机动车损失保险及商业三者险，事故发生后，汽车贸易公司向原告提出索赔，原告向汽车贸易公司进行保险赔付后，汽车贸易公司于2020年3月4日出具《保险索赔权益转让书》，将107382元范围内的追偿权转让给了原告。原告认为根据保险法相关规定，有权向被告追偿，故诉至一审法院。

某市公安局交通警察支队某大队道路交通事故认定书载明："2019年8月12日11时10分许，杨某某驾驶装载机沿某大道由东向西行驶，行驶至某交叉口西200米向北变更车道时，与某大道由东向西行驶的张某某驾驶的车辆相撞，车辆受损，造成交通事故；杨某某无证驾驶没有登记的轮式装载机，变更车道，妨碍其他车辆通行，承担事故全部责任。"依据某市公安局交通警察支队某大队出具的涉案装载机车辆信息及增值税专用发票可以认定涉案装载机原始购买人系建筑工程公司。

【案件焦点】

未经登记的装载机上路行驶造成交通事故的责任认定。

【法院裁判要旨】

山东省淄博市张店区人民法院经审理认为：《中华人民共和国民法典》第一千二百一十二条规定："未经允许驾驶他人机动车，发生交通事故造成损害，属于该机动车一方责任的，由机动车使用人承担赔偿责任；机动车所有人、管理人对损害的发生有过错的，承担相应的赔偿责任，但是本章另有规定的除外。"本案中，被告建筑工程公司提交了与被告杨某某的装载机买卖协议，但没有提交相关的转账记录予以佐证，且被告杨某某亦未到庭，故对于双方是否存在买卖合同关系，本院不予处理。但根据“谁主张，谁举证”的原则，原告未提交相关证据证明被告杨某某与被告建筑工程公司存在雇佣关系，被告杨某某的行为无法认定为职务行为，同时原告亦未提交证据证明被告建筑工程公司对事故损害存在过错，故根据上述法律规定，原告主张被告建筑工程公司承担赔偿责任，依法不予支持。

山东省淄博市张店区人民法院依据《中华人民共和国民法典》第一千二百一十二条、《中华人民共和国保险法》第六十条、《中华人民共和国民事诉讼法》第一百四十七条的规定，判决如下：

一、被告杨某某于本判决生效之日起十日内支付原告保险公司代为赔偿的道路交通事故损害赔偿款 107382 元；

二、驳回原告保险公司其他诉讼请求。

保险公司不服一审判决，提起上诉。山东省淄博市中级人民法院经审理认为：本案的争议焦点为被上诉人建筑工程公司应否承担对上诉人代为赔偿的道路交通事故损害赔偿款 107382 元的赔偿责任。本案中，依据现有证据虽然案涉装载机权属不能予以认定，但案涉车辆原始车辆所有人属于建筑工程公司。《中华人民共和国民法典》第一千二百零八条规定，机动车发生交通事故造成损害的，依照道路交通安全法律和本法的有关规定承担赔偿责任。《中华人民共和国道路交通安全法》第八条第一款规定，国家对机动车实行登记制度。机动车经公安机关交通管理部门登记后，方可上道路行驶。尚未登记的机动车，需要临时上道路行驶的，应当取得临时通行牌证。《最高人民法院关于审理道路交通事故损害赔偿案件适用法律若干问题的解释》（2020 修正）第四条规定，拼装车、已达到报废标准的机动车或者依法禁止行驶的其他机动车被多次转让，并发生交通事故造成损害，当事人请求由所有的转让人和受让人承担连带责任的，人民法院应予支持。依据上述法律及司法解释的规定，即便按照建筑工程公司的主张，其已经将车辆转让给了杨某某，但由于其将依法禁止行驶的车辆进行了转让，案涉车辆发生交通事故并造成损害，建筑工程公司应当承担连带责任，一审法院认定不当，予以纠正。

山东省淄博市中级人民法院依照《中华人民共和国民法典》第一千二百零八条、《中华人民共和国道路交通安全法》第八条、《最高人民法院关于审理道路交通事故损害赔偿案件适用法律若干问题的解释》（2020 修正）第四条、《中华人民共和国民事诉讼法》第一百七十七条第一款第二项的规定，判决如下：

一、维持山东省淄博市张店区人民法院（2022）鲁 0303 民初 514 号民事判决第一项，即杨某某于本判决生效之日起十日内支付保险公司代为赔偿的道路交通事故损害赔偿款 107382 元；

二、撤销山东省淄博市张店区人民法院（2022）鲁 0303 民初 514 号民事判决第二项，即驳回保险公司其他诉讼请求；

三、建筑工程公司对本判决第一项负有连带赔偿责任；

四、驳回保险公司其他诉讼请求。

【法官后语】

本案的争议焦点是未经登记的装载机上路行驶造成交通事故的责任认定。未经登记的装载机上路行驶造成交通事故情形下的责任承担事宜，司法实践中存在不同认识。本案即为如此，一审法院认为原告未提交相关证据证明被告杨某某与被告建筑工程公司存在雇佣关系，被告杨某某的行为无法认定为职务行为，同时原告亦未提交证据证明被告建筑工程公司对事故损害存在过错，故根据上述法律规定，原告主张被告建筑工程公司承担赔偿责任，依法不予支持。二审法院则认定因建筑工程公司将依法禁止行驶的车辆进行了转让，案涉车辆发生交通事故并造成损害，应当承担连带责任并据此改判。对此，笔者认为二审法院的认定是正确的，主要理由如下：

《中华人民共和国民法典》（以下简称《民法典》）第一千二百零八条规定，机动车发生交通事故造成损害的，依照道路交通安全法律和本法的有关规定承担赔偿责任。第一千二百一十四条规定，以买卖或者其他方式转让拼装或者已经达到报废标准的机动车，发生交通事故造成损害的，由转让人和受让人承担连带责任。该条规定虽然没有采用拼装、报废“等”机动车的表述，但其规范意图非常明显，即为不符合国家机动车运行安全技术条件的依法禁止行驶的机动车，如非法改装的机动车、未经登记的机动车等。《最高人民法院关于审理道路交通事故损害赔偿案件适用法律若干问题的解释》（2020修正）第四条规定，拼装车、已达到报废标准的机动车或者依法禁止行驶的其他机动车被多次转让，并发生交通事故造成损害，当事人请求由所有的转让人和受让人承担连带责任的，人民法院应予支持。该条规定以《民法典》中的连带责任的适用范围和规范目的为依据，对于《民法典》第一千二百一十四条进一步作出补充规定，对于以买卖或者其他方式转让拼装、已达到报废标准或者依法禁止行驶的其他机动车，发生交通事故造成损害情形下，由转让人和受让人承担连带责任。

《报废机动车回收管理办法》第十五条规定，禁止任何单位或者个人利用报废机动车“五大总成”和其他零部件拼装机动车，禁止拼装的机动车交易。除机动车所有人将报废机动车依法交售给报废机动车回收企业外，禁止报废机动车整车交易。《中华人民共和国道路交通安全法》第八条规定，国家对机动车实行登记制度。机动车经公安机关交通管理部门登记后，方可上道路行驶。尚未登记的机动车，需要临时上道路行驶的，应当取得临时通行牌证。转让拼装、报废机动车的行为系违反强制性行政法规而被明令禁止的行为，转让人却仍然为之，主观上对风险发生亦存在明显的过错，客观上是对受让人可能给不特定的第三人带来的危险的放任，提高了车辆发生事故的可能性和危害性。而受让人其作为机动车使用人，对事故的发生亦是当然的责任主体，该责任并不以其是否知悉车辆为拼装车或报废车等禁止行驶的机动车为前提。机动车道路运输经营不同于一般的机动车出行，其使用频率、事故率、损害后果都相对较高。为了保障公共安全，必须对机动车道路运输经营从源头上予以管控，实施严格的准入制度，保证第三人的权利可以得到及时救济。为了实现这一公法目的，私法也应通过社会利益衡量，保障行政管制的有效运行，从而有效维护受害人的合法权益，减少拼装车、报废车等禁止行驶的车辆上路的违法现象的发生，进而降低交通事故隐患，保障公共安全。出于对拼装车、报废车转让行为的违法性、依法禁止行驶机动车的高度危险性和保护受害人合法权益等因素的考量，本条规定了在发生交通事故造成损害情形下，由转让人和受让人承担连带责任，其立法本意在于预防并制裁转让、驾驶拼装或者已达到报废标准等依法禁止行驶的机动车的行为，让转让人承担连带责任可以更好地防止上述机动车重新上路行驶，增加道路风险，损害社会公共利益。

本案中，依据现有证据虽然对案涉装载机权属不能予以认定，但案涉车辆原始车辆所有人属于建筑工程公司。即便按照建筑工程公司的主张，其已经将车辆转让给了杨某某，但由于其将依法禁止行驶的车辆进行了转让，案涉车辆发生交通事故并造成损害，建筑工程公司应当承担连带责任。

编写人：山东省淄博市张店区人民法院　刘晓辉

山东省淄博市中级人民法院　荣明潇

14

员工在宾馆区域内驾驶宾馆电动车发生交通事故情形下的责任认定

——闫某某诉马某某、某宾馆机动车交通事故责任案

【案件基本信息】

1. 裁判书字号

山东省淄博市中级人民法院（2022）鲁 03 民终 2378 号民事判决书

2. 案由：机动车交通事故责任纠纷

3. 当事人

原告（被上诉人）：闫某某

被告（上诉人）：马某某

被告（被上诉人）：某宾馆

【基本案情】

2021年8月13日22时许，被告驾驶电动四轮车沿某宾馆道路由南向北行驶至事故地点处，与由西向东行驶的原告驾驶的电动三轮车相撞，致原告受伤，车辆损坏，造成交通事故。经交警部门认定，被告承担本次事故的主要责任。原告诉至法院，请求判令被告赔偿损失117000元并承担本案诉讼费用。被告马某某辩称，事发现场系在某宾馆内部，不属于道路；原被告均为某宾馆的工作人员，是在履行工作职责时发生的事故，依法应当适用劳动法规予以处理，即使适用侵权责任，其作为某宾馆的工作人员因执行工作任务造成他人损害的，应由用人单位承担侵权责任，请求驳回原告的诉讼请求。被告某宾馆辩称，原告诉讼主体错误，本案的肇事车辆属于非机动车辆，原告所起诉的责任比例划分错误，请求驳回原告对其的诉讼请求。

【案件焦点】

员工在宾馆区域内驾驶宾馆电动车发生交通事故情形下的责任认定。

【法院裁判要旨】

山东省淄博市张店区人民法院经审理认为：案涉《道路交通事故认定书》依法对原被告责任予以划分，本院予以采信。被告马某某对事故认定有异议，但未通过申请复核等程序主张权利。被告马某某负交通事故主要责任，应就原告闫某某上述损失承担70%的侵权责任共计114205.91元，被告马某某已经赔偿医药费3674元，剩余应赔偿110531.91元。被告马某某系被告某宾馆员工，关于被告马某某在事故发生时是否系在履行职务行为过程中的问题，两被告意见不一。被告马某某应提供证据证明其履行职务行为，被告某宾馆称“不清楚”，并主张应在另一法律关系中处理两被告事宜，故关于被告马某某在事故发生时是否系正在履行职务行为的问题，在本案中不予审查处理，两被告可自行协商解决，或被告马某某认为应由用人单位某宾馆承担赔偿责任，可在提供相关证据后另案主张权利。

山东省淄博市张店区人民法院依据《中华人民共和国民法典》第一千一百七十九条、第一千二百零八条、第一千二百一十三条的规定，判决如下：

一、被告马某某于本判决生效后十日内赔偿原告闫某某各项损失共计110531.91元；

二、驳回原告闫某某其他诉讼请求。

马某某不服一审判决，提起上诉。山东省淄博市中级人民法院经审理认为：《中华人民共和国民法典》第一千一百九十一条规定："用人单位的工作人员因执行工作任务造成他人损害的，由用人单位承担侵权责任。用人单位承担侵权责任后，可以向有故意或者重大过失的工作人员追偿。劳务派遣期间，被派遣的工作人员因执行工作任务造成他人损害的，由接受劳务派遣的用工单位承担侵权责任；劳务派遣单位有过错的，承担相应的责任。"依据事故发生的地点在被上诉人宾馆内，结合上诉人马某某提交的光盘内容及秦某某的证人证言，可认定上诉人马某某驾驶宾馆电动车与被上诉人闫某某相撞时系在倾倒宾馆客人的住宿垃圾，为执行被上诉人某宾馆的工作任务。因此被上诉人某宾馆应当依据民法典相关规定承担相应的侵权赔偿责任，一审认定由上诉人马某某承担赔偿责任有误，本院予以纠正。依据交警部门就本案电动车相撞事故已经出具的交通事故认定书，马某某承担事故主要责任，被上诉人闫某某承担事故次要责任，一审酌定被上诉人闫某某自担30%的事故责任并无不当，某宾馆应承担闫某某事故损失的70%赔偿责任即114205.91元。另外，马某某已赔偿闫某某的医药费3674元，闫某某应予退还。

山东省淄博市中级人民法院依照《中华人民共和国民法典》第一千一百九十一条、《中华人民共和国民事诉讼法》第一百七十七条第一款第二项的规定，判决如下：

一、撤销山东省淄博市张店区人民法院（2022）鲁0303民初2511号民事判决第二项：驳回闫某某其他诉讼请求；

二、变更山东省淄博市张店区人民法院（2022）鲁0303民初2511号民事判决第一项为：某宾馆于本判决生效后十日内赔偿闫某某各项经济损失共计114205.91元；

三、驳回闫某某的其他诉讼请求。

【法官后语】

本案的争议焦点为员工在宾馆区域内驾驶宾馆电动车发生交通事故情形下的责任认定。

司法实践在机动车交通事故责任纠纷案件的审理中，对于员工在宾馆区域内驾驶宾馆电动车发生交通事故情形下的责任认定存在一定争议，本案即较为典型。一审法院判决由马某某承担侵权赔付责任，二审法院则认为应由某宾馆承担侵权赔付责任。因而有必要厘清员工在宾馆区域内驾驶宾馆电动车发生交通事故情形下的责任认定，从而有利于司法实践中正确处理此类案件。

《中华人民共和国民法典》第一千一百九十一条规定："用人单位的工作人员因执行工作任务造成他人损害的，由用人单位承担侵权责任。用人单位承担侵权责任后，可以向有故意或者重大过失的工作人员追偿。劳务派遣期间，被派遣的工作人员因执行工作任务造成他人损害的，由接受劳务派遣的用工单位承担侵权责任；劳务派遣单位有过错的，承担相应的责任。"据此，用人单位就其员工的工作侵权承担无过错责任，即用人单位的工作人员因执行工作任务造成他人损害的，由用人单位承担侵权责任，这种责任属于替代责任，即由非行为人对行为人的侵权行为承担责任。从而切实保护受害人的合法权益，使受害人的损害赔偿请求权更容易实现，受到损害的权利能及时得到救济。该条同时规定，用人单位承担侵权责任后，可以向有故意或者重大过失的工作人员追偿。

用人单位承担侵权责任的前提和基础为如下两点：一是工作人员执行职务的行为构成侵权。用人单位只对其工作人员在执行工作任务时造成他人损害的侵权行为承担侵权责任。比如，在一般侵权场合，工作人员执行职务的行为应当满足行为的违法性、过错、因果关系和损害后果的四要件，才成立侵权法律关系，此时用人单位才需承担侵权责任，若工作人员执行职务致人损害是出于紧急避险等原因所致而不成立侵权责任，则用人单位无须承担侵权责任。二是侵权行为应当是用人单位的工作人员执行工作任务的行为。用人单位只有在工作人员执行工作任务过程中造成损害的，才作为职务侵权行为为其造成的损害负责。据此，“因执行工作任务对他人造成损害”，是用人单位承担替代责任的前提条件和核心要素。如何理解“执行工作任务”成为正确理解和适用本条规定的关键所在。司法实践中，有学者认为，判断工作人员的行为是否是执行工作任务，应依据下列条件来予以认定：(1) 必须是用人单位的工作人员所为的行为。(2) 必须是工作人员在执行职务的时间内所为的行为。(3) 必须是工作人员在执行职务的地点所为的行为。(4) 必须是工作人员在执行职务的时间和地点所为的执行职务的行为致人损害，用人单位才负责任[②]。另有学者认为，执行职务的范围，应理解为不仅限于直接与用人单位目的有关的行为，还包括间接与目的实现有关的行为，以及在一般客观上视为用人单位目的范围内的行为。判断是否属于执行职务的标准是：(1) 是否以用人单位名义；(2) 是否在外观上足以被认为属于执行职务；(3) 是否依社会共同经验足以认为与用人单位职务有相当关联[③]。结合上述观点及司法实践，在判断工作人员的侵权行为是否属于执行工作任务的范围时，除一般原则外，还必须考虑其他特殊因素，如行为的内容、时间、地点、场合、行为之名义（以用人单位名义或以个人名义）、行为的受益人（为用人单位受益或个人受益），以及是否与用人单位意志有关联等。例如，工作人员在执行职务中，以执行职务的方法，故意致害他人，以达到个人不法目的，虽然其内在动机是出于个人的目的，但其行为与职务有着内在联系，因此也应认为是执行职务的行为，属于用人单位侵权行为，应由用人单位承担侵权责任。

本案中，依据事故发生的地点在被上诉人宾馆内，结合上诉人马某某提交的光盘内容及秦某某的证人证言，可认定上诉人马某某驾驶宾馆电动车与被上诉人

② 刘士国：《现代侵权损害赔偿研究》，法律出版社 1998 年版，第 302~303 页。

③ 马俊驹、余延满：《民法原论》，法律出版社 1998 年版，第 163 页。

闫某某相撞时系在倾倒宾馆客人的住宿垃圾，为执行被上诉人某宾馆的工作任务。因此被上诉人某宾馆应当依据《中华人民共和国民法典》相关规定承担相应的侵权赔付责任。

编写人：山东省淄博市张店区人民法院　刘晓辉
山东省淄博市中级人民法院　荣明潇

二、交通事故损害赔偿

15

车辆贬值损失应否纳入损害赔偿范围

——纪某2诉保险公司、王某某机动车交通事故责任案

【案件基本信息】

1. 裁判书字号

湖北省黄石市中级人民法院（2022）鄂02民终2900号民事判决书

2. 案由：机动车交通事故责任纠纷

3. 当事人

原告（被上诉人）：纪某2

被告（上诉人）：保险公司

被告（被上诉人）：王某某

【基本案情】

2022年4月4日15时许，被告王某某驾驶鄂AO××××小型轿车在某镇某村某路口倒车时，与纪某1驾驶车牌号为鄂BW××××小型普通客车相撞，造成两车受损的交通事故。经交警部门认定，王某某负此次事故的全部责任，纪某1无责任。受某市交警大队交通事故调处中心的委托，资产评估公司对鄂BW××××小型普通客车的车辆损失、某镇某村某庄门楼损失费进行了评估，确认本次

价格评估标的物维修费为14896元、门楼损失费为5140元。原告为此次评估支付评估费用1400元。诉讼中，被告保险公司向本院申请对鄂BW××××小型普通客车损失价格进行重新鉴定，原告纪某2要求对该车的贬值损失进行鉴定，本院委托二手车鉴定评估公司对该车的贬值损失进行鉴定及车辆损失进行重新鉴定，评估结论为：鄂BW××××小型普通客车的修复费用价格为11752元、车辆贬值损失为9887元、评估费为2000元。

另查明，鄂BW××××小型普通客车登记车主为原告纪某2，鄂AO××××小型轿车为被告王某某所有，在保险公司投保了交强险和商业险，事故发生在保险期限内。被告保险公司应在保险责任及保额范围内对原告车辆损失承担赔偿责任。

【案件焦点】

车辆贬值损失应否纳入损害赔偿范围。

【法院裁判要旨】

湖北省大冶市人民法院经审理认为：关于原告主张车辆贬值损失9887元及车辆贬值损失评估费用2000元是否予以支持。本院认为，机动车发生交通事故后，虽可通过修理使其基本恢复外表原貌，但其内在功能受到的损坏，其安全性能及驾驶性能的评价往往会受到负面影响，交易时其市场价格因此有所下降，导致车辆的实际经济价值贬值，故对该诉请，本院予以支持。

湖北省大冶市人民法院依照《中华人民共和国民法典》第一千一百八十四条、第一千二百一十三条，《中华人民共和国道路交通安全法》第七十六条，《最高人民法院关于审理道路交通事故损害赔偿案件适用法律若干问题的解释》第十二条的规定，判决如下：

一、被告保险公司于本判决生效之日起三十日内赔付原告纪某2车辆损失11752元、车辆贬值损失9887元、租车费用2000元，以上合计23639元；

二、被告王某某于本判决生效之日起三十日内赔付原告纪某2评估费用3200元；

三、驳回原告纪某2的其他诉讼请求。

保险公司不服一审判决，提起上诉。二审法院同意一审法院裁判意见。

【法官后语】

本案争议的焦点是车辆贬值损失应否纳入损害赔偿范围问题。一般认为，物或财产的价值受价值规律支配，使用价值与价值集于一身，使用价值主要用于发挥效用、满足所有权人支配使用财产（物）的需求，而价值则主要在市场交换领域发挥作用、满足所有权人交换或买卖财产的需求，因为根据经济规律价值在供求关系影响下直接决定了价格即交换价值，所以使用价值与价值均属于财产利益不可或缺的要素，据此可以认为价值贬低属于财产所有权人遭受的客观损失。机动车发生交通事故后，虽可通过修理使其基本恢复外表原貌，但其内在功能受到的损坏，其安全性能及驾驶性能的评价往往会受到负面影响，交易时其市场价格因此有所下降，导致车辆的实际经济价值贬损，如果该贬值损失经过合法评估鉴定，理应得到赔偿。司法实践中，法院在审理案件时对于受害人有证据能够证明的直接损失均能够予以认定，但对于间接损失就需要考虑是否有法律的明确规定。目前关于车辆贬值损失是否应当赔偿主要存在以下三种争议观点：

第一种观点认为，只要损失与侵权行为之间存在因果关系，那么即便属于间接损失也应当由侵权人进行赔偿，只要能够确定具体的数额，就应当由侵权人足额予以承担。第二种观点认为，车辆贬值损失不应当予以支持，理由概括下来就是我国侵权民事赔偿原则为填补赔偿原则，即仅对受害人的实际损失和部分法律规定的可期待性利益损失予以赔偿，而车辆的贬值损失明显不属于赔偿范围，且无任何法律依据，故应依法不予支持。第三种观点认为，车辆贬值损失虽然属于间接损失，但该损失客观存在且与侵权行为之间存在因果关系，具有可赔性。需要注意的是在认定时应当谨慎，要结合受损车辆的具体情况。笔者认为，上述第三种观点较为合理，车辆贬值损失实质上属于可期待利益受损，该损失是客观存在的。虽然相关法律并未将车辆贬值损失明确纳入交通事故赔偿项目内，但也未予以排除，法官在审理案件过程中具有一定的自由裁量空间，实务操作中应以实现“公平、公正”为价值取向，将一般原则与具体案情结合，考虑特殊情况与极端情形，寻求二者之间的最大平衡。

司法实践中对于交通事故中车辆贬值损失是否赔偿要考虑以下几个因素：(1) 在责任划分中，请求赔偿方的责任程度较低；(2) 在受损部位中，应当有关键部件受损，足以影响车辆价值；(3) 在索赔程序上，应当有专业鉴定机构的鉴定意见确定相关贬值金额；(4) 在车龄上，待售新车或上路1~2年内的车辆。如案件符合上述情形，法官可酌情考虑对车辆贬值损失予以赔偿。

本案中，原告车辆为某品牌2019款小型普通客车，该车登记日期为2020年1月16日，根据国家报废标准年限15年（180个月），该车已使用32个月，行驶2.48万公里，其使用年限较短、行驶里程较少。本次事故导致其车身侧面及B柱受损，右前门、右后门需更换，而车辆B柱是支撑车辆结构强度的关键部件之一，对座舱内的成员起着重要的保护作用，当车辆侧倾或倾覆时，B柱可以有效防止驾驶舱被挤压变形。在这种情况下，即使通过修理，也难以恢复到车辆发生事故前的状态，尤其是在车辆的使用寿命、安全性能、驾驶操控性等方面很难达到事故发生前的状态。同时，在汽车交易市场中对于发生过交通事故的车辆，估价显然比原先无事故车辆的价值低很多。综合上述情况，本院考虑对车辆贬值损失予以赔偿。

编写人：湖北省大冶市人民法院　熊振

16

尚未出售的全新商品车因事故产生的贬值损失应予赔偿

——甲物流公司诉马某某等机动车交通事故责任案

【案件基本信息】

1. 裁判书字号

江苏省连云港市中级人民法院（2022）苏07民终3380号民事判决书

2. 案由：机动车交通事故责任纠纷

3. 当事人

原告（被上诉人）：甲物流公司

被告（上诉人）：甲保险公司

被告（被上诉人）：马某某、乙物流公司、乙保险公司

【基本案情】

2021年6月4日，马某某驾驶辽HG××××/辽H1×××挂车沿某高速由南向北行驶，在超越右车道行驶的于某某驾驶的京AK××××/黑AQ×××挂车时发生追尾碰撞事故，造成两车受损及京AK××××/黑AQ×××挂车上两辆某品牌商品车受损。交警部门依法认定马某某负事故的全部责任，于某某无责任。

辽HG××××/辽H1×××挂车登记所有人为乙物流公司，实际所有人为马某某，辽HG××××车辆在甲保险公司投保交强险及商业三者险100万元含不计免赔，辽H1×××挂车辆在甲保险公司投保商业三者险5万元含不计免赔。辽HG××××/辽H1×××挂车在乙保险公司投保道路危险货物承运人责任保险附加第三者责任保险，责任限额为100万元。事故后，甲保险公司已对两辆某品牌商品车的修理费用进行赔付。经甲物流公司委托评估，两辆某品牌商品车的贬值损失合计75400元，甲物流公司支出评估费5000元。

另查明，甲保险公司在一审期间举证了乙物流公司就辽HG××××/辽H1×××挂车向其投保交强险和商业三者险的投保单、保险单及商业保险条款。其中，辽HG××××车辆投保的交强险中约定，甲保险公司在被保险人存在事故责任时承担的财产损失赔偿限额为2000元。辽HG××××和辽H1×××挂车投保的商业三者险中约定："下列人身伤亡、财产损失和费用，保险人不负责赔偿……（二）第三者财产因市场价格变动造成的贬值，修理后因价值降低引起的减值损失……"甲保险公司对上述免责条款已尽到了提示和说明义务。

还查明，案涉两辆某品牌商品车因本案交通事故共产生维修费12100元，甲保险公司在交强险赔偿限额内赔付2000元，在商业三者险赔偿限额内赔付10100元。二审期间，乙物流公司与马某某认可二者之间系挂靠关系。

【案件焦点】

1. 案涉某品牌商品车的贬值损失是否应予赔偿；2. 赔偿责任由谁承担。

【法院裁判要旨】

江苏省连云港市海州区人民法院经审理认为：案涉受损某品牌车系商品车，其在进入交易市场时体现的是交换价值而不是使用价值，车辆在交易之前就发生交通事故导致损坏，即使经修复恢复原貌及使用功能，在出售时也要向购买人说明，交易价值必然低于未发生事故的新车价值，该贬值损失具有确定性且属于因交通事故导致的车辆运载物品的直接财产损失，应由甲保险公司承担赔偿责任。甲物流公司支出的评估费 5000 元，系为确定损失金额支出的合理、必要费用，该费用亦应由甲保险公司负担。事故发生时，马某某驾驶的车辆没有装载货物，故乙保险公司在本案中不承担保险赔偿责任。甲物流公司主张的律师费及利息并非交通事故侵权案件产生的直接损失，对此不予支持。

江苏省连云港市海州区人民法院依照《中华人民共和国民法典》第一千二百一十三条，《最高人民法院关于审理道路交通事故损害赔偿案件适用法律若干问题的解释》第十二条、第十三条，《中华人民共和国民事诉讼法》第六十七条、第一百四十七条的规定，判决如下：

一、甲保险公司于判决生效之日起十日内给付甲物流公司 80400 元；

二、驳回甲物流公司的其他诉讼请求。

甲保险公司不服一审判决，提出上诉。江苏省连云港市中级人民法院经审理认为：对于案涉某品牌商品车的贬值损失是否应予赔偿，同意一审法院裁判意见。但是，根据甲保险公司举证的投保单和商业保险条款等证据，能够证明其在商业三者险内并不赔偿案涉某品牌商品车的贬值损失。本案中，在交强险中的财产损失赔偿限额用尽，且甲保险公司在商业三者险中不赔偿贬值损失的情况下，案涉某品牌商品车的贬值损失应由侵权人赔偿。因此，案涉某品牌商品车的贬值损失应由马某某与乙物流公司承担连带赔偿责任。

江苏省连云港市中级人民法院依照《中华人民共和国民法典》第一千二百一十一条、第一千二百一十三条，《最高人民法院关于适用〈中华人民共和国保险法〉若干问题的解释（二）》第十一条、第十三条，《中华人民共和国民事诉讼法》第一百七十七条第一款第二项的规定，判决如下：

一、维持连云港市海州区人民法院（2022）苏0706民初932号民事判决第二项；

二、撤销连云港市海州区人民法院（2022）苏0706民初932号民事判决第一项；

三、甲保险公司于判决送达之日起十日内赔付甲物流公司5000元；

四、马某某和乙物流公司于判决送达之日起十日内连带赔偿甲物流公司75400元。

【法官后语】

所谓“车辆贬值损失”，一般是指车辆发生事故后，其使用性能虽已恢复，但其本身经济价值因事故而降低。在《最高人民法院关于“关于交通事故车辆贬值损失赔偿问题的建议”的答复》中对车辆贬值损失的赔偿持谨慎态度，认为仅在少数特殊、极端情形下可以考虑予以适当赔偿，且必须慎重考量，严格把握。

对于何种情形属于“少数特殊、极端情形”，笔者认为，可以考量以下因素确定：

一是应存在相关交易市场。车辆在发生交通事故后，主要存在两种贬值损失：一种是技术性贬值，即被损毁的车辆虽然经过修复，但受技术条件限制仍存在一些瑕疵，致使其价值与事故前的价值不等；另一种是交易性贬值，即被损毁的车辆虽经修复，但因曾发生损害而导致其在市场上的交易价格降低。由此，车辆贬值损失包含着交易市场对事故车辆的消极评价，这就必然要求存在相关的交易市场。

二是要考虑车辆使用年限、行驶里程。汽车的使用年限和行驶里程是影响其价值的重要因素，当汽车使用到一定年限，行驶到一定里程，其对车辆价值的影响就会超过交通事故对车辆价值的影响，此时就不宜再支持车辆价值贬损的诉求。相反，如果购买时间及行驶里程较短，其本身对车辆价值贬损的影响较小，而交通事故却在客观上加速了车辆的折旧年限，对车辆价值影响要更大，此种情形下就可以支持车辆贬值损失。

三是要考虑车辆受损严重程度。一般而言，不论交通事故大小，或多或少都会对车辆价值产生影响，但并非所有交通事故造成的车辆贬损都值得赔偿，如果仅是对车辆外观如车漆等造成损害，或者虽然对某个部件造成损害，但受损并非关键部位，对受损部件进行更换后能够正常使用，价值减损不明显的，则无必要赔偿。因此，只有对车辆造成严重损害的才可以肯定贬值损失赔偿，而是否是严重损害，可以根据受损部位、维修费用高低等进行综合判定。

据此，以下两种情形应认定属于"少数特殊、极端情形"，对于此种情形下的车辆贬值损失应予赔偿：一是待售车辆或用于交易目的的车辆，在交通事故中受损贬值，应予赔偿。在上述案件中，受损车辆即为待售的全新商品车，其主要用途并非使用而是销售，发生事故后其交换价值（销售价格）明显、即时受损，如不赔偿明显有失公平，故侵权人对该贬值损失应予赔偿。二是车辆发生交通事故时，如受损车辆购买时间较短、行驶里程较少，鉴定意见认为车辆结构受损致使车辆使用寿命缩短等严重情形，可以酌情支持受害人主张的贬值损失。对于购买时间较短、行驶里程较少的车辆，因事故造成严重损害，如不赔偿其贬值损失亦有失公平。

还需要注意的是，保险机构一般会在保险合同中约定，受害人财产修理后因价值降低造成的损失不予赔偿。因此，在保险合同相关约定有效的情况下，受害人车辆的贬值损失应由侵权人赔偿。

编写人：江苏省连云港市中级人民法院　寇运龙

17

交通事故受害人在诉讼过程中死亡，其残疾赔偿金实行定型化赔偿

——李某1等诉保险公司等机动车交通事故责任案

【案件基本信息】

1. 裁判书字号

湖北省宜昌市中级人民法院（2022）鄂05民终2380号民事判决书

2. 案由：机动车交通事故责任纠纷

3. 当事人

原告（被上诉人）：李某1、李某2、曾某

被告（上诉人）：保险公司

被告（被上诉人）：周某某、物流公司、运输公司

【基本案情】

2021年5月28日，物流公司司机周某某驾驶的重型半挂牵引车（挂重型仓栅式半挂车系运输公司所有）在某市某区与受害人蒲某某驾驶的电动自行车发生碰撞，造成蒲某某受伤。后经某公安局交通警察支队某大队认定，蒲某某负事故主要责任，周某某负事故次要责任。事故发生后，蒲某某被送往某医院治疗，出院后经鉴定机构鉴定为骨盆严重畸形愈合，伤残程度九级；右踝关节强直固定于跖屈45°非功能位，伤残程度八级；右膝关节活动功能丧失36%，伤残程度十级等。经查，周某某驾驶的重型半挂牵引车已在保险公司投保了交强险和商业险，且无免赔事由，事故发生时间尚在保险有效期限内。蒲某某于2022年1月19日诉至法院，主张周某某和保险公司等四被告承担其医疗费、

误工费、护理费、营养费、残疾赔偿金等一概赔偿。2022年2月27日，该案审理期间，蒲某某因卵巢恶性肿瘤导致死亡。其法定继承人李某1、李某2、曾某继续参加诉讼。

诉讼过程中，保险公司提出，因受害人蒲某某已死亡，三原告主张的残疾赔偿金，只能以定残之日起至蒲某某死亡前一日计算期限。

【案件焦点】

关于残疾赔偿金的赔偿年限问题，是以受害人实际生存时间计算还是按照固定期限计算。

【法院裁判要旨】

湖北省宜昌市点军区人民法院经审理后认为：残疾赔偿金是对因交通事故受到损害造成残疾而导致的收入减少或者生活来源丧失给予的财产损害性质的赔偿。即属于受害人因伤残而导致其生活来源的减少或者丧失的财产损害性质的赔偿，在性质上应属于对受害人财产损失的赔偿，其赔偿的依据是劳动能力丧失程度，既是对受害人获得劳动收入能力下降的补偿，也是对受害人定残后的一种补偿方式，采取的是抽象损失标准即定型化标准，而非受害人因事故实际减少收入的具体损失标准。因此，蒲某某虽因恶性肿瘤死亡，但其在本次交通事故发生后已产生相应财产损失，且其残疾赔偿金、被扶养人生活费在定残后亦可依法确定，故依法应当予以支持。根据湖北省统计局官方网站发布的2021年度相关统计数据，结合蒲某某生前生活、务工情况和事故发生后的身体健康情况、医院医嘱建议及三原告的诉讼请求，综合认定蒲某某因交通事故造成的残疾赔偿金为264039.60元［40006元/年×20年×（30%+2%+1%）］。同时结合其他损失情况，按照责任比例，扣除被告前期垫付费用后认定赔偿数额。

湖北省宜昌市点军区人民法院依照《中华人民共和国民法典》第二百二十五条、第一千一百九十一条、第一千二百零九条、第一千二百一十三条、第一千一百二十七条，《中华人民共和国道路交通安全法》第二十一条、第二十二条第一款、第五十七条、第七十六条第二款，《中华人民共和国保险法》第六十四条，《机动车交通事故责任强制保险条例》第四十二条，《最高人民法院关于审理道路交通事故损害赔偿案件适用法律若干问题的解释》第一条、第十三条，《最高人民法院关于审理人身损害赔偿案件适用法律若干问题的解释》第六条、第七条、第八条、第九条、第十条、第十一条、第十二条、第十三条、第十六条、第十七条、第二十二条、第二十三条，《最高人民法院关于确定民事侵权精神损害赔偿责任若干问题的解释》第五条第一项，《中华人民共和国民事诉讼法》第六十七条、第六十八条、第一百四十七条的规定，判决如下：

一、被告保险公司于本判决生效之日起十五日内赔偿原告李某1、李某2、曾某各项损失256631元；

二、被告保险公司于本判决生效之日起十五日内支付被告周某某3500元；

三、驳回原告李某1、李某2、曾某的其他诉讼请求。

被告保险公司不服一审判决，提起上诉。湖北省宜昌市中级人民法院同意一审法院的裁判意见。

湖北省宜昌市中级人民法院依照《中华人民共和国民事诉讼法》第一百七十七条第一款第一项的规定，判决如下：

驳回上诉，维持原判。

【法官后语】

《最高人民法院关于审理人身损害赔偿案件适用法律若干问题的解释》（以下简称《人身损害赔偿司法解释》）第十二条规定：“残疾赔偿金根据受害人丧失劳动能力程度或者伤残等级，按照受诉法院所在地上一年度城镇居民人均可支配收入标准，自定残之日起按二十年计算。但六十周岁以上的，年龄每增加一岁减少一年；七十五周岁以上的，按五年计算。受害人因伤致残但实际收入没有减少，或者伤残等级较轻但造成职业妨害严重影响其劳动就业的，可以对残疾赔偿金作相应调整。”该解释规定以一个普通正常人的预期寿命为标准，对残疾赔偿金的计算标准及计算年限都作了具体规定，但当司法实务中出现交通事故受害人在诉讼期间非因交通事故原因死亡后，残疾赔偿金如何计算呢？

在理论上，有“劳动能力丧失说”“收入丧失说”“生活来源丧失说”等理论学说，在具体司法实务中针对该情形的争议则主要有以下两种观点：

第一种观点认为，残疾赔偿金是对劳动者全部或部分丧失劳动能力后未来收入损失的赔偿，是受害人对其预期可得经济利益减少后的一种补偿，属于财产损害赔偿，而非对实际发生的经济损失的赔偿，该损失应当是固定的和明确的，不会因为受害人在发生交通事故以后的身体状况变化甚至死亡而发生变化。因此，在受害者损害确定之后，其残疾赔偿金也就可以根据《人身损害赔偿司法解释》确定，即按二十年的标准确定。

第二种观点认为，残疾赔偿金是受害人遭受残疾、丧失劳动能力的一种财产实际损失。《人身损害赔偿司法解释》规定的二十年固定期限，是对受伤个体实际生存年限不能确定情况下的一个平均估算，如果在受害人实际生存年限可以确定的情况下，根据损失填平原则，应当按实际生存年限认定残疾赔偿金。且《人身损害赔偿司法解释》规定残疾赔偿金可以视具体情况调整，也印证了上述立法本意。

笔者认为，不论是从理论研究角度，还是结合实务审判的裁判观点，采用固定化期限、定型化的赔偿标准来明确赔偿数额，都更符合立法本意，也更具有实务可操作性，方便及时化解纠纷。

首先，根据《人身损害赔偿司法解释》的规定，残疾赔偿金已有明确的计算标准和法律依据，在受害人定残时，其损失就已经是固定的和明确的，故主张按实际生存的期限计算残疾赔偿金，没有法律依据。其次，残疾赔偿金是对受害人因伤残导致的劳动能力丧失、收入减少或生活来源丧失而给予的财产损害赔偿，从受害人定残之日起已经客观存在，不会因为受害人在发生交通事故以后的身体状况变化甚至死亡而发生变化。残疾赔偿金请求权虽然专属于受害人本人，但在受害人非因致残事故死亡后，残疾赔偿金请求权可以作为受害人的遗产由其近亲属继承。因此，对残疾赔偿金的计算只能采纳定型化计算法，不因受害人劳动能力的变化或存活年限的变动而改变。最后，在司法实践中，若以受害人实际生存的期间作为赔偿的期限，则会出现受害人损失赔偿处于一个不确定状态的情况，由此可能引发加害人利用诉讼技巧恶意拖延时间阻碍受偿的风险等问题。这种情形显然对当事人极不公平，故按照受害者实际生存年限来计算残疾赔偿金是不可取的。

综上，在道路交通事故中受害人在诉讼过程中死亡，如果其死亡前已经定残并向法院起诉，则其继承人继续参加诉讼时，赔偿义务人还是应按照原有标准继续赔偿相应的残疾赔偿金，不应因受害人死亡而影响赔偿年限和赔偿金额。

编写人：湖北省宜昌市点军区人民法院　罗雪

18

受害人定残后死亡情形下残疾赔偿金计算期限的认定

——王某1等诉王某2、保险公司机动车交通事故责任案

【案件基本信息】

1. 裁判书字号

山东省聊城市中级人民法院（2022）鲁15民终1252号民事判决书

2. 案由：机动车交通事故责任纠纷

3. 当事人

原告（被上诉人）：王某1、高某2、高某3、高某

被告（被上诉人）：王某2

被告（上诉人）：保险公司

【基本案情】

2019年11月11日8时许，被告王某2驾驶鲁P05×××号小型轿车，在某路某子路口左转弯时，与自北向南行驶的高某1驾驶电动三轮车碰撞，致高某1受伤，两车损坏的交通事故。2019年11月28日，某市公安局交通巡逻警察支

队某大队作出《道路交通事故认定书》，认定王某 2 驾驶机动车未按规定让行，负事故全部责任；高某 1 无责任。王某 2 驾驶的鲁 P05×××号小型轿车在保险公司投保有交强险和 50 万元商业三者险，本次事故发生在保险期间。事发后，高某 1 先后四次住院治疗，于 2020 年 5 月 18 日出院。经法院委托，某司法鉴定所于 2020 年 11 月 9 日出具《司法鉴定意见书》，鉴定意见为：被鉴定人高某 1 因本次交通事故受伤致多根肋骨骨折（左侧 1～9），构成十级伤残，其余损伤均不构成伤残等级。2021 年 4 月 20 日，高某 1 因胸闷、憋喘在被 120 急救车送往某骨科医院途中死亡。高某 1 于 1938 年 10 月 11 日出生，原告王某 1、高某 2、高某 3、高某分别系其妻子、长子、次子、女儿。高某 1 死亡后，原告王某 1 等四人诉至法院，要求赔偿残疾赔偿金、医疗费等损失。对于残疾赔偿金计算年限，原告王某 1 等四人主张按照 5 年计算，保险公司辩称应按照高某 1 定残之日至实际死亡之日的实际生存期限计算。

【案件焦点】

受害人定残后死亡，残疾赔偿金计算期限应如何认定。

【法院裁判要旨】

山东省莘县人民法院经审理认为：残疾赔偿金系对受害人因人身遭受损害致残而丧失或部分丧失劳动能力导致未来收入减少的财产损失的赔偿，其请求权在事故发生时就已经产生，不因受害人的死亡而丧失。残疾赔偿金兼具人身属性和财产属性，受害人在世时只能由其本人行使；受害人去世后，其作为财产性权利可由受害人的近亲属继承，由近亲属以自己的名义向赔偿义务人主张赔偿。故本案四原告作为高某 1 的近亲属在高某 1 死亡后有权主张残疾赔偿金。根据《最高人民法院关于审理人身损害赔偿案件适用法律若干问题的解释》的规定，残疾赔偿金的数额采取定型化方法计算，具有固定的计算标准和计算期限（自定残之日起按二十年计算，60 周岁以上的，年龄每增加一岁减少一年；75 周岁以上的，按五年计算），不因受害人劳动能力的变化或存活年限的变化而变化。本案中，受害人高某 1 定残时已经超过 75 周岁，残疾赔偿金应按照 5

年计算。根据其一处十级伤残，残疾赔偿金计算为 43726 元/年×5 年×10% = 21863 元。

山东省莘县人民法院依照《最高人民法院关于适用〈中华人民共和国民法典〉时间效力的若干规定》第一条第二款，《最高人民法院关于审理道路交通事故损害赔偿案件适用法律若干问题的解释》第十五条、第十六条，《最高人民法院关于审理人身损害赔偿案件适用法律若干问题的解释》第十七条、第二十一条、第二十二条、第二十四条、第二十五条，《中华人民共和国民事诉讼法》第六十四条、第一百四十四条的规定，判决如下：

一、被告保险公司在交强险死亡伤残和财产损失限额内赔偿原告王某 1、高某 2、高某 3、高某护理费、交通费、残疾赔偿金、车损共计 79003.32 元；

二、被告保险公司在商业三者险合同限额内赔偿原告王某 1、高某 2、高某 3、高某营养费 2700 元；

三、被告王某 2 赔偿原告王某 1、高某 2、高某 3、高某鉴定费 80 元；

四、驳回原告王某 1、高某 2、高某 3、高某的其他诉讼请求。

保险公司不服一审判决，提起上诉。山东省聊城市中级人民法院经审理认为：依照《最高人民法院关于审理人身损害赔偿案件适用法律若干问题的解释》规定，残疾赔偿金的数额采取定型化方法计算，具有固定的计算标准和计算期限，不因受害人劳动能力的变化或存活年限的变化而变化。上诉人保险公司主张残疾赔偿金应计算至受害人高某 1 死亡之日，没有法律依据，不予支持。

山东省聊城市中级人民法院依照《中华人民共和国民事诉讼法》第一百七十七条第一款第一项规定，判决如下：

驳回上诉，维持原判。

【法官后语】

本案涉及的主要问题为，受害人在定残后因其他疾病死亡，残疾赔偿金计算期限的正确认定问题。

在侵权案件中，残疾赔偿金是人身损害中的常见项目之一，是指受害人因伤致残后，全部或者部分丧失劳动能力，导致未来收入减少或生活来源丧失，从而给予的财产损害性质的赔偿。《最高人民法院关于审理人身损害赔偿案件适用法律若干问题的解释》第十二条对残疾赔偿金的计算标准和期限作出了规定，但是实践中对于受害人在定残后死亡的情况下，应否按照其定残后的实际生存时间对法定期限予以调整存在争议。本案即是如此，受害人高某1定残时年龄为82周岁，定残后实际生存不满1年即死亡，原告主张残疾赔偿金应按照法定期限5年计算，保险公司主张应按照实际生存时间计算，本案一、二审均认定残疾赔偿金应按照法律规定的期限5年计算，不因受害人生存年限的变化而变化。而要对受害人定残后死亡情形下残疾赔偿金计算期限进行正确认定，就应当深入分析其理论基础和本质属性并结合相关规定予以正确把握。

残疾赔偿金赔偿的理论依据在于劳动能力丧失，即受害人因身体或健康受到损害，以致丧失或减少劳动能力本身即为损害，不管受害人受害前是否有收入所得，只要有劳动能力，加害人就应当赔偿因此种能力丧失或减少所致的损失。残疾赔偿金数额根据受害人的劳动能力丧失程度采取抽象化、定型化方法计算未来收入损失，而非根据实际减少情况依据差额具体计算，同时考虑职业因素对受害人未来收入的影响。《最高人民法院关于审理人身损害赔偿案件适用法律若干问题的解释》第十二条规定："残疾赔偿金根据受害人丧失劳动能力程度或者伤残等级，按照受诉法院所在地上一年度城镇居民人均可支配收入标准，自定残之日起按二十年计算。但六十周岁以上的，年龄每增加一岁减少一年；七十五周岁以上的，按五年计算。受害人因伤致残但实际收入没有减少，或者伤残等级较轻但造成职业妨害严重影响其劳动就业的，可以对残疾赔偿金作相应调整。"根据上述理论及司法解释规定，受害人因伤致残，在伤残等级评定时就已经确定了劳动能力丧失程度，加害人就应当依据此时的情况予以赔偿。在赔偿数额的确定上，法律规定以定残时上一年度城镇居民人均可支配收入为标准，采取固定年限赔偿。该赔偿数额的计算根据在于劳动能力丧失程度，在定残时就已经固定和明确，不受受害人将来生存年限的影响。

同时，《最高人民法院关于审理人身损害赔偿案件适用法律若干问题的解释》第十九条规定，残疾赔偿金期限届满后受害人仍然生存的，还有再次起诉的权利。其含义应是符合二十年的按照二十年计算，生存超过二十年的还可以再增加，并没有可以减少的法律规定。按照受害人定残后的实际生存期限计算残疾赔偿金，实质上是将残疾赔偿金理解为对受害人的收入丧失的赔偿，即只有实际减少收入的人才能获得该赔偿，那么未成年人、家庭主妇、待业人员等都不存在收入损失，不能依据收入差额获得赔偿，且结论显然不合理。

综上，残疾赔偿金数额根据受害人的劳动能力丧失程度采取抽象化、定型化方法计算未来收入损失，而非根据实际减少情况依据差额具体计算，该赔偿数额的计算根据在于劳动能力丧失程度，在定残时就已经固定和明确，不受受害人将来生存年限的影响。本案根据残疾赔偿金理论基础和本质属性并结合相关规定，最终采取定型化方法计算残疾赔偿金，充分保障了受害人的正当合法权益。

编写人：山东省莘县人民法院　赵凯　王子强

19

承担同等事故责任的受害人不因其特殊体质减轻侵权人责任

——张某某诉邱某某等机动车交通事故责任案

【案件基本信息】

1. 裁判书字号

福建省泉州市中级人民法院（2022）闽05民终4987号民事判决书

2. 案由：机动车交通事故责任纠纷

3. 当事人

原告（被上诉人）：张某某

被告（上诉人）：保险公司

被告（被上诉人）：邱某某、物流公司

【基本案情】

2021 年 7 月 14 日 15 时 53 分许，被告邱某某驾驶闽××××××号重型半挂牵引车（牵引闽××××××挂号重型平板自卸半挂车）沿 228 国道由某往某方向行驶，遇原告张某某未取得机动车驾驶证驾驶整体制动性能不合格的无号牌三轮机动车由路中绿化隔离带缺口往路右借道行驶，被告邱某某采取刹车向右打方向措施避让不及，致闽××××××号重型半挂牵引车车头与无号牌三轮机动车车身右侧于路右慢车道上发生碰撞，造成原告张某某受伤及两车不同程度损坏的交通事故。2021 年 8 月 6 日，某市公安局交通警察支队某大队作出道路交通事故认定书，认定被告邱某某和原告承担本事故同等责任。闽××××××号重型半挂牵引车登记车主为被告物流公司，该车在被告保险公司投保交强险、保险金额 100 万元的商业三者险，事故发生在保险期间内。事故发生后，原告相继被送至两家医院住院治疗。2022 年 2 月 11 日某司法鉴定所作出司法鉴定意见书，鉴定意见为：原告的颅脑损伤并双侧中耳乳突炎等原因致双耳听力障碍评定为八级伤残，外伤参与度评定为 50%；胸部损伤评定为九级伤残；颅脑损伤评定为十级伤残；护理期评定为 90 天，后续治疗费用为 7000 元左右。

【案件焦点】

承担同等事故责任的受害人可否因其特殊体质减轻侵权人责任。

【法院裁判要旨】

福建省泉州市泉港区人民法院经审理认为：根据《中华人民共和国民法典》第一千一百七十三条和《中华人民共和国道路交通安全法》第七十六条第一款第一项的规定，交通事故受害人的个人体质状况并非上述法律所规定的过错，且其体质状况对损害后果的影响不属于可以减轻侵权人责任的法定情形。原告不应因其个人体质状况对交通事故导致的伤残存在一定影响而自负相应责任，故在确定损失时不考虑其个人体质对损害后果的影响。被告邱某某驾驶闽

××××××号重型半挂牵引车与原告驾驶的无号牌三轮机动车发生碰撞，造成原告受伤及两车不同程度损坏的事实清楚，予以认定。交警部门认定原告与被告邱某某承担本事故同等责任，于法有据，可作为本案民事赔偿的依据。被告保险公司应先按交强险限额范围内赔偿198000元，扣除已付48000元后，尚应支付原告150000元。不足部分即154558.31元（352558.31元-198000元），被告邱某某应承担50%责任即77279.16元，扣除已付30000元后，尚应支付原告47279.16元。被告保险公司作为肇事车辆闽××××××号重型半挂牵引车的商业三者险保险人，应根据保险合同予以赔偿，将其应付理赔款中的47279.16元直接支付原告。

福建省泉州市泉港区人民法院依照《中华人民共和国民法典》第一千一百七十三条、第一千一百七十九条、第一千一百八十三条、第一千二百零八条、第一千二百一十三条，《中华人民共和国道路交通安全法》第七十六条第一款第一项，《最高人民法院关于审理人身损害赔偿案件适用法律若干问题的解释》第六条、第八条、第九条、第十条、第十一条、第十二条、第二十二条，《最高人民法院关于确定民事侵权精神损害赔偿责任若干问题的解释》第五条，《中华人民共和国民事诉讼法》第六十七条第一款、第一百四十七条和《最高人民法院关于适用〈中华人民共和国民事诉讼法〉的解释》第九十条的规定，判决如下：

一、被告保险公司在交强险责任限额范围内于本判决生效之日起十日内赔偿原告张某某因本起交通事故造成的损失150000元；

二、被告保险公司依商业三者险保险合同于本判决生效之日起十日内赔偿原告张某某因本起交通事故造成的损失47279.16元；

三、驳回原告张某某的其他诉讼请求。

保险公司不服一审判决，提起上诉。福建省泉州市中级人民法院同意一审裁判意见。

福建省泉州市中级人民法院依照《中华人民共和国民事诉讼法》第一百七十七条第一款第一项的规定，判决如下：

驳回上诉，维持原判。

【法官后语】

最高人民法院发布的指导案例24号“荣宝英诉王阳、永诚财产保险股份有限公司江阴支公司机动车交通事故责任纠纷案”借鉴“蛋壳脑袋”规则的部分内容，确定了受害人不应因其个人体质对事故导致的损害结果存在一定影响而自负相应责任的司法政策。然而在理论界“蛋壳脑袋”规则趋向动摇，实务中亦对此存在分歧。尤与指导案例24号案情有所不同的是，本案受害人承担事故的同等责任，并非全无过错。在此情形下，事故的赔偿责任如何分担需要进一步分析。

对于一般侵权行为的损害赔偿债务份额的确定，首要考虑的是过错责任，其次考虑的是原因力的大小。从审判实务来看，目前较为普遍的是适用以过错程度比较为主，原因力比较为辅的方法。本案中，受害人的过错在于其对交通事故的发生负有同等责任，但其特殊体质显然不可归于其主观过错，应属于最终导致损害后果的原因之一。简言之，受害人的特殊体质是事实原因，不能被当作法律上的原因。受害人虽因其特殊体质可能在事故中遭受更大损失，但其并无义务因此限制自身的社会活动范围，否则将置该弱势群体于社会交往中的不利地位。但与此同时，根据过错理论，受害人的特殊体质对于身体损害的扩大结果同样不能归责于侵权人。因此，本案不可单纯地适用以过错程度比较为主，原因力比较为辅的审判实务方法。在我国法律法规并未明确规定在确定交强险责任时应当考虑损伤参与度的情形下，指导案例24号为最大限度保护特殊体质受害人，在侵权人与受害人责任分担之外另寻以法定赔偿责任的交强险制度，相当程度上减轻了侵权人的赔偿负担，也成为解决这一问题的优选路径。

至于超出交强险部分由侵权人投保的商业三者险，是投保人缴纳保险费而由保险公司替代责任者进行赔偿的一种保险合同，基于保险的基本功能和对价公平的考虑，保险公司的理赔责任能否因此而减轻，笔者认为应分为两种情况考量。

一是受害人不存在主观过错或仅存在非重大过失的情形，基于对人的生命和健康的最高尊重，法律政策予以倾斜保护，一般应由侵权人承担全部的赔偿责任，受害人只要尽到自我保护的合理注意义务即可，对损害结果的发生不具有主观可责性。本案中受害人承担事故同等责任，应认定为非重大过失的情形。

二是受害人存在故意或重大过失的情形，应根据过失程度、合理确定差异化的评价标准确定责任分担，社保制度的托底功能亦不能被无限放大。通常而言，应以一般理性人的标准判断侵权人的主观可责性，即不能超出侵权人风险防范的合理预期。比如，侵权人对受害人的特殊体质是否知道或应当知道；从事高危作业或具有专业技术人员对损害事实若没有尽到一般人的合理注意义务造成损害的发生应认定为重大过失。

侵权民事责任是一种事后补救性质的责任，更多的是考虑保护受害人的合法权益。《中华人民共和国道路交通安全法》等相关法律法规科以机动车驾驶人员更高的注意义务和更严格的法律责任，并配以相对完善的保险保障制度。考虑到现代风险社会下某些侵权行为类型的复杂性，本文探讨的规则适用限于机动车交通事故责任纠纷，不能涵盖其他的过错侵权类型。

编写人：福建省泉州市泉港区人民法院　唐超颖

20

劳动者因第三人侵权构成工伤的，停工留薪期工资与误工费赔偿标准的认定

——华某某诉王某某等非机动车交通事故责任案

【案件基本信息】

1. 裁判书字号

北京市第一中级人民法院（2022）京01民终4329号民事判决书

2. 案由：非机动车交通事故责任纠纷

3. 当事人

原告（被上诉人）：华某某

被告（上诉人）：王某某、咨询公司、保险公司

【基本案情】

2020年10月2日18时，在某大学校园内，外卖员王某某驾驶电动自行车由北向南行驶，该校职工华某某驾驶自行车由西向南行驶，由于王某某驾驶时车速过快，且未注意避让致使其在通过十字路口后所驾车辆右侧与华某某所驾车辆左后侧相撞，造成两车损坏，华某某受伤倒地。事故发生后，华某某被送往医院住院治疗，后经鉴定华某某为颅脑损伤，构成十级伤残，误工期为180日、护理期为60日、营养期为60日。另查，2020年10月2日，咨询公司在保险公司为其公司快递员王某某投保某保险产品，约定三者误工费免赔天数为5天，单次事故一年累计赔付天数不超过90天。该三者在评定伤残等级后，本项赔偿责任终止等。事故发生后，华某某被认定为工伤，所在学校为其发放了停工留薪期间工资待遇。华某某诉至法院要求赔偿包括误工费在内的各项损失601651.4元，并提交了所在学校出具的收入证明等。咨询公司则辩称，华某某已经享有停工留薪期工资，不应再支持其误工费主张。

【案件焦点】

华某某享受了学校发放的停工留薪期间工资待遇，是否支持其要求侵权人支付误工费等损害赔偿。

【法院裁判要旨】

北京市海淀区人民法院经审理认为：行为人因过错侵害他人民事权益，应当承担侵权责任，本案事故的发生王某某具有过错，应对华某某因此遭受的人身损失承担赔偿责任。王某某是在工作中发生的事故，故由其雇主咨询公司承担赔偿责任。因咨询公司已在保险公司投保，根据保险条款的约定，对于王某

某在从事雇佣工作中给第三方造成的损失，应首先在保险公司承保的保险限额内予以赔偿。关于误工费，华某某提供了收入证明，但因被告持有异议，就此华某某未提供纳税证明、银行流水证明其实际收入情况，故法院按月收入 5000 元计算 180 日共计 30000 元。

北京市海淀区人民法院依照《中华人民共和国侵权责任法》第六条、第十六条，《最高人民法院关于审理人身损害赔偿案件适用法律若干问题的解释》第十七条、第十八条、第十九条、第二十条、第二十一条、第二十二条、第二十三条、第二十四条、第二十五条、第二十八条的规定，判决如下：

一、保险公司于本判决生效后七日内赔偿华某某医疗费 65662.82 元（其中 30000 元直接支付北京咨询公司）、残疾赔偿金 148593.75 元；

二、咨询公司于本判决生效后七日内支付华某某住院伙食补助费 1200 元、交通费 3000 元、营养费 3000 元、护理费 12290 元、误工费 30000 元、精神抚慰金 10000 元、复印费 218.4 元，以上共计 59708.4 元；

三、驳回华某某的其他诉讼请求。

华某某不服一审判决，提起上诉。北京市第一中级人民法院经审理认为：依据《最高人民法院关于审理人身损害赔偿案件适用法律若干问题的解释》第十二条第二款规定，因用人单位以外的第三人侵权造成劳动者人身损害，赔偿权利人请求第三人承担民事赔偿责任的，人民法院应予支持。因劳动者受第三人行为侵害，客观上存在同时符合民事赔偿和工伤保险赔付的情形，故而该条款客观上确认了民事赔偿和工伤保险待遇兼得的规则。关于误工费，华某某在一审、二审审理中均主张其系依据事故发生前十二个月所发各项薪酬待遇计算所得，共计 325969.7 元。在二审中，华某某不仅提供了其受伤前十二个月工资流水和某大学薪酬证明，还提供了误工期间的薪酬证明以及工资收入明细。经计算，华某某受伤至误工期满六个月内，某大学共计代发各类费用 413390 元，去除银行流水明细中的“困补”等不明确项目以及部分年终奖（仅应计算 6 个月）的数额与华某某提供的依据受伤前十二个月银行明细计算的误工费数额大体相当。由此可见，华某某的工资收入较为稳定，其一审误工费主张具有合理性。

北京市第一中级人民法院依照《中华人民共和国侵权责任法》第六条、第十六条，《中华人民共和国社会保险法》第四十二条，《工伤保险条例》第三十三条，《最高人民法院关于审理人身损害赔偿案件适用法律若干问题的解释》第十二条第二款，《最高人民法院关于审理工伤保险行政案件若干问题的规定》第八条，《最高人民法院关于适用〈中华人民共和国民法典〉时间效力的若干规定》第一条第二款，《中华人民共和国民事诉讼法》第一百七十七条第一款第二项的规定，判决如下：

一、撤销北京市海淀区人民法院（2021）京0108民初29717号民事判决；

二、本判决生效后七日内，保险公司赔偿华某某医疗费65662.82元（其中30000元直接支付北京咨询公司）、残疾赔偿金（含被抚养人生活费）148593.75元、误工费316915元；

三、本判决生效后七日内，咨询公司赔偿华某某住院伙食补助费1200元、交通费3000元、营养费3000元、护理费12290元、精神抚慰金10000元、复印费218.4元，误工费9054.7元；

四、驳回华某某的其他诉讼请求。

【法官后语】

工伤保险待遇制度保障了劳动者在工作中遭受事故伤害和患职业病后获得医疗救治、生活保障、经济补偿和康复的权利。停工留薪期即为此法定待遇之一。司法实践中，因第三人侵权造成职工工伤的，往往涉及停工留薪期工资和误工费能否兼得问题。本文通过厘清工伤保险待遇与民事侵权赔偿两者公私法性质不同，明确两者不可径行替代。同时，针对工伤职工停工留薪期内恢复工作，停工留薪期工资和工资是否可以兼得在司法实践中引发的争议，本文对几种主要司法观点从合法性、正当性、合理性进行审查分析，从切实防止用人单位逃逸法律责任，充分保障工伤职工合法权益之视角，明确了两者可以兼得。

所谓停工留薪期，一般是指劳动者在遭受事故伤害或者患职业病等需要暂停工作，接受工伤医疗，并保持原工资福利待遇不变的期间。《工伤保险条例》

关于停工留薪期规定主要涉及第三十三条、第三十九条第二款及第三款，其第三十三条规定："职工因工作遭受事故伤害或者患职业病需要暂停工作接受工伤医疗的，在停工留薪期内，原工资福利待遇不变，由所在单位按月支付。停工留薪期一般不超过12个月。伤情严重或者情况特殊，经设区的市级劳动能力鉴定委员会确认，可以适当延长，但延长不得超过12个月。工伤职工评定伤残等级后，停发原待遇，按照本章的有关规定享受伤残待遇。工伤职工在停工留薪期满后仍需治疗的，继续享受工伤医疗待遇。生活不能自理的工伤职工在停工留薪期需要护理的，由所在单位负责。"第三十九条第二款、第三款规定："伤残职工在停工留薪期内因工伤导致死亡的，其近亲属享受本条第一款规定的待遇。一级至四级伤残职工在停工留薪期满后死亡的，其近亲属可以享受本条第一款第（一）项、第（二）项规定的待遇。"

关于第三人侵权情形下工伤职工停工留薪期工资和误工费能否兼得问题：一是从工伤保险待遇和民事侵权赔偿性质分析，前者系基于社保法律关系发生，系公法性质，而后者系基于民事法律关系发生，系私法性质，因此两者法律性质存在不同。二是从《工伤保险条例》的逻辑体系观察，第三十三条处于第五章"工伤保险待遇"项下，因此，停工留薪之"薪"显然属于工伤保险待遇的范畴，在第三人侵权导致工伤情况下，亦不能理解为用人单位对劳动者受伤后的赔偿。三是针对第三人侵权情形下因侵权行为导致的误工费与停工留薪期是否可以兼得问题，涉及对侵权和工伤保险相关规定的整体解读。依据《最高人民法院关于审理人身损害赔偿案件适用法律若干问题的解释》第三条第二款规定，因用人单位以外的第三人侵权造成劳动者人身损害，赔偿权利人请求第三人承担民事赔偿责任的，人民法院应予支持。因劳动者受第三人行为侵害，客观上存在同时符合民事赔偿和工伤保险赔付的情形，故而该条款客观上确认了民事赔偿和工伤保险待遇兼得的规则。除此之外，《最高人民法院关于审理工伤保险行政案件若干问题的规定》第八条亦明确规定，因第三人的原因受到伤害，社会保险行政部门不得以受害人对第三人提起民事诉讼或者获得民事赔偿为由，作出不予受理工伤认定申请或者不予认定工伤决定；同时，社会保险经办机构也不得以受害人对第三人提起民事诉讼为由，拒绝支付工伤保险待遇。因此，侵权人的侵权责任原则上不因受害人获得社会保险而减轻或者免除，除非法律另有规定。在本案例中，根据在案事实，华某某因伤构成工伤，故而除医疗费用外，其在法律许可的范围内向侵权人主张损害赔偿具有法律依据。对该期间误工费，因不属于法律规定不得“双赔”的医疗费用，故应该由侵权人承担赔偿责任。

编写人：北京市第一中级人民法院　王国庆　唐达

21

交警部门未出具交通事故责任认定书的赔偿责任认定

——李某某诉徐某某、保险公司机动车交通事故责任案

【案件基本信息】

1. 裁判书字号

山东省德州市中级人民法院（2022）鲁 14 民终 1599 号民事判决书

2. 案由：机动车交通事故责任纠纷

3. 当事人

原告（被上诉人）：李某某

被告（被上诉人）：徐某某

被告（上诉人）：保险公司

【基本案情】

2021 年 4 月 1 日 15 时许，徐某某驾驶小型轿车沿某路段自东向西行驶，因低头捡拾手机，致使小型轿车与李某某停放在公路路边的电动三轮车相撞，造成车辆损坏、李某某受伤的交通事故。事故发生后，李某某被送往医院进行治

疗，共计住院 56 天，花费医疗费 87208 元、康复辅助器具费 720 元，住院期间由李某某之子李某 1 进行护理。徐某某驾驶的涉案小型轿车在保险公司投保了机动车交通事故责任强制保险和机动车第三者责任保险，事故发生时间在保险期间内，李某某住院治疗期间，徐某某为李某某垫付医疗费用等 115000 元，保险公司为李某某支付医疗费 18000 元。

2021 年 4 月 1 日 19 时许，原告李某某之子李某 1 就此次事故报警；2021 年 4 月 20 日，某公安局交通警察支队直属五大队作出道路交通事故证明，认定该事故系事后报案，车辆移动，无法对事故责任进行划分。李某某就此次交通事故产生的赔偿问题向本院提起诉讼。诉讼期间，李某某向法院提出司法鉴定申请，2021 年 11 月 8 日，某司法鉴定所作出司法意见鉴定书，鉴定意见为：(1) 被鉴定人李某某因交通事故损伤头、胸、腰及四肢等，造成“双侧硬膜下积液”，后出现“慢性硬膜下血肿”并进行手术治疗后，构成十级伤残；导致“双侧多发肋骨骨折”构成九级伤残；造成“右骨转子间骨折”导致的右髋骨关节功能障碍，构成十级伤残。(2) 被鉴定人李某某，伤后误工期 200 日，护理期 150 日，营养期 180 日。(3) 被鉴定人李某某，后续诊疗项目左桡骨骨折内固定术后、右股骨转子间骨折内固定术后，均可行内固定物取出术。李某某支付鉴定费 2720 元。

【案件焦点】

在机动车交通事故责任纠纷中无交通事故认定书时，当事人的事故责任如何划分及民事赔偿责任如何承担。

【法院裁判要旨】

山东省德州市陵城区人民法院经审理认为：徐某某驾驶小型轿车由东向西行至某路段时，因低头捡拾手机，未考虑到交通安全，致使小型轿车与李某某停在公路路边的电动三轮车相撞，造成车辆损坏，李某某受伤，徐某某对本事故发生存在重大过错；且事故发生后，徐某某虽对李某某进行积极救治，但未及时报警，车辆移动，现场破坏，导致事故责任无法认定。由此，根据徐某某对本事故过错程度及李某某的伤情，徐某某应对本次事故承担全部责任，李某某不承担责任。

经本院对李某某提交的证据及徐某某、保险公司的质证意见的分析认定，李某某的经济损失共计224891.2元，对李某某主张的损失超额部分，本院不予支持。

《中华人民共和国道路交通安全法》第七十六条规定，机动车发生交通事故造成人身伤亡、财产损失的，由保险公司在机动车第三者责任强制保险责任限额范围内予以赔偿；不足的部分，按照下列规定承担赔偿责任：（一）机动车之间发生交通事故的，由有过错的一方承担赔偿责任；双方都有过错的，按照各自过错的比例分担责任。（二）机动车与非机动车驾驶人、行人之间发生交通事故，非机动车驾驶人、行人没有过错的，由机动车一方承担赔偿责任；有证据证明非机动车驾驶人、行人有过错的，根据过错程度适当减轻机动车一方的赔偿责任；机动车一方没有过错的，承担不超过百分之十的赔偿责任。徐某某为李某某垫付医疗费用等115000元，保险公司在机动车交通事故责任强制保险限额内支付医疗费18000元，应在赔偿李某某的经济损失中扣减，李某某经济损失尚有91891.2元，不超出保险公司机动车第三者责任强制保险赔偿的限额范围，保险公司应予赔偿。

山东省德州市陵城区人民法院根据《中华人民共和国民法典》第一千一百六十五条、第一千一百七十九条，《中华人民共和国道路交通安全法》第七十六条，《最高人民法院关于审理人身损害赔偿案件适用法律若干问题的解释》第六条、第七条、第八条、第九条、第十条、第十一条、第十二条、第十三条，《中华人民共和国民事诉讼法》第六十七条、第一百三十七条第一款、第一百四十五条的规定，判决如下：

一、被告保险公司于本判决生效十日内在机动车第三者责任强制保险责任限额范围内赔偿原告李某某误工费、护理费、营养费、住院伙食补助费、交通费、残疾赔偿金、精神损害抚慰金、鉴定费等共计91891.2元；

二、驳回原告李某某的其他诉讼请求。

保险公司不服一审判决，提起上诉。山东省德州市中级人民法院经审理认为：一审法院认定事实清楚、适用法律正确。

山东省德州市中级人民法院依照《中华人民共和国民事诉讼法》第一百七十七条第一款第一项的规定，判决如下：

驳回上诉，维持原判。

【法官后语】

本案主要涉及无交通事故认定书时的民事赔偿责任认定。在机动车交通事故责任纠纷中，交通事故责任的认定至关重要，影响到事故双方赔偿责任的比例划分、保险人是否承担给付责任、保险人承担赔偿责任的份额等。一般而言，发生交通事故后，交警部门作出的事故认定书会对双方发生事故的原因、经过、主次责任划分作出详细的记载，兼具书证和鉴定意见的性质，具有一定的证明力。但也存在特殊情况，如交通事故发生后现场遭到了破坏且无目击者或监控记录、车辆被移动等，导致交警部门无法对事故成因及责任进行认定。此种情况下，事故双方诉至法院请求民事赔偿时，无事故责任认定书的情况下，人民法院应当发挥司法裁判的作用，根据公平原则，结合双方陈述、事故原因、事故车辆性能、危险回避能力、对道路安全的注意义务、证据规则等综合认定涉案事故责任及民事赔偿责任。

审理交通事故责任不明的民事纠纷案件，可从以下两个角度出发认定：

一、进行事故责任划分认定

事故责任认定即事故发生时对双方事故产生原因中的过错责任认定，可采用主体分析法进行分析：

1. 机动车之间的交通事故双方按照过错承担责任。(1) 若因一方原因未能固定现场导致过错责任无法划分，如肇事逃逸，则可以根据公平原则推定该方责任较大，若无证据证明对方对事故的发生及未固定现场存在过错的，则未固定现场的事故当事人承担全部责任。(2) 若对未固定现场双方均有责任，此时可以考虑各自责任大小、车辆危险性大小、危险负担能力、危险回避能力、道路安全注意义务的轻重来划分比例，结合双方对事故发生经过的陈述划定承担事故的责任大小；在司法实践中，均等责任或以三七比例划分责任的认定较为普遍。(3) 若对未固定现场双方均无责任，如因天气原因或突发情况、不可抗力等未能固定现场，则根据双方事故发生的基本事实进行责任认定。

2. 机动车与非机动车驾驶人、行人之间发生交通事故，机动车承担无过错责任，若非机动车驾驶人、行人不存在过错，此时无论现场是否因机动车方未能固定，机动车方都要承担全部赔偿责任；若因非机动车驾驶人、行人导致未固定现场、责任无法划分认定，此时机动车方应当提出证据证明，可根据其过错程度适当减轻机动车一方的赔偿责任。如本案中事故发生后机动车驾驶人徐某某未及时报警，车辆移动，现场破坏，导致事故责任无法认定，李某某作为非机动车驾驶人，在徐某某未证明其对事故发生有过错及未固定现场有过错的情况下，认定徐某某承担本次事故的全部责任。

3. 非机动车之间或非机动车与行人之间发生交通事故，此时可参照第一种情况判定。

二、对民事赔偿责任进行认定

在确认民事赔偿责任时有三方面需注意：

1. 民事赔偿数额的确定。民事赔偿数额一般由当事人予以举证，对伤残等级、误工期、营养期等无法确定的，可自行委托或申请法院委托鉴定机构进行鉴定；对赔偿义务人已经垫付的医疗费，受害人不应重复主张，受害人重复主张的，人民法院在审理时应当予以扣减。如本案中，李某某住院期间，徐某某及保险公司为李某某垫付各种费用共计133000元，法院作出裁判时对已支出的费用进行了扣减，符合公平原则与社会共同认知。

2. 民事赔偿责任比例划分。民事赔偿责任比例一般根据交通事故责任认定的比例进行划分，无事故责任认定书的，人民法院应当充分发挥司法裁判的功能，按照上述事故责任划分认定规则进行确定各自应承担的责任。

3. 民事赔偿主体的确定。机动车交通事故中，一般而言机动车均投保了机动车交通事故责任强制保险和机动车第三者责任保险，若交通事故发生在保险期间，且赔付金额在机动车第三者责任强制保险的赔偿限额范围内，保险公司应当对受害人承担赔偿责任。故在诉讼中，受害人作为原告起诉要求赔偿时，可把车主及保险公司列为共同被告，既有助于查明案件事实，又有助于赔偿金额履行到位，保障权利人权益最大限度实现，同时又节约了司法资源，提高了司法效率。

综上所述，机动车交通事故责任纠纷中，无交通事故认定书时，人民法院应当根据公平原则，结合事故原因、车辆危险性大小、危险负担能力、危险回避能力、对道路安全的注意义务、证据规则等综合认定涉案事故责任，划分事故责任后，依照事故责任比例确认赔偿数额及赔偿义务人来承担民事赔偿责任。本案从徐某某与李某某事故产生原因、事故责任无法认定成因、过错责任、举证责任、保险责任等多角度出发，以公平原则为衡量，详细论述了徐某某承担此次交通事故全部责任的理由以及保险公司作为赔偿义务主体的赔偿金额，既充分保障了受害人赔付权益得以实现，又解决了无事故责任认定书的机动车交通事故责任纠纷中事故责任认定问题。

编写人：山东省德州市陵城区人民法院　王梦媛

22

好意同乘中“重大过失”的认定

——刘某诉周某等机动车交通事故责任案

【案件基本信息】

1. 裁判书字号

湖北省荆州市中级人民法院（2022）鄂10民终1600号民事判决书

2. 案由：机动车交通事故责任纠纷

3. 当事人

原告（上诉人）：刘某

被告（上诉人）：保险公司

被告（被上诉人）：周某、邹某、王某

【基本案情】

2021年9月13日22时58分许，邹某驾驶鄂DG××××小型轿车（搭乘刘某、陈某、周某、王某）行驶时，因操作不当冲入道路南侧，与某宿舍楼2栋4单元某建筑、天然气发展公司所属天然气管道及停放此处吴某某所有的电动两轮轻便摩托车发生碰撞，造成邹某、刘某、陈某、王某、周某受伤，鄂DG××××小型轿车及电动两轮轻便摩托车受损，天然气管道及某宿舍楼墙面破损的道路交通事故。交警部门作出道路交通事故认定书认定：邹某负此事故全部责任；刘某、陈某、周某、王某及天然气发展公司不承担责任。周某为鄂DG××××小型轿车在保险公司投保了保险（意外伤害身故和残疾项下每人每份保额50万元，意外伤害医疗项下每人保额50万元，意外住院津贴项下每人每份保额为14400元），被保险人为该车的驾乘人员。该车的准载客数为5人，事故发生在保险期间内。事故发生后，保险公司为刘某垫付40522.47元。本案肇事鄂DG××××小型轿车系周某所有的非营运车辆。事发时，周某与王某系男女朋友。刘某、陈某与周某系朋友。邹某与王某系同事。邹某系受周某及王某的要约而无偿代为驾驶。刘某、陈某均系无偿搭乘。

刘某主张周某、王某、邹某、保险公司赔偿医疗费、误工费、护理费、住院伙食补助费、营养费、交通费、精神损害抚慰金、鉴定费等损失共计84380.78元。

【案件焦点】

1. 单方交通事故肇事机动车驾驶人邹某是否存在重大过失；2. 单方交通事故肇事机动车驾驶人邹某应否适用好意同乘减轻机动车一方的责任，如适用，应减轻多少责任。

【法院裁判要旨】

湖北省荆州市沙市区人民法院经审理认为：根据道路交通事故认定书，邹某承担此事故全部责任，但周某系车辆的所有权人，邹某系受周某及王某的要约而代为驾驶，且并未收取报酬，依法认定邹某与周某之间形成义务帮工关系。《最高人民法院关于审理人身损害赔偿案件适用法律若干问题的解释》第四条规定，无偿提供劳务的帮工人，在从事帮工活动中致人损害的，被帮工人应当承担赔偿责任，故周某应承担对刘某的赔偿责任。刘某搭乘周某的车辆，且未支付报酬，双方之间形成无偿搭乘关系。无偿搭乘他人车辆者，其人身和财产权利并不因其无偿搭乘而失去法律保护，被搭乘者仍应承担保障搭乘者人身和财产安全的基本法律义务，故无偿搭乘不能作为被搭乘者免责的事由。但应考虑到无偿搭乘系情谊行为，在社会生活中应当鼓励互帮互助，且发生事故时驾驶人为邹某，刘某对邹某驾车一事并未提出异议，刘某与周某对选用邹某为驾驶员均存在一定过失，应适当减轻周某的赔偿责任；且周某为车上乘客全部购买了保险，已经对刘某作为搭乘者可能出现意外事故的风险进行了一定程度的保障，发生交通事故并不是其本人所能预见的，其本人也因交通事故而受伤，故应减轻其赔偿责任，并酌情认定周某对刘某剩下的损失承担20%的赔偿责任。

湖北省荆州市沙市区人民法院依照《中华人民共和国民法典》第五百零二条第一款、第五百零九条第一款、第一千二百一十三条，《最高人民法院关于审理人身损害赔偿案件适用法律若干问题的解释》第四条、第六条、第七条、第八条、第九条、第十条、第十一条，《中华人民共和国保险法》第十七条第二款，《中华人民共和国民事诉讼法》第六十七条、第一百四十五条及《最高人民法院关于适用〈中华人民共和国民事诉讼法〉的解释》第九十条的规定，判决如下：

一、保险公司于判决生效之日起十五日内在保险赔偿限额内向刘某赔偿各项损失合计25776.49元（已扣除垫付的40522.47元）；

二、周某于判决生效之日起十五日内向刘某赔偿损失3957.84元；

三、驳回刘某的其他诉讼请求。

刘某不服一审判决，提起上诉。湖北省荆州市中级人民法院经审理认为：《中华人民共和国民法典》第一千二百一十七条规定：“非营运机动车发生交通事故造成无偿搭乘人损害，属于该机动车一方责任的，应当减轻其赔偿责任，但是机动车使用人有故意或者重大过失的除外。”本案刘某搭乘邹某无偿代驾周某所有的车辆未约定报酬，系基于情谊，符合好意搭乘的特征。应否减轻机动车一方的责任在于机动车使用人是否存在故意或者重大过失。道路事故认定书认定：“邹某驾驶机动车上道路行驶时，未规范操作确保安全，其行为违反了《中华人民共和国道路交通安全法》第二十二条第一款：‘机动车驾驶人应当遵守道路交通安全法律、法规的规定，按照操作规范安全驾驶、文明驾驶’之规定，过错是导致该事故发生的直接原因；刘某、陈某、王某、周某、天然气发展公司在该事故中无过错。根据《中华人民共和国道路交通安全法》第七十三条、《中华人民共和国道路交通安全法实施条例》第九十一条以及《道路交通事故处理程序》第六十条之规定：邹某承担此事故的全部责任，刘某、陈某、王某、周某、天然气发展公司不承担此事故责任。”本案交通事故系单方事故，现有证据并未显示机动车驾驶人邹某存在无证驾驶或饮酒后、吸毒后驾驶等严重行为，邹某对本案事故的发生并不存在故意或重大过失。本案属于应依法减轻机动车一方责任的法定情形。此外，现有证据并未显示机动车驾驶人邹某存在疲劳驾驶且刘某、周某对此明知，一审认定刘某、周某允许邹某驾驶存在过错不当。亦无证据证明周某所有的机动车存在缺陷。综合考虑，本案刘某的损失，由机动车一方承担 70%责任，其余由刘某自担。一审认定责任比例不当，应予纠正。

另《最高人民法院关于审理人身损害赔偿案件适用法律若干问题的解释》第四条规定：“无偿提供劳务的帮工人，在从事帮工活动中致人损害的，被帮工人应当承担赔偿责任。被帮工人承担赔偿责任后向有故意或者重大过失的帮工人追偿的，人民法院应予支持。被帮工人明确拒绝帮工的，不承担赔偿责任。”本案邹某受王某、周某要约而无偿代驾，邹某与周某之间系义务帮工关系。本案刘某的损失由周某承担70%赔偿责任。一审判决先由保险公司赔付，剩余损失由刘某自担80%，周某负担20%。对此，仅刘某对剩余损失自担比例提出上诉，对该责任计算方式各方均未提出上诉，系当事人对其权利的有权处分，故按此方式计算。

本案刘某的经济损失如下：医疗费44898.96元、后续治疗费19500元、住院伙食补助费1250元、营养费2700元、护理费10974元、误工费12727元、鉴定费1400元，合计93449.96元。保险公司应赔付的费用：医疗费用44798.96元（44898.96元-100元）、意外住院津贴2000元，扣除其已垫付的40522.47元后，该司还应赔付刘某6276.49元。剩余损失的70%即32655.7元，由周某赔付刘某。综上所述，刘某的上诉请求部分成立。

湖北省荆州市中级人民法院依照《中华人民共和国民法典》第一千二百一十七条，《中华人民共和国保险法》第十七条，《最高人民法院关于审理人身损害赔偿案件适用法律若干问题的解释》第四条、第七条、第八条，《中华人民共和国民事诉讼法》第一百七十七条第一款第二项的规定，判决如下：

一、撤销湖北省荆州市沙市区人民法院（2022）鄂1002民初1324号民事判决；

二、保险公司于判决生效之日起十五日内在保险赔偿限额内赔付刘某6276.49元；

三、周某于判决生效之日起十五日内赔偿刘某32655.7元；

四、驳回刘某的其他诉讼请求。

【法官后语】

好意同乘是指驾驶人基于善意互助或友情帮助而允许他人无偿搭乘的行为。比如，顺路捎带朋友、同事，应陌生人请求搭载陌生人等。《中华人民共和国民法典》第一千二百一十七条规定好意同乘发生交通事故的损害赔偿规则，即“非营运机动车发生交通事故造成无偿搭乘人损害，属于该机动车一方责任的，应当减轻其赔偿责任，但是机动车使用人有故意或者重大过失的除外”。

本案刘某搭乘邹某无偿代驾周某所有的非营运机动车没有约定报酬，系基于情谊，符合好意搭乘的特征，应否减轻机动车一方的责任在于机动车使用人是否存在故意或者重大过失。

关于本案单方机动车交通事故发生原因，驾驶人邹某陈述当时要减速转弯因脚垫没踩好冲上了路旁，致其右脚踝关节骨折。另本案事故致乘坐人刘某左股骨粉碎性骨折，致乘坐人陈某右踝关节、右距骨骨折，乘坐人周某左手小臂骨折，乘坐人王某肋骨断裂。据查明的事实可以排除机动车驾驶人邹某对于事故的发生存在故意的可能，争议在于机动车驾驶人邹某是否构成重大过失。此认定，不仅关系能否适用前述有关好意同乘的规定减轻机动车一方的责任，还关系能否适用《最高人民法院关于审理人身损害赔偿案件适用法律若干问题的解释》第四条有关义务帮工的规定，涉及机动车车主在承担赔偿责任后能否向无偿代驾人追偿的问题。

对此，存在两种处理意见。第一种意见认为，从本案交通事故责任、单方事故性质及损害后果看，驾驶人邹某未规范操作，未尽必要注意义务，存在重大过失。第二种意见认为，驾驶人邹某不存在无证驾驶或者饮酒后驾驶或者吸毒后驾驶等违反《中华人民共和国道路交通安全法》的严重行为，不存在重大过失。

笔者认为，若行为具有侵权的故意或重大过失，则不能仅以好意同乘作为减责事由。比如，驾驶人可能存在违反一般安全注意义务的过错行为，还可能存在违反《中华人民共和国道路交通安全法》的严重行为。像不具备驾驶资格或者有不得驾驶车辆情况的违法驾驶人免费搭乘他人，就是严重过错。此种情况下，不能减轻责任。即通过举例加定性概括的方式界定“重大过失”的判断标准，不以公安机关交通管理部门作出的事故责任认定书所认定的负主要责任或者全部责任与否作为判定依据，强调机动车驾驶人存在无证驾驶等明显超出一般安全注意义务、违反《中华人民共和国道路交通安全法》的严重行为。具体个案中，应综合机动车驾驶人在交通事故的发生原因中是否存在严重违反驾驶操作规程、严重违反交通规则违章驾驶、不听劝阻等行为进行判断。

基于上述考量，最终采用“重大过失”从严把握的第二种意见，即本案现有证据并未显示机动车驾驶人邹某存在无证驾驶、饮酒后驾驶、吸毒后驾驶等严重行为，邹某对本案事故的发生并不存在重大过失。本案属于应依法减轻机动车一方责任的法定情形。此外，考虑无证据证明肇事机动车存在缺陷，亦无证据证明机动车驾驶人邹某存在疲劳驾驶且乘车人刘某、乘车人暨车主周某对此明知，刘某、周某允许邹某驾驶并不存在过错，减轻机动车一方责任的比例以30%为宜，一审认定减轻80%明显失当。日常生活中驾驶车辆的行为十分普遍，驾驶人操作水平及实时反应差异致操作不当发生交通事故亦不鲜见。在排除故意的前提下，如仅以未规范操作认定驾驶人存在重大过失，与驾驶机动车本身具有的危险性不符，加重了驾驶人的责任，有失公平，也会过分缩小《中华人民共和国民法典》第一千二百一十七条好意同乘中减轻施惠人责任的适用，在"帮不帮"的问题上提高施惠人的"助人"成本，不利于弘扬诚信友善的社会主义核心价值观，不利于营造互帮互助、团结友爱的阳光社会氛围。

编写人：湖北省荆州市中级人民法院　熊艳

23

肇事方离开事故现场的交通事故认定及责任承担

——李某某等诉周某某、保险公司机动车交通事故责任案

【案件基本信息】

1. 裁判书字号

湖北省枣阳市人民法院（2022）鄂0683民初215号民事判决书

2. 案由：机动车交通事故责任纠纷

3. 当事人

原告：李某某、代某1、代某2

被告：周某某、保险公司

【基本案情】

2021 年 8 月 27 日 10 时 36 分许，代某某驾驶两轮电动车，沿某国道非机动车道由东向西行驶至某路段，左转进入机动车道时，与沿某国道同向行驶的田某某驾驶的豫 RA××××号货车相撞，后与周某某驾驶的停放在非机动车道的鄂 FD××××号轿车相撞，代某某驾驶两轮电动车又与田某某驾驶的豫 RA××××号货车相撞，致使代某某当场死亡，三车受损。后周某某驾车离开现场。该事故经某市公安局交通警察大队认定：代某某违反“转弯的机动车未让直行的车辆先行”之规定，是事故形成的主要原因；周某某违反“机动车在道路上临时违章停车”之规定，是事故形成的次要原因；田某某违反“机动车驾驶人未按照操作规范安全驾驶、文明驾驶”之规定，是事故形成的次要原因。周某某在事故发生后，驾车离开现场，违反“在道路上发生交通事故，车辆驾驶人应当立即停车，保护现场；造成人身伤亡的，车辆驾驶人应当立即抢救受伤人员，并迅速报告执勤的交通警察或者公安机关交通管理部门”之规定，依据《中华人民共和国道路交通安全法实施条例》第九十二条第一款“发生交通事故后当事人逃逸的，逃逸的当事人承担全部责任。但是，有证据证明对方当事人也有过错的，可以减轻责任”之规定，最终认定周某某负事故的主要责任，代某某、田某某负事故的次要责任。周某某不服该认定，申请复核，某市公安局交通警察支队复核后维持该认定。本案在审理过程中，周某某因涉嫌交通肇事罪被审查起诉，该案经枣阳市人民检察院审查后于 2023 年 4 月 11 日作出鄂襄枣检刑不诉〔2023〕98 号不起诉决定书，决定对周某某不起诉。

本次事故发生后，在某市公安局交通警察大队主持下，田某某与李某某等达成调解协议即由田某某赔偿李某某等各项损失 24 万元，并已履行。周某某驾驶的鄂 FD××××号轿车在保险公司投保有交强险和 150 万元的商业三者险。李某某等向周某某及车辆保险公司索赔未果，为此，诉至法院，请求赔偿其各项损失 821675.50 元，由保险公司在交强险限额内赔偿 180000 元，下余损失扣除另一车交强险 180000 元后余额 374120 元由周某某赔偿 80%即 369340.40 元，保险公司在商业三者险限额内对周某某的赔偿承担保险责任，共计 549340.40 元。

【案件焦点】

1. 三方当事人如何归责；2. 商业三者险是否免赔。

【法院裁判要旨】

湖北省枣阳市人民法院经审理认为：本次交通事故交警部门对事故过错认定为代某某驾驶机动车转弯未让直行车辆先行，是事故形成的主要原因；周某某驾驶机动车在道路上临时违章停车，是事故形成的次要原因；田某某驾驶机动车未按照操作规范安全驾驶、文明驾驶，是事故形成的次要原因；因周某某驾车离开现场的行为违法，遂适用逃逸行为的相关条款，而加重其事故责任，故认定周某某负事故主要责任，代某某、田某某负事故的次要责任。但该逃逸行为已被检察机关否认，因逃逸行为加重认定周某某负事故主要责任不当，本次事故应根据事故发生时交警部门对三方的过错分析进行划分，而不应适用逃逸的条款加重周某某的事故责任，故本院认定代某某应负事故的主要责任，周某某和田某某负事故的次要责任。本次事故是三方间接结合导致本次事故的发生和代某某死亡，综合事故过错和原因力比例，本院酌定代某某负事故的 60%责任，田某某负事故的 10%责任，周某某负事故的 30%责任。因周某某驾驶的鄂 FD××××号轿车在保险公司投保有交强险，田某某驾驶的车辆也投保有交强险，应由两家保险公司在交强险限额内先行承担赔偿责任，不足部分，由周某某承担 30%赔偿责任，保险公司在商业三者险范围内对周某某的赔偿承担保险责任。对该公司商业三者险免责的主张，本院不予支持。经核定李某某等的各项赔偿金为 925284. 50 元，应由两家保险公司在交强险死亡伤残赔偿金限额内先行赔偿 360000 元（其中 180000 元已由田某某赔偿），故保险公司应在交强险限额内赔偿 180000 元（含精神损害抚慰金 30000 元），下余损失 565284. 50 元由周某某承担 30%即 169585. 35 元，保险公司对周某某的赔偿承担保险责任即 169585. 35 元，二项保险合计 349585. 35 元。对田某某的赔偿数额，因双方已在交警部门达成和解协议并已履行，李某某等并未起诉田某某和其投保的保险公司，对田某某和其投保的保险公司的赔偿，本院不再评判。

湖北省枣阳市人民法院依照《中华人民共和国民法典》第四百九十七条、

第四百九十八条、第一千一百六十五条、第一千一百七十二条、第一千一百七十九条、第一千一百八十三条、第一千二百零八条、第一千二百一十三条，《中华人民共和国道路交通安全法》第七十六条，《中华人民共和国保险法》第十九条、第三十条、第六十五条、第六十六条，《最高人民法院关于审理人身损害赔偿案件适用法律若干问题的解释》第十四条、第十五条、第二十二条、第二十三条之规定，判决如下：

一、被告保险公司在交强险和商业三者险限额内赔偿李某某等各项损失349585.35元；

二、驳回李某某等的其他诉讼请求。

判决后，双方当事人均未上诉，本判决现已生效。

【法官后语】

对交警部门的交通事故的认定，特别是事故成因清晰但肇事人离开事故现场的情形，是否构成交通肇事的逃逸问题，一直是案件处理的难点。一旦认定有误，肇事人可能构成交通肇事罪，将被追究刑事责任，保险公司商业三者险还存在免赔问题，必将加重肇事人的责任，而受害人的合法权益也不能得到及时救济。不管是交警部门还是法检部门，均需慎重处理。

一、对本案交警部门认定结论的审查

交警部门认定周某某是事故形成的次要原因，但其离开事故现场构成交通肇事逃逸，加重其事故责任，让其承担事故主要责任。《最高人民法院关于审理交通事故损害赔偿案件适用法律若干问题的解释》第二十四条规定："公安机关交通管理部门制作的交通事故责任书，人民法院应依法审查并确认其相应的证明力，但有相反证据推翻的除外。"本案事故有现场监控，能够还原事故现场，交警部门认定存在前后矛盾之处，对周某某的辩解二级交警部门并未采纳。法院审理民事赔偿案件，对交警部门的认定书，只能作为一个证据，交警部门认定是否适当，应依法审查。而肇事人周某某涉嫌交通肇事罪，将被审查起诉。按照先刑后民的原则，本案应中止诉讼，等待检察机关审查起诉意见。检察机关审查认为，按照《最高人民法院关于审理交通肇事刑事案件具体应用法律若干问题的解释》(以下简称《交通肇事刑事案件解释》)第二条第一款第一项的规定，交通肇事致一人死亡，负事故的全部或者主要责任的，应以交通肇事罪定罪处罚。某市交警大队对该交通事故的责任认定，在不考虑周某某逃逸的情况下，《道路交通事故认定书》认定被害人代某某的行为是形成事故的主要原因，周某某和田某某的行为是形成事故的次要原因。该事故死亡1人，周某某的行为是造成事故的次要原因，那么也应该负次要责任，就不符合构罪标准。《交通肇事刑事案件解释》第二条第二款规定："交通肇事致一人以上重伤，负事故全部或者主要责任，并具有下列情形之一的，以交通肇事罪定罪处罚……(六)为逃避法律追究逃离事故现场的。"第三条规定："'交通运输肇事后逃逸'，是指行为人具有本解释第二条第一款规定和第二款第(一)至(五)项规定的情形之一，在发生交通事故后，为逃避法律追究而逃跑的行为。"《道路交通事故认定书》认定周某某负本事故的主要责任，是根据周某某发生事故后驾车逃逸的情节，适用《中华人民共和国道路交通安全法实施条例》第九十二条第一款规定的结果，其负主要责任的结果是一种行政推定责任形式。周某某供述"我只以为是大货车和电动车的事故，和我没有关系，我才走的，不然我有证，车也有保险，我都不会走；我的车子是震动了一下，因为刚好过了辆大货车，我以为是货车从旁边发生的震动"。在案证据能够印证周某某的供述。周某某辩解以为事故和自己无关，车停在此处碍事，才驾车驶离现场，并不是为了逃避法律追究，不属于刑法意义上的"逃逸"。综上，周某某的行为不构成交通肇事罪。依照《中华人民共和国刑事诉讼法》第一百七十七条第一款的规定，决定对周某某不予起诉。检察机关充分观看了事故现场，考虑了事故成因，肇事人的主观认知和当事人辩解，否定了交警部门对于肇事人的逃逸认定和追究刑责的意见，维护了肇事人的合法权益。故检察机关的认定更科学合法有理，法院应予采信。因检察机关认定意见后于交警部门认定意见，故本次交通事故责任应重新划分，交警部门对事故成因分析得有理有据，应作为划分的依据，即受害人代某某负事故主要责任，周某某和田某某负事故次要责任。

当然，因肇事人离开现场导致事故成因无法查明的，让肇事人承担事故全部或主要责任，追究其交通肇事罪的刑事责任，无可厚非。但对民事责任赔偿，归责原则是按过错原则，法院审理案件不能简单地按交警认定意见处理，也应根据事故成因及各自过错承担民事责任。本案审理时为何没有直接否认交警部门的最终认定意见，主要考虑当事人的刑事责任追究问题，可能涉及多部门认定冲突问题，导致同案不同判的结果，通常的处理原则是中止诉讼，等待刑事裁决。

二、关于当事人承担比例问题

只要留心，多数大货车右侧车门处张贴有“危险”“视线盲区、请勿靠近”的红黄色警示标志。电动车无视交通信号灯提示，闯红灯的情况时有发生。本案通过现场视频和当事人陈述可以看出，当时十字路口三方当事人行驶的方向正是红灯状态，周某某驾驶机动车停在路边非机动车道上，田某某驾驶大货车正缓缓靠近停止线，代某某沿非机动车道从周某某车后停止片刻突然左转上机动车道，在超越田某某大货车时被车头右侧撞击，电动车瞬间倾倒失控车头与周某某车辆剐擦碰撞，电动车瞬间倾倒与大货车再次碰撞，代某某倒在大货车车轮下被当场碾轧致死。因事发突然，代某某当时行驶所处位置应处于大货车的右侧盲区，电动车被撞瞬间失控，因周某某车辆进一步阻挡致代某某无处避让，电动车倾倒再次被大货车撞击致代某某倒地被大货车碾轧致死，故本次事故系多因一果，在分清主次责任基础上，酌定代某某负事故的60%责任，田某某负事故的10%责任，周某某负事故的30%责任，体现了法院的公平公正和善意执法。

三、关于商业三者险免责问题

保险公司利用其保险优势，在保险条款中拟定了多项免赔条款，但对条款的解释并未面面俱到。保险公司关于周某某驾车离开现场系逃逸行为，商业三者险免赔的理由，因该逃逸行为已被检察机关否认，周某某不是为了逃避法律追究而离开，不属于刑法意义上的“逃逸”。因保险公司提供的商业三者险免赔条款中“事故发生后，在未依法采取措施的情况下驾驶被保险机动车离开事故现场，保险人不负赔偿责任”的保险条款系格式条款，明显加重了被保险人的责任，免除自己的责任，应属于无效条款。因检察机关已认定周某某的行为不是故意，采信了周某某认为该事故与自己无关，车停在此处碍事，才驾车离开现场，不是为了逃避法律追究而逃逸，且现场有监控，田某某驾驶的大货车直接致代某某死亡，事故发生后，田某某及时下车处理事故，周某某此时才倒车离开现场，该事故并未因周某某离开而导致事故成因无法查明。且对该格式条款理解存在争议时，应当按照通常理解予以解释，对格式条款有两种以上解释的，应当作出不利于提供格式条款一方的解释，故本案应作出对保险人保险公司不利的解释，该公司应在商业三者险限额内按责赔偿。

编写人：湖北省枣阳市人民法院 张家政

三、交通事故损害赔偿程序

24

道路外发生机动车交通事故纠纷案件的法律适用

——杨某诉保险公司、杨某 1 机动车交通事故责任案

【案件基本信息】

1. 裁判书字号

云南省昆明市中级人民法院（2022）云 01 民终 7372 号民事判决书

2. 案由：机动车交通事故责任纠纷

3. 当事人

原告（上诉人）：杨某

被告（被上诉人）：保险公司、杨某 1

【基本案情】

2019 年 5 月 6 日 12 时 15 分许，被告杨某 1 未查明车后情况驾驶云 AR×××××号小型面包车在自己家中院内由西向东倒车过程中，碾轧其家属杨某 2 身体，致杨某 2 当场死亡。在此次事故中，杨某 1 承担全部责任。杨某 1 因此次事故被昆明市官渡人民法院以过失致人死亡罪判处有期徒刑一年，缓刑一年。某市公安局交通警察支队某大队对此次事故作出道路交通事故认定书，主要确认杨某 1 在院内倒车过程中，所驾车辆碾轧杨某 2 身体，致杨某 2 现场死亡，造成

人员死亡的道路外交通事故。杨某1驾驶的案涉车辆在保险公司投保了机动车交通事故责任强制保险和限额为300000元的机动车商业第三者保险。杨某2无配偶和子女，本案原告杨某系杨某2的妹妹。杨某为此起诉请求判令判决保险公司赔偿原告死亡赔偿金187500元、丧葬费56811.5元、交通费2000元、误工费4232元、精神损害抚慰金100000元；保险公司赔偿不足部分由杨某1承担。

【案件焦点】

保险公司在本案中是否应承担赔偿责任。

【法院裁判要旨】

云南省昆明市盘龙区人民法院经审理认为：根据《中华人民共和国道路交通安全法》第一百一十九条的规定，“本法中下列用语的含义：（一）‘道路’，是指公路、城市道路和虽在单位管辖范围但允许社会机动车通行的地方，包括广场、公共停车场等用于公众通行的场所……‘交通事故’，是指车辆在道路上因过错或者意外造成的人身伤亡或者财产损失的事件”。本案事故发生于杨某1家中院内，不属于“道路”，所发生的事故不符合“交通事故”的定义。杨某1亦是以过失致人死亡罪而非交通肇事罪被追究刑事责任。要求保险公司承担机动车交通事故责任强制保险、商业第三者保险责任的基础为发生交通事故，然本案事故不符合上述法律规定中“交通事故”的定义。

云南省昆明市盘龙区人民法院根据《中华人民共和国道路交通安全法》第七十六条、第一百一十九条，《中华人民共和国民事诉讼法》第六十七条第一款、第一百二十一条的规定，判决如下：

驳回原告杨某的全部诉讼请求。

杨某不服一审判决，提出上诉。云南省昆明市中级人民法院经审理认为：根据《最高人民法院关于审理道路交通事故损害赔偿案件适用法律若干问题的解释》第二十五条“机动车在道路以外的地方通行时引发的损害赔偿案件，可以参照适用本解释的规定”的规定，案涉事故经交警大队出具《道路交通事故认定书》，认定案涉事故为道路外交通事故，并确定杨某 1 承担此次事故的全部责任，杨某 2 无责任，而案涉车辆在保险公司投保交强险及商业第三者险，根据《机动车交通事故责任强制保险条例》第四十三条“机动车在道路以外的地方通行时发生事故，造成人身伤亡、财产损失的赔偿，比照适用本条例”的规定，保险公司在交强险范围内应承担赔偿责任。同时，根据《中国保险行业协会机动车综合商业保险示范条款（2014 版）》第二十二条“保险期间内，被保险人或其允许的驾驶人在使用被保险机动车过程中发生意外事故，致使第三者遭受人身伤亡或财产直接损毁，依法应当对第三者承担的损害赔偿责任，且不属于免除保险人责任的范围，保险人依照本保险合同的约定，对于超过机动车交通事故责任强制保险各分项赔偿限额的部分负责赔偿”的规定，案涉事故系在使用被保险机动车过程中所发生的意外事故，故保险公司在商业险范围内也应承担赔偿责任。

针对上诉人在本案中所主张的损失，因死者杨某 2 系城镇人口，上诉人主张的死亡赔偿金 187500 元（37500 元/年×5 年），丧葬费 56811.5 元（113623 元/年÷12 个月×6 个月）符合法律规定。对于上诉人主张的交通费 2000 元及误工费 4232 元，因未提交相应证据予以证明，不予支持。对于上诉人主张的精神抚慰金，结合本案查明事实酌情支持 10000 元。

云南省昆明市中级人民法院依照《最高人民法院关于适用〈中华人民共和国民法典〉时间效力的若干规定》第一条，《中华人民共和国民事诉讼法》第一百七十七条第一款第二项、第一百二十一条第一款的规定，判决如下：

一、撤销云南省昆明市盘龙区人民法院（2022）云 0103 民初 986 号民事判决；

二、由被上诉人保险公司于本判决生效之日起十五日内向上诉人杨某赔偿各项费用合计 254311.5 元；

三、驳回杨某的其他诉讼请求。

【法官后语】

在自家院内驾驶车辆致使他人受到人身损害的情况虽不常见，但也会发生，只有在准确把握事故性质的基础上，才能确定各方当事人的法律责任。此类案件的审理通常要注意以下问题：

一、自家院内道路虽然不属于公共通行道路，但由此引发的事故，可以比照适用道路交通安全法及相关法律、司法解释的规定处理

《中华人民共和国道路交通安全法》第一百一十九条规定，“本法中下列用语的含义：(一)‘道路’，是指公路、城市道路和虽在单位管辖范围但允许社会机动车通行的地方，包括广场、公共停车场等用于公众通行的场所……(五)‘交通事故’，是指车辆在道路上因过错或者意外造成的人身伤亡或者财产损失的事件”。从该条法律规定来看，自家院内的道路不是公众通行的场所，不属于该法所称的“道路”，自家院内发生的交通事故确实也不属于道路交通事故，一、二审法院对此的认定是一致的。本案一、二审法院的分歧就在于对于道路外交通事故的法律适用不同，一审法院认定道路外交通事故不属于机动车交通事故，直接判决驳回杨某的全部诉讼请求，存在不妥之处。二审法院则认为，《中华人民共和国道路交通安全法》第七十七条规定：“车辆在道路以外通行时发生的事故，公安机关交通管理部门接到报案的，参照本法有关规定办理。”《最高人民法院关于审理道路交通事故损害赔偿案件适用法律若干问题的解释》第二十五条规定：“机动车在道路以外的地方通行时引发的损害赔偿案件，可以参照适用本解释的规定。”同时，《机动车交通事故责任强制保险条例》第四十三条规定：“机动车在道路以外的地方通行时发生事故，造成人身伤亡、财产损失的赔偿，比照适用本条例。”根据前述法律规定，保险公司应当在交强险范围内承担责任。对于商业险，《中国保险行业协会机动车综合商业保险示范条款（2020版）》第二十条约定：“保险期间内，被保险人或其允许的驾驶人在使用被保险机动车过程中发生意外事故，致使第三者遭受人身伤亡或财产直接损毁，依法应当对第三者承担的损害赔偿责任，且不属于免除保险人责任的范围，保险人依照本保险合同的约定，对于超过机动车交通事故责任强制保险各分项赔偿限额的部分负责赔偿。”该约定并未区分机动车交通事故及道路外交通事故，保险公司也应承担赔偿责任。显然，二审法院是在全面

理解和适用道路交通安全法及相关法律、司法解释的规定的基础上作出的判决，判决结果更有利于平等地维护受害者的合法权益，体现了我国法律以人为本的立法精神。

二、刑事判决书认定投保人构成过失致人死亡罪，不能作为保险公司免责的依据

交通肇事罪在客观方面表现为违反交通管理法规，因而发生重大交通事故，致人重伤、死亡或者使公私财产遭受重大损失。"违反交通管理法规"，是指违反国家有关交通运输管理的法律、法规和国家有关主管部门制定的交通运输安全的规章等。本案事故发生的场地不属于《中华人民共和国道路交通安全法》第一百一十九条规定的"道路"，故刑事判决书未认定投保人构成交通肇事罪，而是认定投保人构成过失致人死亡罪。民事案件与刑事案件的法律适用不同，刑事判决书的裁判理由不能作为保险公司免责的依据，本案民事赔偿责任的承担应当以相关民事法律、司法解释的规定为依据。需要说明的是，本案二审民事判决与刑事判决书并不冲突，民事判决并未认定本案事故系机动车交通事故，而是比照适用了机动车交通事故的相关法律法规、司法解释的规定。

三、应当注意审查投保人是否系合法驾驶

既然本案在责任承担上，比照适用机动车交通事故相关法律法规、司法解释的规定，判决保险公司承担责任，在审理案件时就应当审查投保人是否存在无证驾驶、酒驾等可以免除保险人赔偿责任的情形以及保险人是否已经就免责条款尽到提示、说明义务的相关事实，平等地保护当事人的权利。

道路外交通事故较为少见，但也正是因为如此，相对于道路交通事故而言，道路外交通事故更难确定法律责任承担。《中华人民共和国道路交通安全法》及相关法律、司法解释的立法目的之一是保障机动车道路交通事故受害人依法得到赔偿，道路外交通事故的受害人在本质上与道路上交通事故的受害人没有区别，其人身或财产受到侵害也应当获得应有的赔偿。本案系在对事故性质准确认定的基础上，全面、准确地适用了机动车交通事故相关法律法规、司法解释的规定，对各方当事人的法律责任作出了认定，判决结果有力地保障了受害

人的合法权益，体现了我国法律以人为本的立法精神，取得了良好的法律效果和社会效果，具有一定的借鉴和指导意义。

编写人：云南省昆明市中级人民法院　朱欢

25

当事人单方委托鉴定意见的认定

——李某某诉陈某某、保险公司机动车交通事故责任案

【案件基本信息】

1. 裁判书字号

北京市第一中级人民法院（2022）京01民终6075号民事判决书

2. 案由：机动车交通事故责任纠纷

3. 当事人

原告（被上诉人）：李某某

被告（上诉人）：保险公司

被告（被上诉人）：陈某某

【基本案情】

2021年6月11日，陈某某驾驶小型轿车与步行的李某某发生交通事故，造成李某某受伤，陈某某负主要责任，李某某负次要责任。肇事车辆在保险公司投有交强险和商业三者险，事故发生在保险期间。事故当日，李某某被送至北京某医院，陈某某垫付医疗费62402.47元，该垫付金额已由保险公司报销48000元。

李某某提交了某司法鉴定所出具的《司法鉴定意见书》，建议其误工期180日，护理期90日，营养期90日。李某某支付鉴定费4350元。

另查，某司法鉴定所系北京市高级人民法院《北京法院对外委托专业机构名册》在册机构。

经质证，二被告表示认可上述《司法鉴定意见书》和鉴定费发票的真实性，但认为李某某所提起的鉴定系李某某于立案前自行委托，没有与保险公司会商，可能导致伤残等级过高，故不认可《司法鉴定意见书》与本案的关联性。鉴于此，保险公司申请对李某某的伤残等级、误工期、护理期和营养期重新进行鉴定。经法庭询问，二被告表示对某司法鉴定所的资质、《司法鉴定意见书》所依据的鉴定资料真实性、出具鉴定意见所依据的评定规范均没有异议。故一审法院未准许保险公司所提出的鉴定申请。

【案件焦点】

李某某单方委托鉴定机构形成的《司法鉴定意见书》效力如何认定。

【法院裁判要旨】

北京市门头沟区人民法院经审理认为：结合陈某某与李某某双方责任，该院酌定李某某的过错比例为 30%，陈某某的过错比例为 70%。依据鉴定报告，李某某构成十级伤残，其主张的残疾赔偿金（含被扶养人生活费）计算标准符合法律规定，该院予以确认；经核算，李某某的合理损失金额为 207765. 89 元。陈某某垫付医疗费 14402. 47 元，上述费用均用于李某某的合理支出，结合李某某与陈某某的过错比例，属于陈某某应承担的部分应由保险公司承担最终赔偿责任。

北京市门头沟区人民法院判决如下：

一、保险公司于本判决生效之日起七日内在交强险范围内赔偿李某某共计 180200 元；

二、保险公司于本判决生效之日起七日内在商业三者险范围内赔偿李某某共计 16251. 123 元；

三、保险公司于本判决生效之日起七日内在商业三者险范围内返还陈某某 10081. 729 元；

四、李某某于本判决生效之日起七日内返还陈某某 4320. 741 元；

五、驳回李某某的其他诉讼请求。

保险公司不服一审判决，提起上诉。北京市第一中级人民法院经审理认为：当事人自行委托鉴定形成的书面意见，不能作为八种法定证据类型中的“鉴定意见”予以认定，但可作为一般的书证对待。通过审查接受委托的专业机构是否具有相应资格、资质、意见所依据的证据材料是否真实可靠、意见形成的过程是否合法、意见与案件的其他证据有无矛盾四个方面，本院认为李某某为证明其主张而单方委托鉴定形成的书面意见，能够作为认定案件事实的证据。保险公司未提交充分反驳证据和理由，降低李某某自行委托鉴定形成书面意见作为证据的证明力，一审法院据此对保险公司提出重新鉴定的申请不予允许，并无不当，本院予以确认。

经核算，保险公司在商业三者险范围内应返还陈某某 1081. 729 元，李某某应返还陈某某 13320. 741 元。

北京市第一中级人民法院依照《中华人民共和国民事诉讼法》第一百七十七条第一款第二项、第一百八十二条的规定，判决如下：

一、维持北京市门头沟区人民法院（2022）京 0109 民初 1460 号民事判决第一项、第二项；

二、撤销北京市门头沟区人民法院（2022）京 0109 民初 1460 号民事判决第三项、第四项、第五项；

三、变更北京市门头沟区人民法院（2022）京 0109 民初 1460 号民事判决第三项为保险公司于本判决生效之日起七日内在商业三者险范围内返还陈某某 1081. 729 元；

四、变更北京市门头沟区人民法院（2022）京 0109 民初 1460 号民事判决第四项为李某某于本判决生效之日起七日内返还陈某某 13320. 741 元；

五、驳回李某某的其他诉讼请求。

【法官后语】

针对当事人就其单方自行委托形成的鉴定意见进入诉讼程序后作为证据提

交，法院后续该如何对其证据属性定位、证明效力审查，以及是否应当准许对方当事人委托鉴定申请，均系案件审理的焦点和难点。

一、单方委托形成鉴定意见的证据属性

当事人自行委托鉴定虽不属于法定鉴定意见，但当事人均享有权利在诉讼程序中提交证据佐证己方主张，因此不应因其不属于八种法定证据类型中的鉴定意见，而剥夺当事人举证权利。虽然对于该类鉴定意见的属性认定一直存有争议，但是司法实务界普遍认为在经过着重审查接受委托的专业机构的资格、资质，意见所依据的证据材料，意见形成过程，意见与案件的其他证据有无矛盾后，单方鉴定意见可以成为证据。至于该类鉴定意见属于何种法定证据形式，承办人赞同将其作为书证予以审查，对其进行质证可以更接近于私文书即公民个人制作的文书的审查。

二、单方委托形成鉴定意见的审查标准

《最高人民法院关于民事诉讼证据的若干规定》第三十六条规定了法院对司法鉴定意见应予审查的具体内容，故在审查当事人单方委托形成鉴定意见时，可以参照适用作出法定鉴定意见时适用的规则。但考虑到单方委托形成鉴定意见的特殊性，需要重点审查如下内容：首先，核查对于受委托的鉴定机构的资质、资格。其次，审查形成鉴定意见所依据的鉴定材料。鉴定意见所依据的检材应当作为独立于该鉴定意见的证据，由举证相对人进行充分质证，审查是否有相反证据推翻检材的真实性、合法性及关联性。最后，审查鉴定意见形成的过程。基于法院已审查确定当事人单方委托的鉴定机构具备相应资质、依据检材真实合法，对于单方委托形成鉴定意见的形成过程，则可参照相同或相似类型的司法鉴定意见形成规则，更为严格地把握单方鉴定意见形成过程是否符合行业规范、鉴定措施及流程是否合理、所得结论性意见是否符合逻辑。

同时，综合全案证据审查是否与其他证据相悖。鉴于单方委托形成鉴定意见属于普通书证，故其应当与案件的其他证据并无矛盾，且能形成完整证据链证明举证方的相应主张。

三、需由法院委托鉴定的条件

对于一方当事人单方自行委托形成的书面意见，对方当事人当然可以提出“反驳证据”，如指出其自行委托的机构或者人员不具备相关的资格、形成意见的程序严重违法、意见明显依据不足等，但是否需要由法院进行委托鉴定，则应合理掌握《最高人民法院关于民事诉讼证据的若干规定》第四十一条所规定“足以反驳”的标准。基于单方委托鉴定存在的合理性、当事人诉讼成本和提高司法效率等因素考量，宜将“足以反驳”的标准界定为对方当事人有证据或者理由足以反驳单方委托鉴定意见、足以动摇审判人员的心证的程度，且当事人提出了鉴定申请。

具体在司法实践中而言，应当从形式要件和实质要件两方面进行考量。从形式要件上看，对方当事人在提出委托鉴定申请时，亦应就其认为单方委托鉴定意见中存在的异议提出足以反驳的证据或理由；从实质要件上看，如单方委托鉴定意见的依据以及技术手段和逻辑推理存在瑕疵、鉴定意见说服力不够，则法院有必要对所涉及的专门性问题委托专业机构进行鉴定。

编写人：北京市第一中级人民法院　姚志伟　李慧娅

26

单方委托的鉴定报告在符合合法性及关联性的条件下可以予以采用

——李某某诉揭某某、保险公司机动车交通事故责任案

【案件基本信息】

1. 裁判书字号

广西壮族自治区崇左市中级人民法院（2022）桂14民终634号民事判决书

2. 案由：机动车交通事故责任纠纷

3. 当事人

原告（被上诉人）：李某某

被告（上诉人）：揭某某、保险公司

【基本案情】

2021年12月10日10时15分，揭某某驾驶桂AB××××号小型客车与李某某驾驶桂A6××××某牌轿车发生追尾相撞的道路交通事故，导致两辆车损坏、李某某轻微伤。该事故经某县公安局交通警察大队处理，认定揭某某承担本次事故全部责任，李某某无责任。当天，李某某因受伤支付门诊诊疗费167.20元。2021年12月11日，李某某将桂A6××××某牌轿车送至甲汽车销售公司的4S店。随后，揭某某驾驶的车辆投保的保险公司对桂A6××××某牌轿车勘查，并认为应通过维修处理，而李某某咨询销售案涉车辆的乙汽车销售公司的4S店后，认为应更换新部件，因此双方发生分歧。双方达不成协议后，保险公司委托公估公司进行评估，2021年12月17日，公估公司作出《桂A6××××某牌小型普通客车“2021/12/10”因事故造成车辆损失维修价值评估报告书》。该评估报告书认定，本次事故后保险皮（上）、后保险杠皮（下）、后保险杠下护板存在换修争议，评估师经对该车辆进行勘验可知：1. 后保险皮（上）中段发生变形，最大变形区间为5cm，左侧卡扣处断裂，卡扣粘连于保险杠上，杠皮表层油漆破损，表层未发生严重褶皱，未出现穿孔现象；2. 后保险杠皮（下）及后保险杠下护板表层出现片状剐痕，最大长度分别为23cm及18cm，表层未出现明显凹陷，整个配件未出现变形褶皱等现象。确认以上3个配件损失程度均未达到更换，处于维修范围之内，本着以修复为主且不影响使用的原则，建议以配件进行维修处理。评估结论为：评估标的桂A6××××某牌小型普通客车于2021年12月17日因道路交通事故造成该车辆损失维修价值为人民币19130元。2021年12月21日，李某某在未征得揭某某、保险公司同意的情况下，委托甲汽车销售公司的4S店实施更换配件维修。后支付维修费用26580元。另查明，李某某与汽车租赁服务部租赁某牌小轿车，租金为4200元。

【案件焦点】

李某某的车辆维修费数额如何确定。

【法院裁判要旨】

广西壮族自治区扶绥县人民法院经审理认为：关于李某某的车辆维修费数额如何确定问题。被告保险公司辩解应按公估公司的评估结论采用修复部件的形式维修，维修费为19130元，并提供了第三方出具的评估报告为证，但该评估报告结论认定涉案评估车辆发生时间与事实不符，该评估报告存在瑕疵，因此本院对评估报告书不作为认定维修方式及维修费的依据。原告李某某主张桂A6××××号车辆应采用更换部件的形式维修，维修费为26580元；而被告揭某某、保险公司对于原告李某某主张维修费为26580元有异议，本院认为，原告李某某的车辆是新购未到两年，其在咨询定点的售后服务某4S店的情况下决定采用更换部件的形式维修，符合常理；原告李某某主张维修费，提供了维修费发票及维修账单，维修账单显示维修、更换部件与事故导致原告李某某的车辆损坏部位基本上相吻合，存在关联，且被告揭某某、保险公司对更换部件的价格无异议，因此，一审法院采纳原告李某某的证据认定维修费为26580元。

广西壮族自治区扶绥县人民法院依照《中华人民共和国民法典》第一千一百六十五条、第一千一百八十四条、第一千二百一十三条，《最高人民法院关于审理道路交通事故损害赔偿案件适用法律若干问题的解释》第十二条、第十六条，《中华人民共和国民事诉讼法》第六十七条的规定，判决如下：

一、被告揭某某于本判决生效之日起十日内赔偿原告李某某替代性交通费4200元；

二、被告保险公司于本判决生效之日起十日内在其承保范围内赔偿原告李某某医疗费、误工费、车辆维修费共计27096.67元；

三、驳回原告李某某的其他诉讼请求。

揭某某、保险公司不服一审判决，提起上诉。

广西壮族自治区崇左市中级人民法院经审理认为：保险公司主张车辆维修费为19130元；李某某主张车辆维修费为26580元。双方对维修费产生分歧主要是车辆部分零件是否需要通过更换来维修。侵权人赔偿车辆维修费用旨在保障车辆能够恢复到事故发生前的使用状态，填补车辆因交通事故所导致的损失。保险公司提供公估公司的评估报告的评估意见为确认后保险皮（上）、后保险杠皮（下）、后保险杠下护板 3 个配件损失程度均未达到更换，处于维修范围之内，本着以修复为主且不影响使用性能的原则，建议以上配件进行修复处理。为此，采纳第三方公估公司的评估意见。李某某提出其经咨询定点的售后服务某 4S 店后决定以更换零件的方式进行维修，但其没有提供售后服务某 4S 店或其他机构出具应更换上述 3 个配件的书面意见，对李某某的意见不予采纳。李某某请求赔偿超过评估数额的维修费部分，由李某某自己承担，不属于保险公司的赔偿范畴。

广西壮族自治区崇左市中级人民法院依照《中华人民共和国民事诉讼法》第一百七十七条第一款第二项规定，判决如下：

一、维持广西壮族自治区扶绥县人民法院（2022）桂 1421 民初 290 号民事判决第一项；

二、撤销广西壮族自治区扶绥县人民法院（2022）桂 1421 民初 290 号民事判决第二项、第三项；

三、揭某某于本判决生效之日起十日内赔偿李某某医疗费 167.2 元、车辆维修费 2000 元，合计 2167.2 元；

四、保险公司于本判决生效之日起十日内在其商业三者险承保范围内赔偿李某某车辆维修费 17130 元；

五、驳回李某某关于误工费、车辆折损费的诉讼请求。

【法官后语】

本案中，保险公司委托公估公司对该维修车辆进行评估，并出具维修价值评估报告书。李某某主张委托评估问题保险公司没有征求其意见。该评估报告书内容没有反映有通知李某某参与评估勘验、确认的事实，且本案证据未能证明已向李某某送达了该评估报告书，该鉴定报告系单方作为，不应当作为参考依据。一审法院认为该鉴定报告因结论认定涉案评估车辆发生时间与事实不符，该评估报告存在瑕疵，不作为定维修方式及维修费的依据。二审法院则采纳了鉴定报告中的评估结论。

本案争议的主要焦点在于单方送检的鉴定报告是否能作为定案依据？法院对于有瑕疵的鉴定报告应否予以采纳。综合本案证据，笔者认为本案中的鉴定报告应当予以采信，并可作为定案证据。主要理由如下：

1. 可否允许单方送检。首先，按照审判惯例，通过鉴定形成的书面文件通常被认为其证明力大于一般书证、视听资料和证人证言。所以在本案中，就车辆的维修费用同时存在维修发票等一般书证和评估公司的评估报告时，评估报告的证明力将大于维修发票等书证材料。其次，鉴定程序的启动可以通过向法院申请或自行委托。委托鉴定分为双方共同委托或单方委托。法律并未明文规定单方委托鉴定出具的鉴定意见必然无效，相反，根据《最高人民法院关于民事诉讼证据的若干规定》第四十一条规定："对于一方当事人就专门性问题自行委托有关机构或者人员出具的意见，另一方当事人有证据或者理由足以反驳并申请鉴定的，人民法院应予准许。"可知，法律是允许一方当事人单方自行委托鉴定，但同时也赋予了对方进行反驳并重新鉴定的权利，对于单方送检得出的鉴定报告并不是当然无效，仍可作为法院的审理依据。

2. 法院对于鉴定意见合法性的审查。法院在采用单方送检的鉴定报告作为定案依据前，应该根据案件的具体情况从以下方面进行审查：(1) 鉴定机构的合法性。自行委托的鉴定机构需要具备相应的鉴定资质，不具备鉴定资质的机构作出的鉴定意见将不被法院采信；(2) 鉴定人资格的合法性。程序是否合法。如果违反了上述合法性要求则不应当予以采纳。

3. 对于鉴定意见瑕疵的处理：如果是存在笔误，或者与待证结果无直接关联的事实，可以通过补正、补充鉴定或者补充质证、重新质证等方法解决的，法院认为有必要亦可以申请鉴定人出庭进行说明，鉴定结果仍应当继续予以采信。

综合本案，首先，保险公司提交的鉴定报告虽是其单方委托，李某某不予认可，但李某某未能提供证据证明鉴定报告存在错误，也未向法院提出重新鉴定的申请。其次，该鉴定报告系围绕损坏的车辆配件应否予以更换以及定价问题，而鉴定报告存在“结论认定涉案评估车辆发生时间与事实不符”系属于瑕疵，故该鉴定报告应当予以采信。

编写人：广西壮族自治区扶绥县人民法院　何雪梅

27

在具备通行条件的道路施工现场发生的交通事故可以认定为道路或者参照道路处理

——崔某2、李某某诉吕某某等机动车交通事故责任案

【案件基本信息】

1. 裁判书字号

北京市第三中级人民法院（2022）京03民终6240号民事判决书

2. 案由：机动车交通事故责任纠纷

3. 当事人

原告（被上诉人）：崔某2、李某某

被告（被上诉人）：吕某某、赵某某、建筑公司、冯某某、建设集团公司

被告（上诉人）：保险公司

【基本案情】

2021年5月23日上午，崔某1走到某区某镇某村某河道水毁修复工程附近的桥上时，冯某某雇用的员工发现吕某某驾驶货车由西向东开过来，即喊崔某1闪开，崔某1就向北走下桥，后往东的土路上拐过去。此时车辆过桥后右行距崔某1有一两米远处停下。白某某指示司机吕某某把石头卸到车的左后方。在车辆停驶后，崔某1从车的前方沿着车的右侧约1米宽的小路往大桥处走。

此时，停驶的车辆突然往后倒车，车辆右侧反光镜的右下角剐到了崔某1的右肩膀，崔某1头朝下栽到正在施工且没有护栏的两米以上的深槽里。冯某某雇用的员工立即拨打120急救，并给吕某某雇主赵某某拨打电话告知发生事故。崔某1经120医生抢救无效死亡。

【案件焦点】

1. 本案事故是否为机动车交通事故；2. 损害赔偿责任主体如何认定；3. 各方当事人责任承担比例及具体数额应如何确定。

【法院裁判要旨】

北京市密云区人民法院经审理认为：首先，事发现场所处位置为沙土路面，河道北侧有村民居住，平时有村民在此通行，也具备机动车辆通行的条件。虽然该路面与《中华人民共和国道路交通安全法》所规定的公路、城市道路等道路有所不同，但可认定为系道路以外的地方，如在此发生交通事故引发损害的，可参照发生在道路上的交通事故进行处理。判断本案是否构成机动车交通事故的另一关键因素在于事发时机动车是否处于“通行”状态。综合全案事实，可以认定崔某1的死亡与吕某某驾驶车辆的行为存在因果关系，本次事故应当被认定为机动车交通事故。其次，施工方未充分履行应尽的安全秩序管理义务，与事故的发生具有因果关系。工程发包方，将涉案工程发包给具备相应资质的公司，不违反法律法规的强制性规定，且并无证据证明建设集团公司对本次事故发生存有过错，故发包方对本次事故不承担责任。再次，机动车发生交通事故造成损害，属于该机动车一方责任的，先由承保机动车强制保险的保险人在强制保险责任限额范围内予以赔偿；不足部分，由承保机动车商业保险的保险人按照保险合同的约定予以赔偿。本案中，吕某某系赵某某雇用的司机，吕某某的行为与崔某1的死亡之间具有直接的因果关系，应由其雇主承担损害赔偿责任。最后，本案中，保险公司仅向本院提交了商业险保单、交强险保单及两份投保告知短信截屏，难以认定其尽到了合理提示和明确说明义务，保险公司应承担不利的法律后果。此外，崔某1未尽到合理注意义务，对自身死亡后果发生存在过错，故应当适当减轻机动车一方的赔偿责任。

本案受害人因吕某某的过失侵权行为，以及建筑公司的过失侵权行为相结合而导致死亡；受害人未尽到注意义务也是发生事故的原因之一。经综合辨析，本院酌情确定在交强险限额外，由建筑公司承担10%的赔偿责任，由赵某某承担60%的赔偿责任，由原告自行承担30%的责任。

北京市密云区人民法院依照《中华人民共和国民法典》第一千一百六十五条第一款、第一千一百七十二条、第一千一百七十三条、第一千一百七十九条、第一千一百八十一条、第一千一百八十三条、第一千二百一十三条，《中华人民共和国道路交通安全法》第三十二条、第七十六条，《中华人民共和国保险法》第十七条，《最高人民法院关于审理道路交通事故损害赔偿案件适用法律若干问题的解释》第十三条、第二十五条，《最高人民法院关于审理人身损害赔偿案件适用法律若干问题的解释》第十四条、第十五条，《最高人民法院关于确定民事侵权精神损害赔偿责任若干问题的解释》第五条，《最高人民法院关于适用〈中华人民共和国保险法〉若干问题的解释（二）》第九条、第十一条、第十二条、第十三条第一款，《最高人民法院关于适用〈中华人民共和国民事诉讼法〉的解释》第九十条、第一百零八条的规定，判决如下：

一、保险公司于本判决生效之日起七日内，在机动车交通事故责任强制保险限额内赔付崔某2、李某某损失180000元；

二、保险公司于本判决生效之日起七日内，在机动车交通事故责任综合商业三者责任保险赔偿范围内赔付崔某2、李某某各项损失156151.2元；

三、建筑公司于本判决生效之日起七日内赔付崔某2、李某某各项损失26025.2元；

四、驳回崔某2、李某某的其他诉讼请求。

保险公司不服一审判决，提起上诉。北京市第三中级人民法院同意一审的法院裁判意见。

北京市第三中级人民法院依照《中华人民共和国民事诉讼法》第一百七十七条第一款第一项的规定，判决如下：

驳回上诉，维持原判。

【法官后语】

随着我国经济的不断发展，人们的生活水平不断提高，机动车作为人们出行或者运输的工具已经越来越普遍，与此同时，我国的交通事故也逐渐呈现上升趋势，交通事故责任纠纷案件逐年增加，机动车交通事故责任认定问题成为人们关注的焦点。

按照《中华人民共和国道路交通安全法》第一百一十九条第五项规定，机动车交通事故是指车辆在道路上因过错或者意外造成的人身伤亡或者财产损失的事件。交通事故是指车辆在道路范围内，因与车辆有关的人员或其他参与道路交通活动人员的过错或者意外事件造成人身、财产损害的事故。所以，机动车交通事故的基本构成要件是车辆、道路、过错或者意外、造成人身伤亡或者财产损害、过错或者意外和造成人身伤亡或者财产损害之间存在因果关系。

机动车之间的交通事故适用过错责任原则。对于机动车驾驶人来说，被允许在道路上驾驶机动车，也就自然被认为是受过了驾驶训练并且具备了驾驶资格，机动车驾驶人的相互关系都应当具备承担交通事故责任的能力。所以，有关机动车责任事故的双方当事人均适用过错责任原则，来承担交通事故侵权责任。

机动车与非机动车驾驶人、行人之间的道路交通事故责任适用无过错责任原则。即行为人对特定损失之发生无过失，也应负担相应的赔偿责任，受害人请求加害人承担责任无须证明加害人有过错，加害人也不得以无过错而主张免责。

保险公司在第三者强制责任保险范围内承担无过错责任。行为人在保险期限，驾驶机动车发生交通事故，且造成他人人身伤亡或者财产损失的，不论行为人是否存在过错，其投保的保险公司都应在机动车第三者责任范围内，给予补偿。但这一原则的适用前提条件是行为人在保险公司缴纳了相应的保险。

道路交通社会救助基金在特定情况下用来垫付受害人的损害赔偿，适用无过错责任。交通事故社会救助基金设立的目的是避免以及减少受害人在受伤以后不具备偿还以及支付相应的医疗费用而放弃治疗的行为，为了保护受害人的人身权利，维护人民群众的合法权益。

在本案中，首先机动车驾驶员驾驶的车辆不仅超载，而且还存在制动不符合相关技术标准的问题；其次事故是在车辆倒车过程中与受害人发生剐碰造成的；最后发生行驶的区域虽然是施工道路，但是该区域并未完全封闭，平时有村民在此通过，具备车辆通行条件。因此本案属于机动车交通事故。

本案的难点为发生事故时的地点是否属于机动车交通事故中的道路，《中华人民共和国道路交通安全法》第一百一十九条第一项规定，“道路”是指公路、城市道路和虽在单位管辖范围内允许社会机动车通行的地方，包括广场、公共停车场等用于公众通行的场所。本案中事发现场所处位置为沙土路面，河道北侧有村民居住，平时有村民在此通行，也具备机动车辆通行的条件，因此可以将其视为道路，按照发生在道路上的交通事故进行处理。

编写人：北京市密云区人民法院　张琦

28

交通事故成因不明时因果关系的判定依据

——陈某某诉林某某等机动车交通事故责任案

【案件基本信息】

1. 裁判书字号

福建省泉州市中级人民法院（2022）民05民终725号民事判决书

2. 案由：机动车交通事故责任纠纷

3. 当事人

原告（被上诉人）：陈某某

被告（上诉人）：林某某、保险公司

被告：张某某、物流公司

【基本案情】

2019年6月5日11时10分，张某某驾驶赣C7××××号重型半挂牵引车停放于路右机动车慢车道上进行卸货作业，林某某驾驶无号牌叉车因作业停放于路左机动车快车道（车头与地面双实线处于垂直状，叉车臂伸到路右快车道上方），作业时两车均未设置警示标志。陈某某驾驶无号牌超标二轮机动车，行驶至事故路段对向路右机动车快车道时，未注意观察路面交通情况，致使其脸部于路右机动车快车道与无牌叉车叉车臂发生碰撞，造成其当场倒地的交通事故，随后陈某某驾驶电动车继续行驶约20分钟到其居所。当天下午，陈某某前往A医院急诊。次日，陈某某前往B医院住院治疗15日。同年10月8日，某司法鉴定所经陈某某申请对其伤情进行司法鉴定，鉴定意见为：陈某某伤残程度评定为七级；牙齿修复费用以实际发生为准。

陈某某家属于同年6月7日报案，交警部门认为，由于各方当事人在事故发生当天均未及时报警并离开现场，对事故基本事实无法查清，成因无法判定，仅对证据及事故过程进行了分析，并出具了事故证明书。

另查明，事故发生时，赣C7××××号重型半挂牵引车登记在物流公司名下，该车向保险公司投保交强险和商业第三者责任险，事故发生在保险期间内。

陈某某认为其伤情系案涉交通事故造成，故诉请各被告赔偿其相应损失。被告方则对此予以否定，辩称现有证据无法证明陈某某所主张的伤情与本案事故存在因果关系。2021年5月27日，陈某某就其所受的损害后果与案涉交通事故是否存在因果关系以及原因力大小申请司法鉴定。某司法鉴定所鉴定意见为：根据就医记录、监控视频等现有资料，难以认定陈某某目前损害后果与交警部门证明的交通事故存在因果关系及原因力大小。

【案件焦点】

鉴定意见难以认定原告损害结果与案涉交通事故存在因果关系及原因力大小的情形下，如何判断二者是否存在因果关系。

【法院裁判要旨】

福建省泉州市泉港区人民法院经审理认为：判断加害行为与损害事实之间是否存在因果关系可从时间顺序，是否存在客观的、合乎规律的联系，是否具有排他性等方面进行分析。虽然泉港交警大队无法查清事故成因，但根据事故证明书载明的内容，已确认事故发生的本身真实存在，可以认定陈某某脸部于路右机动车快车道与林某某驾驶的无号牌叉车叉车臂发生碰撞之实，而陈某某在事故当天到A医院就诊，二者具有时间的连续性；陈某某到A医院就诊确诊为：上颌牙根槽骨骨折、左颈部占位、口腔颌面多发挫裂伤，故本案重点在于审查陈某某的上述伤情与案涉交通事故是否存在引起与被引起的因果关系。而对于侵权行为中因果关系的判断，应采用“相当因果关系”的标准。虽陈某某受伤的部分为脸部，但根据日常经验法则，外力突然的强力介入，足以直接导致与脸部相牵连的颌面口腔、颈部、牙齿等部位受损，因此陈某某所主张的伤情与交通事故之间存在客观的、合乎规律的联系。被告方对陈某某在事故发生后5小时才到医院急诊提出质疑，陈某某对此作了解释说明。为了查明案件事实，法院依法到陈某某所称的事发后第一次就诊的口腔门诊进行调查核实。根据调查核实的情况，与陈某某关于事故发生后相关治疗经过的陈述相符，陈某某的解释说明具有可信度，予以采信。根据《最高人民法院关于适用〈中华人民共和国民事诉讼法〉的解释》第一百零八条的规定，综合上述分析，认定陈某某所主张的伤情属于案涉交通事故造成的损害后果。各被告虽主张陈某某本案伤情与本案事故不存在因果关系，但未能提供反驳的依据加以证实，虽鉴定所作出“难以认定陈某某目前损害后果与交通事故存在因果关系及原因力大小”的鉴定意见，但基于前述分析意见，对该鉴定意见不予采纳作为本案事实认定及处理的依据，对各被告有关于此的主张不予采纳。

陈某某主张因本起交通事故造成的各项损失，依法确定为441541.48元。结合事故发生时各方存在过错情况，认定陈某某、林某某与张某某分别按15%、50%、35%比例承担事故责任。

福建省泉州市泉港区人民法院判决如下：

一、保险公司分别在交强险、商业第三者责任险责任限额范围赔偿陈某某因本起交通事故造成的损失120000元、70539.52元；

二、林某某赔偿陈某某因本起交通事故造成的损失220770.74元；

三、驳回陈某某的其他诉讼请求。

林某某、保险公司不服一审判决，提起上诉。福建省泉州市中级人民法院同意一审法院裁判意见。

福建省泉州市中级人民法院判决如下：

驳回上诉，维持原判。

【法官后语】

机动车交通事故作为一种特殊的侵权行为，交通事故认定书和司法鉴定意见通常是法院认定交通事故的基本事实、事故成因和判定当事人责任的重要依据。本案中，交警部门未能就事故成因及责任进行确认，双方对事故中各方责任承担存在争议，且司法鉴定意见亦认为难以认定损害结果与案涉交通事故存在因果关系及原因力大小，致使案涉交通事故与原告主张伤情之间的因果关系及责任范围认定均无法直接依据交通事故证明书或者司法鉴定意见作出判定。在事故成因无法直接判定的情形下，就如何认定交通事故与损害结果之间的因果关系及责任范围存在两种观点，这也是本案发回重审且先后裁判结果截然不同的主要原因。

第一种观点认为，因本案系侵权案件，对于侵权行为和损害结果之间的因果关系应由原告举证证明，既然原告无法充分举证证明被告的侵权行为与其损害结果之间存在因果关系，则应当判决驳回原告的全部诉讼请求。第二种观点则认为，原告提供的交通事故发生后的就医诊疗记录情况与原告伤情具有关联性，其已完成了自己的举证责任，被告如有异议应当举证予以反驳，但被告并无相关证据，故应当判决支持原告的相关诉讼请求。

笔者赞成第二种观点，理由如下：

第一，司法鉴定意见仅具有“非决定性”的证据属性。根据《最高人民法院关于适用〈中华人民共和国民事诉讼法〉的解释》第一百一十四条规定，交警部门作出的交通事故认定书通常是法院认定交通事故的基本事实、事故成因和当事人责任的重要依据，而当依据交通事故书无法直接认定交通事故与损害结果之间是否存在因果关系时，司法鉴定则作为另一重要举证方式帮助法官对事故中的专门性问题进行鉴别、分析和判断。

然而，无论是交通事故认定书，抑或司法鉴定意见均仅仅只是证据链中的重要一环而非唯一或者决定性的证据，并不能作为定案依据直接影响法律评价，对于案件事实作出法律判断仍然应当由法官根据证据规则予以认定。换言之，即使缺乏交通事故认定书或者司法鉴定意见的肯定性结论，也并不意味着交通事故与损害结果之间必然不具有法律上的因果关系，而将原告的诉求一律驳回。法院应根据案件实际情况，合理分配举证责任，并根据现有证据，综合运用逻辑推理和日常生活经验来认定案件事实。

第二，责任成立上的因果关系应当以“相当性”作为判定标准。判断侵权责任上的因果关系是否达到证据的高度盖然性则应当运用“相当因果关系”规则予以认定。“相当因果关系”需要满足两个基本要件：其一，侵权行为与损害结果之间具有必要的条件关系，即侵权行为与损害结果之间存在没有前者就没有后者的逻辑结构关系；其二，符合“相当性”标准，即根据一般社会生活经验和知识水平判断，侵害行为引起损害结果是一般的、生活中可预见的、平常的情形，而非特殊的、异常的情形。

本案中，依交警部门出具的事故证明书上载明的事故发生经过，结合诉争事故现场监控视频可以证实本案确实存在侵权行为，而原告亦提交了疾病诊断证明书、门诊及住院病历等证据欲证明其因侵权行为产生的损害结果，其就诊时间与案涉交通事故发生时间具有连续性，可以认定案涉交通事故是原告主张伤情的必要条件。而根据一般社会生活经验，案涉交通事故所发生的强力碰撞足以直接导致原告主张的伤情，同时，法院调查核实情况与原告相关诊疗经过亦可排除其他介入因素，可以认定案涉交通事故具有引起原告主张伤情的可能性，二者之间存在客观且合乎规律的联系，符合“相当性”标准，已然达到民事证据规则的高度盖然性。因此，应认定案涉交通事故与原告主张的伤情之间存在责任成立的因果关系。

第三，责任范围上的因果关系确定应当以“过错”为依据。依据《中华人民共和国民法典》第一千一百七十三条及《中华人民共和国道路交通安全法》第七十六条第一款第二项之规定，在机动车交通事故责任纠纷中，被侵权人对损害的发生有过错的，可以减轻侵权人的责任，如果没有过错，则不能减轻侵权人的责任。过错，则是指行为人主观上对损害结果的发生或者扩大所持的一种应受谴责的心理状态，是行为人承担赔偿责任的法理基础。

本案中，原告驾驶超标二轮电动车违规驶在机动车快车道，且未能注意观察路面交通情况，亦未能及时采取降低行驶速度等措施，造成避让不及与叉车发生碰撞，该违法行为是导致案涉事故发生的原因之一，自身存在一定过错应承担一定的责任。而原告在事故发生时已近60周岁，其之前曾因牙齿问题就诊，虽然其自身先前疾病或个人体质状况对损害后果可能具有一定的影响，但其自身具有疾病或者特殊体质系其身体的一种客观情况，与其主观心理状态无关，其对自身疾病或者特殊体质不存在主观上应受谴责的因素，因此，并不属于可以减轻侵权人赔偿责任的过错情形。

为了实现责任承担的正当性和公平性，我们通常不得不在产生损害的数个原因中进行选择比较，其中，既涉及对责任成立上因果关系的判定，也需要对责任范围上的因果关系进行评判，从而实现侵权责任和损害赔偿的合理分配。因此，法官在确定侵权责任归属和责任比例大小时，应当充分考察侵权行为、过错与损害结果之间的关系，目光在“相当性”和“过错”间来回穿梭，以此明确侵权行为与损害结果之间的因果关系，以求更趋近于公平合理。

编写人：福建省泉州市泉港区人民法院　叶绿萱

福建省泉州市中级人民法院　郑慧颖

29

无法鉴定情况下交通事故与死亡结果之间因果关系的确定

——关某某等诉邓某某、保险公司机动车交通事故责任案

【案件基本信息】

1. 裁判书字号

广东省佛山市中级人民法院（2022）粤 06 民终 16180 号民事判决书

2. 案由：机动车交通事故责任纠纷

3. 当事人

原告（上诉人）：关某某、陈某 1、陈某 2、陈某 3

被告（被上诉人）：邓某某、保险公司

【基本案情】

2021 年 2 月 11 日，被告邓某某驾驶案涉小型轿车在某县某区某镇某村口路段与陈某 4 驾驶无号牌电动自行车发生碰撞，造成陈某 4 受伤及双方车辆损坏的道路交通事故。2021 年 2 月 18 日，某市公安局某分局交通警察大队作出《道路交通事故认定书（简易程序）》，认定被告邓某某承担此事故的主要责任，陈某 4 承担此事故的次要责任。

事故发生后，陈某 4 被送往医院急诊后住院治疗至 2021 年 3 月 31 日出院（家属要求出院）共 48 天。出院后，陈某 4 继续门诊治疗，既有治疗事故导致的脑出血后遗症，亦有治疗高血压、下肢动脉栓塞、高尿酸血症等。2022 年 4 月 15 日，陈某 4 去世。《居民死亡医学证明（推断）书》记载的“死亡调查记录”为 2021 年 2 月 11 日，因与小汽车相撞后出现脑出血，于医院住院对症处理后好转出院在家长期卧床休养，昨日开始出现木讷、精神差，未就诊，于

2022年4月15日11点发现陈某4死亡。《居民死亡医学证明（推断）书》记载陈某4直接死亡原因为营养不良，车祸引起脑出血，导致营养不良而死亡。

案涉小型轿车在被告保险公司处投保了交强险、限额为1000000元的第三者责任保险及不计免赔险，事故发生在保险期间。四原告作为陈某4的妻子及子女诉至法院请求赔偿各项损失421444.21元。诉讼中，法院先后委托某司法鉴定中心及某司法鉴定所对陈某4的死亡与交通事故是否存在因果关系及参与度进行鉴定，均以很难判断死亡与交通事故是否存在因果关系为由不予受理。

【案件焦点】

陈某4的死亡是否与交通事故有关。

【法院裁判要旨】

广东省佛山市高明区人民法院经审理认为：被告邓某某负事故的主要责任，对交强险以外事故导致的损失承担80%的赔偿责任，原、被告均没有异议，法院予以确认。双方的主要争议焦点在于陈某4的死亡是否与交通事故有关。陈某4发生交通事故时虽已年满78岁，但仍能驾驶电动自行车，可见其身体状况尚可。交通事故导致陈某4脑出血等伤害，陈某4虽经住院治疗，但出院时仍下床活动受限，双腿不能直立，反应迟钝，表情呆滞，可见交通事故对陈某4身体机能造成较大的影响，陈某4的身体恶化与交通事故有必然的联系。根据《居民死亡医学证明（推断）书》中记载的死亡调查记录、死亡原因，法院认定陈某4的死亡与交通事故具有一定的关联。结合家属要求出院、陈某4出院时的情况、出院后一年有余死亡的情况，法院酌定交通事故对陈某4的死亡存在30%的因果关系。

交通事故对陈某4的死亡存在30%的因果关系，经核算，除精神损害抚慰金24000元外，四原告主张的损失为141314.65元。案涉小型轿车在被告保险公司处购买了交强险，事故发生在保险期限内，四原告主张精神损害抚慰金优先在交强险中赔付，故被告保险公司在交强险范围内应向四原告赔付149124.05元。案涉小型轿车在被告保险公司处购买了第三者责任保险及不计免赔险，被告邓某某承担 80%的赔偿责任，故被告保险公司在第三者责任保险范围内赔付四原告 12952. 48 元。即被告保险公司应赔付四原告 162076. 53 元（149124. 05 元+12952. 48 元）。四原告主张的损失应由被告邓某某赔付部分，法院已判由被告保险公司赔付，故四原告主张被告邓某某赔付没有法律依据，法院不予支持。

广东省佛山市高明区人民法院依照《中华人民共和国民法典》第一千一百六十五条第一款、第一千一百七十九条、第一千二百零八条、第一千二百一十三条及《最高人民法院关于审理道路交通事故损害赔偿案件适用法律若干问题的解释》第十三条的规定，判决如下：

一、被告保险公司于本判决发生法律效力之日起十日内向原告关某某、陈某 1、陈某 2、陈某 3 赔付 162076. 53 元；

二、驳回原告关某某、陈某 1、陈某 2、陈某 3 的其他诉讼请求。

关某某、陈某 1、陈某 2、陈某 3 不服一审判决，提出上诉。广东省佛山市中级人民法院经审理认为：关于案涉交通事故与陈某 4 死亡之间的因果关系如何认定问题。对此，从一审法院查明的事实可知，一审法院曾先后委托某司法鉴定中心、某司法鉴定所对陈某 4 的死因与交通事故是否存在因果关系及参与度进行鉴定。但鉴定机构以缺乏陈某 4 出院后的客观记录如护理记录、病情记录等，无法对陈某 4 的死因与交通事故有无关联性进行鉴定，以及以陈某 4 交通事故后一年余在家死亡，尸体冷冻三个月，很难判断死亡与本次交通事故是否存在因果关系为由不予受理。因此，在无第三方机构进行因果关系认定的情形下，一审法院依据各方当事人的陈述、提交的证据及本案具体情况进行判断，认定陈某 4 的死亡与交通事故具有一定的关联，并结合陈某 4 家属要求出院、陈某 4 出院时的情况、出院后一年有余死亡的情况等因素进行综合考量，酌定案涉交通事故对陈某 4 的死亡存在 30%的因果关系，处理并无不当，本院予以维持。

广东省佛山市中级人民法院依照《中华人民共和国民事诉讼法》第一百七十七条第一款第一项的规定，判决如下：

驳回上诉，维持原判。

【法官后语】

因果关系是承担责任的构成要件，行为与损害事实之间存在因果关系的，就有可能构成侵权责任，没有因果关系就必然地不需要承担侵权责任，故在民事侵权赔偿案件中，因果关系认定很关键。在司法实践中，面对专业性较强的案件，法院一般借助于专业机构的鉴定结果辅助因果关系认定，但由于鉴定技术、鉴定水平及检材条件的限制，部分案件无法通过鉴定技术来还原事实的真相，这就需要法官结合案件事实查明，运用因果关系的认定逻辑，综合社会生活的共同准则和经验、法律规定等作出合理推定。

如何确定因果关系，理论上有五种不同的观点，一是条件说。此种观点认为，凡是对于损害后果的发生起重要作用的条件行为，都是该损害后果的法律上原因。二是原因说。此种观点认为，多数条件中的一个条件是原因，其余都是条件，原因与结果之间存在因果关系，而其余条件与结果之间不存在因果关系。三是相当因果关系说。此种观点认为，如果某种事件以一种并非无足轻重的方式显著提高了发生后果的客观可能性，则该事件为该后果的相当条件。四是法规目的说。此种观点认为，在规范性地评价因果关系和认定成立损害赔偿义务时，归责必须与侵权人所违反规范的保护范围或者规范目的相吻合。如果与法规目的不相吻合，就不认定因果关系的存在。五是“一般生活风险”说。此种观点认为，每个人都应承担一定数量的风险，其中的一些风险属于个人自己的风险范围，一般生活风险就是其中的典型情形。所谓一般生活危险，就是指原则上所有与人类的自然生存通常相连的引发法律上不利益的可能性。一般生活危险的认定，就否认了原因行为与损害之间的因果关系。我国学界的通说认为，应当采用相当因果关系说，即从社会一般人的角度出发，有此行为通常有此结果，就认定因果关系的存在。具体认定逻辑为：大前提，依据一般的社会知识经验，该种行为能够引起该种损害结果；小前提，在现实中，该种行为确实引起了该种损害结果；结论，那么，该种行为是该种损害事实发生的适当条件，因而，二者之间具有相当因果关系。

本案中，鉴定机构无法鉴定当事人死因与交通事故是否存在因果关系及参与度，法官采用相当因果关系说认定判断。通过对比交通事故发生前后陈某4的身体状况（事故前仍能驾驶电动自行车、事故后下床活动受限等），认定交通事故显著降低了陈某4的身体机能，从而认为该交通事故为导致陈某4的身体恶化、最终死亡后果发生的相当条件。如果没有该交通事故的发生，同时本案也无证据显示对陈某4身体不利的其他因素出现，根据陈某4事故前的身体情况，即使其原本就患有一些陈年疾病，也不至于导致营养不良而死亡。虽然陈某4是交通事故后一年余在家死亡，但事实上，交通事故确实导致了陈某4脑出血等伤害，依据一般的社会知识经验，这些伤害即使当时没有致使其死亡，必然也会对其身体机能有影响，对身体的影响是具有延续性的，故认定陈某4的死亡与交通事故具有一定的关联，符合一般生活常理。

对因果关系的认识，会受制于事物之间联系的复杂性、认知能力的有限性、信息的不完全性，等等，法官不可能完全认识事物之间的因果关系，故因果关系并非完全事实因果关系问题，而是一个法律上因果关系。该法律因果关系应以法律责任的归责为目的，并要依循社会生活的共同准则、公平正义观念及善良风俗习惯和人之常情来酌定责任。本案经过综合考量，适当考虑陈某4应家属要求出院、出院时的情况、出院后一年有余死亡等因素，酌定案涉交通事故对陈某4的死亡存在30%的因果关系，符合公众的普遍价值认同，也一定程度平衡了陈某4作为被侵权方的合法权益和侵权方的责任损失，实现法律效果、社会效果的统一。

编写人：广东省佛山市高明区人民法院　李炯君　区凤仪

四、交通事故保险理赔

30

车辆依法改装未备案因未违反法律强制性规定不影响保险合同的效力

——汽车公司诉李某、保险公司机动车交通事故责任案

【案件基本信息】

1. 裁判书字号

重庆市第三中级人民法院（2022）渝 03 民终 146 号民事判决书

2. 案由：机动车交通事故责任纠纷

3. 当事人

原告（上诉人）：汽车公司

被告（上诉人）：李某

被告（被上诉人）：保险公司

【基本案情】

2019 年 4 月 1 日 5 时 33 分，李某驾驶车牌号为渝 GU××××的小型客车，沿某大道行驶至某市某县某大道路口时，与尚某驾驶车牌号为粤 EE××××（临时号牌）的轻型货车碰撞，导致尚某、渝 GU××××的小型客车乘坐人董某、徐某受伤、两车受损的交通事故。同日，经某公安局交通巡逻警察大队（勤务三中

队）出具道路交通事故认定书认定，李某负全部责任，尚某、董某、徐某无责任。粤EE××××（临时号牌）的轻型货车车辆所有人为汽车公司。李某驾驶的渝GU××××的小型客车在保险公司投有交强险（财产损失赔偿限额2000元）及商业险。事故发生后，汽车公司产生施救费400元，装车费300元，修理费71558元。2020年4月24日，汽车公司对粤EE××××（临时号牌）案涉交通事故损失修复价格进行评估，车辆损失为71558元，缴纳评估费3500元。原告诉求判令二被告赔偿车辆损失共计75758元，由被告保险公司在交强险和商业险范围内赔偿，不足部分由被告李某赔偿。

另查明，李某在2012年1月17日取得C5车型驾驶证，于2014年1月购置车辆，并于2014年9月11日完成“残疾人驾驶汽车操纵辅助装置”加装，获得加装合格证明。

【案件焦点】

车辆改装未备案未违反法律强制性规定，是否影响保险合同的效力。

【法院裁判要旨】

重庆市垫江县人民法院经审理认为：公民的财产权受国家法律保护，公民、法人由于过错侵害他人财产权益的，应当承担侵权的民事赔偿责任。事故发生后，某公安局交通巡逻警察大队（勤务三中队）作出的道路交通事故认定书已经发生效力，该责任认定应作为本案责任承担的依据。该事故认定书认定李某承担事故的全部责任，故被告李某应当对原告的损失承担全部赔偿责任。原告及被告李某在本案中未举证案涉渝GU××××的小型客车已经改装为残疾人专用车辆，并在车管部门办理了审批登记手续。被告保险公司因此以被告李某在案涉交通事故发生时所驾驶的案涉车辆与其持有的C5驾驶证载明的准驾车辆不符而主张在商业三者险限额范围内免除赔偿责任的抗辩理由，于法有据。因此被告保险公司依法只应在交强险限额范围内赔偿，不足部分由被告李某赔偿。另，因3500元评估费并非必要费用开支，故此评估费由原告自行承担。

重庆市垫江县人民法院依照《最高人民法院关于适用〈中华人民共和国民

法典〉时间效力的若干规定》第二条，《中华人民共和国侵权责任法》第六条、第四十八条，《中华人民共和国道路交通安全法》第十九条、第七十六条，《最高人民法院关于审理道路交通事故损害赔偿案件适用法律若干问题的解释》第十二条，《中华人民共和国民事诉讼法》第六十四条、第一百四十四条的规定，判决如下：

一、由被告保险公司在本判决生效后十日内向原告汽车公司赔付因交通事故造成的损失 2000 元；

二、由被告李某在本判决生效后十日内向原告汽车公司赔偿因交通事故造成的损失 70258 元；

三、驳回原告汽车公司的其他诉讼请求。

汽车公司、李某不服一审判决，提起上诉。重庆市第三中级人民法院经审理认为：李某驾驶的改装车辆与其驾驶证准驾车型相符的事实一直存在，其向车管所备案登记的时间较晚不影响该事实存在的客观性。李某在保险公司处投保时，渝 GU××××小型客车已经加装辅助装置，且车辆改装未备案仅是违反行政管理的行为，并未违反法律强制性规定，并不影响保险合同的效力，双方所签订的保险合同是双方合意，合法有效，现案涉交通事故发生在保险期内，保险公司理应按保险合同的约定予以赔偿。另，定损评估费 3500 元是为确定事故车辆的损失程度所支付的必要的、合理的费用，应属于赔偿项目之列。

重庆市第三中级人民法院依照《最高人民法院关于适用〈中华人民共和国民法典〉时间效力的若干规定》第二条，《中华人民共和国侵权责任法》第六条、第四十八条，《中华人民共和国道路交通安全法》第十九条、第七十六条，《最高人民法院关于审理道路交通事故损害赔偿案件适用法律若干问题的解释》第十二条，《中华人民共和国民事诉讼法》第六十四条、第一百四十四条以及《中华人民共和国民事诉讼法》第一百七十七条第一款第二项的规定，判决如下：

一、撤销重庆市垫江县人民法院（2021）渝 0231 民初 5025 号民事判决；

二、由保险公司在判决生效后十日内向汽车公司赔付因交通事故造成的损失 75758 元；

三、驳回汽车公司的其他诉讼请求。

【法官后语】

本案中，争议焦点在于驾驶员所驾驶的车辆是否与驾驶证准驾车型相符，以及受损车辆的定损评估鉴定费用是否应纳入赔偿范围，分别涉及驾驶主体资格认定与损害赔偿等问题，进而影响到保险理赔。

其一，关于驾驶主体资格的认定。《中华人民共和国道路交通安全法》第十九条对驾驶主体资格进行了规定，要求应当依法取得机动车驾驶证，且驾驶人应当按照驾驶证载明的准驾车型驾驶机动车。公安部《机动车驾驶证申领和使用规定》附件对准驾车型及代号进行了相应规定。实践中，机动车交通事故责任纠纷的处理通常需要查验驾驶员所驾驶的车辆是否与驾驶证准驾车型相符，作为认定其主观过错的部分因素。若涉及车辆改装，则应查验其是否在车管部门办理审批登记手续。本案中，涉案车辆属于改装车辆，该车已依照相关规定加装了肢体残疾人驾驶汽车操纵辅助装置，但其办理审批登记手续的时间在事故发生时间之后，在此情形下，未及时办理审批登记是否实质上影响到改装行为的效力存在争议，其涉及未及时办理审批登记的行为是否违反法律强制性规定。本院认为，车辆改装未备案仅是违反行政管理的行为，并未违反法律强制性规定，若驾驶员是依照相关规定对车辆进行合法改装，则其驾驶的改装车辆与其驾驶证准驾车型相符的事实是客观存在的，驾驶员具备相关车辆的驾驶主体资格，因此保险合同的效力不会受到该情形的影响，双方所签订的保险合同在未违反其他强制性规定的情况下是双方合意的体现，合法有效。其二，关于受损车辆的定损评估鉴定费用是否应纳入赔偿范围。该部分费用是否纳入赔偿范围应审查其是否必要、合理，若鉴定费用为定损评估所必需，且费用处于合理范围内，则该笔费用应纳入赔偿范围。本案中，保险公司并未及时对事故受损车辆进行定损评估，原告为查明和确定事故造成的损失，自行委托第三方评估机构对受损车辆进行定损评估，因此而产生的评估费是为确定事故车辆的损失程度所支付的必要的、合理的费用，且原告举示了相关收据原件，故该笔定损评估鉴定费应属于赔偿项目之列。

上述问题在机动车交通事故责任纠纷案件中较为典型，本部分借该案对相关问题进行梳理，明确登记备案属于行政管理规定而非法律强制性规定，明确车辆定损评估鉴定费在必要、合理的情形下应属于赔偿项目之列，为类案裁判提供参考。

编写人：重庆市第三中级人民法院　杨洋　傅新渝

31

保险公司将交强险赔偿限额全部赔偿未起诉的被侵权人后，仍应对已起诉的被侵权人在交强险赔偿限额内承担赔偿责任

——刘某1诉张某2等机动车交通事故责任案

【案件基本信息】

1. 裁判书字号

山东省济南市中级人民法院（2022）鲁01民终7241号民事判决书

2. 案由：机动车交通事故责任纠纷

3. 当事人

原告（被上诉人）：刘某1

被告（被上诉人）：张某1

被告（上诉人）：保险公司

被告：张某2

【基本案情】

2021年7月8日4时53分，张某2驾驶其所有的轻型货车，与张某1驾驶

其所有的小型客车发生交通事故，致使小型客车乘坐人张某3、王某某、朱某某、刘某1、刘某2五人受伤，两车损坏。某市公安局交通警察支队某区大队出具道路交通事故认定书，认定当事人张某2负主要责任，张某1负次要责任。张某2驾驶的轻型货车，在保险公司投保了交强险和商业险100万元，不计免赔，事故发生在保险期间内。

事故发生后，刘某1、刘某2分别向法院提起诉讼。保险公司将交强险医疗费限额18000元和死亡伤残赔偿限额180000元赔偿了张某3、王某某、朱某某的损失，该交强险限额已使用完毕；但未对刘某1、刘某2的损失进行赔偿，也未在交强险限额内给刘某1、刘某2预留赔偿份额。

本次事故造成刘某1十级伤残，医疗费、住院伙食补助费、营养费、护理费、误工费、残疾赔偿金、精神损害抚慰金、交通费、鉴定费等各项损失共计149407.74元。刘某2在另案中经鉴定两处伤情构成十级伤残。

【案件焦点】

保险公司将交强险赔偿限额全部赔偿未起诉的被侵权人后，是否还应对已起诉的被侵权人在交强险赔偿限额内承担赔偿责任。

【法院裁判要旨】

山东省济南市济阳区人民法院经审理认为：某市公安局交通警察支队某区大队道路交通事故认定书认定当事人张某2负主要责任，张某1负次要责任。综合事故发生过程及双方当事人过错程度认定，对刘某1的损失张某2应承担70%的赔偿责任，张某1应承担30%赔偿责任。

张某2驾驶车辆承保的保险公司在明知本次事故造成张某3、王某某、朱某某、刘某1、刘某2五人受伤的情况下，没有预留刘某1、刘某2的交强险赔偿份额，损害了被侵权人刘某1、刘某2获得交强险赔偿的权利，违反了交强险分散风险的基本功能，亦没有达到保护受害者的目的。为实现一定程度上被侵权人权益保护的平等性，保险公司的交强险赔偿限额虽已赔付完毕，但其仍然应当承担法律规定的交强险赔偿责任。刘某1、刘某2已向法院提起诉讼，张某3、王某某、朱某某在交强险内赔偿的各项损失已经明确，可以预判交强险的数额。为减少当事人的诉累，本院不再追加其他被侵权人参加诉讼。因张某3的身体损害未构成伤残，刘某1、刘某2、朱某某、王某某构成了伤残，结合各被侵权人的损失数额，本院酌情认定，五名被侵权人在交强险医疗费责任限额项下平均分配；另，张某3的损失相对较小，交强险死亡伤残赔偿项下不再分配限额，死亡伤残赔偿限额由刘某1、刘某2、朱某某、王某某四名被侵权人平均分配。刘某1主张的各项损失由保险公司在交强险医疗费限额内按1/5的比例进行赔偿，在死亡伤残赔偿限额内按1/4的比例进行赔偿。不足部分在其商业险范围内按70%比例予以赔偿，由张某1按30%比例予以赔偿。保险公司交强险责任限额内已赔付部分，可与其他被侵权人及其他赔偿义务人另行处理。

山东省济南市济阳区人民法院依照《中华人民共和国民法典》第一千零三条、第一千零四条、第一千零七十二条、第一千一百七十九条、第一千一百八十二条、第一千一百八十三条、第一千二百零八条，《中华人民共和国道路交通安全法》第七十六条，《中华人民共和国保险法》第六十六条，《最高人民法院关于审理道路交通事故损害赔偿案件适用法律若干问题的解释》第十一条、第十三条、第十九条，《最高人民法院关于审理人身损害赔偿案件适用法律若干问题的解释》第一条、第六条、第七条、第八条、第九条、第十条、第十一条、第十二条、第二十二条、第二十三条，《中华人民共和国民事诉讼法》第六十七条、第一百四十七条，《最高人民法院关于适用〈中华人民共和国民事诉讼法〉的解释》第九十条的规定，作出如下判决：

一、保险公司在交强险限额内赔偿刘某1医疗费、精神损害抚慰金、残疾赔偿金共计48600元，在商业险范围内赔偿刘某1医疗费、住院伙食补助费、伤残赔偿金、误工费、护理费、营养费、交通费等共计70565.42元；

二、张某1赔偿刘某1医疗费、住院伙食补助费、伤残赔偿金、误工费、护理费、营养费、交通费等共计30242.32元；

三、驳回刘某1的其他诉讼请求。

保险公司不服一审判决，提出上诉。山东省济南市中级人民法院经审理认为：一审法院关于张某2驾驶的轻型货车交强险及商业险的分配合情合理，关于张某2、张某1赔偿责任的分配及交强险、商业险对各个受伤人员赔偿比例的分配均无明显不妥之处，二审无调整之必要。一审判决认定事实清楚，适用法律正确，应予维持。

山东省济南市中级人民法院依照《中华人民共和国民事诉讼法》第一百七十七条第一款第一项的规定，判决如下：

驳回上诉，维持原判。

【法官后语】

机动车交通事故频发，一起交通事故中造成同一车辆多名乘坐人损害发生的情况也越来越多，在侵权人赔偿能力不足或者没有投保商业三者险的情况下，机动车第三者责任强制保险（即交强险）的分配对于被侵权人的合法权益保障就显得格外重要。

根据《中华人民共和国道路交通安全法》第七十六条的规定，机动车之间发生交通事故造成人身伤亡、财产损失的，由保险公司在交强险责任限额范围内予以赔偿；不足的部分，按照各自过错的比例分担责任，由侵权人或者侵权车辆投保的商业三者险保险公司予以赔偿。《最高人民法院关于审理道路交通事故损害赔偿案件适用法律若干问题的解释》第十九条对同一事故造成多人受损的情况下交强险的分配问题作出了明确的规定，即同一交通事故的多个被侵权人同时起诉的，人民法院应当按照各被侵权人的损失比例确定交强险的赔偿数额。

交强险是国家强制规定购买的保险，其设立目的在于保障机动车交通事故中被侵权人的权益能够得到及时的赔偿。这种保护是对全部被侵权人而言的。所以，存在多个被侵权人时，每个被侵权人的权益都应该得到平等的保护。交强险责任限额实行的是按每一投保车辆为单位计算的赔偿方式，总额是固定的，如有多名被侵权人，可能会出现对各被侵权人的损失赔付不足的情况。

本案就是一起典型的涉及一次事故多人受伤情况下交强险赔偿限额如何分

配的案件。保险公司明确知道本次事故造成五人受伤的情况下，仍将交强险的全部限额赔偿了其中的三人，没有给已经起诉的刘某1、刘某2预留赔偿份额，损害了刘某1、刘某2平等获得交强险赔偿的权利，违反了交强险分散风险的基本功能，亦没有达到保护被侵权人合法权益的目的。为实现一定程度上被侵权人权益保护的平等性，法院认定保险公司虽然已将交强险限额全部赔付完毕，但其仍然应当按法律规定在交强险限额内对刘某1、刘某2的损失承担赔偿责任。至于保险公司交强险责任限额内已赔付部分，可与其他被侵权人及其他赔偿义务人另行处理。

最终，法院根据各被侵权人的受伤和损失的情况，酌情认定交强险医疗费责任限额由五名被侵权人平均分配，死亡伤残赔偿限额由刘某1、刘某2、朱某某、王某某四名被侵权人平均分配。刘某1主张的各项损失由保险公司在交强险医疗费限额内按1/5的比例进行赔偿，在死亡伤残赔偿限额内按1/4的比例进行赔偿，不足部分在商业险范围内按70%比例赔偿，张某1按30%比例赔偿。这也符合社会主义核心价值观中平等保护的理念。

编写人：山东省济南市济阳区人民法院　杨名峰　陈家兴

32

保险公司概括性免责条款的效力认定

——喻某1等诉柴某某等机动车交通事故责任案

【案件基本信息】

1. 裁判书字号

湖北省武汉市中级人民法院（2021）鄂01民终7807号民事判决书

2. 案由：机动车交通事故责任纠纷

3. 当事人

原告（被上诉人）：喻某1、胡某某、陈某、喻某2

被告（上诉人）：柴某某、刘某某、甲运输公司、乙运输公司

被告（被上诉人）：保险公司

【基本案情】

2020年10月8日4时38分许，喻某驾驶鄂K2××××号重型厢式货车撞前方柴某某驾驶的冀JL××××（冀JP×××挂）号重型特殊结构车，造成喻某当场死亡及两车不同程度受损的道路交通事故。交警部门认定喻某承担此次交通事故的主要责任，柴某某承担此次交通事故的次要责任。冀JL××××（冀JP×××挂）号重型特殊结构车实际所有人系柴某某、刘某某，其中冀JL××××号牵引车挂靠在甲运输公司运营，甲运输公司持有该车道路运输证（有效期至2021年3月）并为该车在保险公司投保了交强险和不计免赔限额1000000元商业三者险；冀JP×××号半挂车挂靠在乙运输公司运营。柴某某无道路运输从业资格证。

另查明，保险公司提交的《机动车综合商业保险条款》（2014版）免责条款的文本字体已经加粗加黑作出提示。甲运输公司在投保单“投保人声明：本人已经仔细阅读保险条款，尤其是黑体字部分的条款内容，并对保险公司就保险条款内容的说明和提示完全理解，没有异议，申请投保”一栏盖章。同时，还另行手写了一份内容为“保险人已明确说明免除保险人责任条款的内容及法律后果”的投保人声明并加盖甲运输公司公章。

【案件焦点】

免责条款中关于道路运输从业资格证的约定属于概括性条款，保险公司能否依据该条款内容主张拒赔。

【法院裁判要旨】

湖北省武汉市江夏区人民法院经审理认为：保险公司提交的《机动车综合商业保险条款》（2014版）机动车第三者责任保险第二十四条系保险人提供的免除其责任的格式条款，其中第二项第6点约定“驾驶出租机动车或营业性机

动车无交通运输管理部门核发的许可证书或其他必备证书”为免责事项。该约定不违反法律、行政法规的强制性规定或者违背公序良俗，承担保险赔偿责任属于保险人依合同约定，而非依法承担的义务，驾驶出租机动车或营业性机动车应先取得许可证书或其他必备证书是交通运输行业的制度规定，不构成加重投保人、被保险人责任，故该条款不属于《保险法》第十九条第一款规定的无效格式条款。保险公司提交的《机动车综合商业保险条款》（2014 版）免责条款的文本字体已经加粗加黑作出提示，投保单的投保人声明一栏和附件投保人声明载明投保人已经仔细阅读了免责条款，保险人已就免责条款进行明确说明。甲运输公司作为具有民事行为能力的法人组织，理应知道加盖公章的法律效力，其在投保单的投保人声明一栏和附件投保人声明签章处加盖公章，即确认声明内容为其真实意思表示。依照《最高人民法院关于适用〈中华人民共和国保险法〉若干问题的解释（二）》第十一条、第十三条第二款规定，本院认定保险公司已就免责条款履行提示和明确说明义务，上述免责条款生效。由于柴某某无道路运输从业资格证，故保险公司在承保的商业三者险范围内免责。

湖北省武汉市江夏区人民法院判决如下：

一、保险公司于判决生效之日起十日内赔偿喻某 1、胡某某、陈某、喻某 2 损失 180000 元；

二、柴某某于判决生效之日起十日内赔偿喻某 1、胡某某、陈某、喻某 2 损失 246865 元，甲运输公司、乙运输公司承担连带赔偿责任；

三、驳回喻某 1、胡某某、陈某、喻某 2 其他诉讼请求。

柴某某、刘某某、甲运输公司不服一审判决，提出上诉。湖北省武汉市中级人民法院经审理认为：保险公司提供的保险合同文本约定“驾驶出租机动车或营业性机动车无交通运输管理部门核发的许可证书或其他必备证书”为免责事项，但对上述“许可证书”和“其他必备证书”具体是指何种证书，合同中并未予以明确说明。依照《中华人民共和国保险法》第十七条的规定，订立保险合同，采用保险人提供的格式条款的，保险人向投保人提供的投保单应当附格式条款，保险人应当向投保人说明合同的内容。对保险合同中免除保险人责任的条款，保险人在订立合同时应当在投保单、保险单或者其他保险凭证上作出足以引起投保人注意的提示，并对该条款的内容以书面或者口头形式向投保人作出明确说明；未作提示或者明确说明的，该条款不产生效力。虽然保险公司提交了甲运输公司加盖印章的投保人声明，但该投保人声明为复印件加盖印章，并非按该声明所约定形式进行书写，不足以证明保险公司对投保人作出了明确说明以及投保人已了解投保内容。因此，在保险公司不能充分举证证明其已经向投保人甲运输公司说明格式条款中“许可证书或其他必备证书”具体包含的证书种类及该证书就是指从业资格证的情况下，本案应当认定保险公司未履行明确的说明义务，该责任免除条款不产生效力。保险公司应当在商业三者险范围内承担赔偿责任。

湖北省武汉市中级人民法院依照《中华人民共和国民事诉讼法》第一百七十条第一款第二项的规定，判决如下：

一、维持湖北省武汉市江夏区人民法院（2021）鄂 0115 民初 763 号民事判决第一项，即保险公司于本判决生效之日起十日内赔偿喻某 1、胡某某、陈某、喻某 2 损失 180000 元；

二、撤销湖北省武汉市江夏区人民法院（2021）鄂 0115 民初 763 号民事判决第二项、第三项；

三、保险公司于本判决生效之日起十日内在商业三者险限额内赔偿喻某 1、胡某某、陈某、喻某 2 损失 246865 元；

四、驳回喻某 1、胡某某、陈某、喻某 2 的其他诉讼请求。

【法官后语】

驾驶人未取得道路运输从业资格证发生交通事故时，保险人能否依据合同约定主张拒赔，在审判实践中存在不同观点。第一种观点认为，商业保险合同受意思自治原则的调整，保险人与投保人在订立保险合同时已经对相关免责事项作出约定，人民法院不宜强行否定当事人在订立合同时的真实意思。具体到本案，商业保险合同条款中约定了“驾驶出租机动车或营业性机动车无交通运输管理部门核发的许可证书或其他必备证书的，保险公司不负赔偿责任”，并对该条款加粗、加黑，投保人在投保时亦手写了一份内容为“保险人已明确说明免除保险人责任条款的内容及法律后果”的投保人声明并加盖甲运输公司公章。因此，保险人已就上述免责条款尽到提示和明确说明的义务。本案一审法院持有该种观点，故认定保险人有权依据合同约定主张拒赔。第二种观点认为，保险合同系格式合同，合同条文由保险公司单方拟定，具有附和性，因此，为平衡各方的利益，法律对于作为保险合同制定者的保险公司附以特别的义务，其中，最重要的是保险人对免除其责任的条款须尽到明确说明义务，否则该条款无效。商业保险合同条款中约定的“驾驶出租机动车或营业性机动车无交通运输管理部门核发的许可证书或其他必备证书的，保险公司不负赔偿责任”，该约定属于保险合同中免责概括性条款。因该条款指向内容具有高度的概括性和不确定性，无法达到使投保人能够明确知晓该免责条款内容、含义和违反该免责条款可能造成的法律后果的程度，二审法院亦持有该观点对本案予以改判，认定保险人不能依据合同约定主张拒赔。

笔者同意第二种观点，并补充如下理由：保险合同作为保险公司单方制定的格式合同，投保人在专业知识和专业能力上相对于保险人均处于弱势地位，故为平衡保险人和被保险人之间的利益，《中华人民共和国保险法》第十七条第二款对保险人的明确说明义务进行了如下规定：“对保险合同中免除保险人责任的条款，保险人在订立合同时应当在投保单、保险单或者其他保险凭证上作出足以引起投保人注意的提示，并对该条款的内容以书面或者口头形式向投保人作出明确说明；未作提示或者明确说明的，该条款不产生效力。”这一条文显示我国保险法采取的是严格责任原则，对于免责条款，其要求不仅是一般的内容说明，而是“明确说明”，且明确说明义务是免责条款产生效力的必要条件。故而，对于保险合同中有关保险人的免责条款或限责条款，保险人有义务向投保人作完整、客观、真实、具体的说明，否则等于投保人被强制接受该条款。具体到本案，首先，根据道路交通安全法的规定，机动车经公安机关交通管理部门登记或取得临时通行牌证后，方可上道路行驶；驾驶机动车，应当依法取得机动车驾驶证。法律对于机动车及驾驶人并未作出其他附加禁止性限制，该免责条款要求的“证书”并非法律、行政法规中的禁止性规定情形。其次，系争免责条款系概括性、笼统性的条款，具有高度的不确定性，保险公司更应在订立合同时明确说明“许可证书”和“其他必备证书”具体是指何种证书，其仅对该条款通过不同字体予以提示，未尽到对免责事由的提示说明义务，无法达到使投保人能够明确知晓该免责条款内容、含义和违反该免责条款可能造成的法律后果的程度，故保险公司援引该概括性的兜底免责条款拒赔，依据不足。

随着保险业的快速发展，保单条款越来越复杂。这就造成大多数投保人对所签保险合同中涉及自身利益的关键内容，都不能够准确理解，甚至绝大多数投保人不清楚免除责任条款。为进一步规范保险业务，促进诚信保险市场的建立，投保人和保险人在签订保险合同均应履行相应义务。对投保人而言，其应当具备起码的交易谨慎和注意义务。在购买保险合同时，不能仅在投保单上随意签字确认，而不去阅读保险条款中关于责任免除等与自身利益密切相关的内容，在对条款中的内容、术语存有疑惑时，应详细询问销售人员，以防在事故发生后，不清楚为什么得不到保险公司的赔偿。对于保险公司而言，因为绝大多数投保人虽然都是有一定阅读能力与理解能力的人，但他们并非保险专家，并不能对所有保险条款都理解。同样一个名词，普通投保人自以为正确的理解可能与其真实含义颇有出入。因此，保险公司在受理投保时，要主动对免责条款作详尽、全面、具体的提示说明。同时还要将该过程留痕，如可以对合同条款的重要内容采取“说明笔录”的方式，把说明和解释工作情况记录在卷并由当事人签字；由投保人对重要免责条款进行重复，对重要客户的说明义务可以采用录音录像方式进行，把履行说明义务的工作情况用音像制品方式固定下来，从而证明保险人履行了自己的说明义务。如果保险公司未能对免责条款作出足以引起投保人注意的提示、未能举证证明已经履行明确说明义务的，将承担免责条款不发生法律效力的后果。

编写人：湖北省武汉市江夏区人民法院　张小奕

33

保险公司履行免责条款提示告知义务的认定

——李某2诉邓某某等机动车交通事故责任案

【案件基本信息】

1. 裁判书字号

四川省雅安市中级人民法院（2023）川18民终283号民事判决书

2. 案由：机动车交通事故责任纠纷

3. 当事人

原告（被上诉人）：李某2

被告（上诉人）：邓某某、陈某、保险公司

【基本案情】

2022年5月16日2时17分许，被告邓某某驾驶渝A1××××号小型轿车沿国道某线行驶，行至2691km+800m处，与同向前方由原告父亲李某1驾驶并搭乘原告母亲胡某某的三轮人力自行车发生碰撞，造成两车受损及原告父母受伤后经某县人民医院抢救无效死亡的道路交通事故。交警部门出具《道路交通事故认定书》中载明当事人邓某某驾驶渝A1××××号小型轿车发生事故后逃逸，认定当事人邓某某负全责，原告父母不负此次事故责任。原告李某2系两名死者的独生子，两名死者的父母均早已去世，原告是本案唯一的权利人。被告邓某某系渝A1××××号机动车驾驶员，被告陈某系该车登记车主。二被告系夫妻，该车在被告保险公司投保了交强险和商业三者险，事故发生在保险期内。原告向被告主张赔偿各项损失。

【案件焦点】

通过电子投保方式购买保险是否应当认为保险公司对相关的免责条款尽到了提示告知义务。

【法院裁判要旨】

四川省天全县人民法院经审理认为：公民的生命权受法律保护。本案发生在民法典施行之后，应当适用民法典的规定。综合本案的审理情况，本案的争议焦点为：被告保险公司是否应当在商业三者险限额内进行赔偿。根据《最高人民法院关于适用〈中华人民共和国保险法〉若干问题的解释（二）》第十条规定，保险人将法律、行政法规中的禁止性规定情形作为保险合同免责条款的免责事由，保险人对该条款作出提示后，投保人、被保险人或者受益人以保险人未履行明确说明义务为由主张该条款不成为合同内容的，人民法院不予支持。在本案中被告保险公司提交了陈某签名的投保单、机动车交通事故责任强制保险投保提示书、机动车商业保险免责事项说明书等，且系通过线上电子投保完成，因该电子投保流程设置了人脸识别等身份信息验证的前置程序，陈某也认可系按照电子投保流程亲自操作完成投保，通过这一系列技术手段的设计，被告保险公司有理由相信该投保行为系被告陈某所为，现陈某对该保险合同并无异议但认为不是本人签字，因未提供相应证据予以证明，本院不予采纳。据被告提供的投保流程公证书显示，客户在完成人脸识别等身份验证后，必须将机动车综合商业保险条款、免责事项说明书等内容全部阅读完毕并勾选“我已经阅读并同意以上告知内容，保险人已明确说明免除保险人责任条款的内容及法律后果，本人已了解并自愿投保”的选项后才能进行下一步登录付款的操作，应当说借助于案涉电子投保流程的设置以及客户的操作，被告保险公司已经证明尽到了提示义务，同时考虑到线上电子投保的广泛推广应用以及高效便捷的用户体验，加之禁止交通事故后逃逸属于每一个驾驶员应当知晓的基本常识，被告保险公司在其商业第三者责任保险条款中对肇事逃逸的免赔情形进行了明确约定，适用逃逸不赔条款时不应再苛求保险人履行明确的说明义务，应当认为商业第三者责任保险条款中关于交通肇事逃逸免赔的条款对当事人发生法律效力，这也是对于平衡投保人的知情权和追求高效便捷交易，减少社会成本，增加社会财富的一种司法考量。另外，如果对此种交通事故逃逸犯罪行为仍然支持在商业第三者责任险范围内赔偿，则无异于鼓励违法犯罪行为的存在，且与社会主义核心价值观不符。因此，被告保险公司在商业第三者保险责任范围内免除赔偿责任。

结合以上分析，根据《中华人民共和国民法典》第一千二百一十三条规定："机动车发生交通事故造成损害，属于该机动车一方责任的，先由承保机动车强制保险的保险人在强制保险责任限额范围内予以赔偿；不足部分，由承保机动车商业保险的保险人按照保险合同的约定予以赔偿；仍然不足或者没有投保机动车商业保险的，由侵权人赔偿。"

四川省天全县人民法院依照《中华人民共和国民法典》第一千一百七十九条、第一千一百八十一条、第一千一百八十四条、第一千二百一十三条、第一千二百一十六条，《最高人民法院关于适用〈中华人民共和国民法典〉时间效力的若干规定》第一条第一款，《最高人民法院关于审理道路交通事故损害赔偿案件适用法律若干问题的解释》第一条、第二十四条，《最高人民法院关于适用〈中华人民共和国保险法〉若干问题的解释（二）》第十条，《中华人民共和国民事诉讼法》第六十七条第一款的规定，判决：

一、由被告保险公司于本判决生效后十五日内在机动车交通事故责任强制保险规定的责任限额内赔偿原告李某 2 因交通事故致李某 1、胡某某死亡的费用共计 198200 元，不足部分共计 1187819. 74 元，扣除已经垫付的 139635. 74 元，剩余 1048184 元由被告邓某某于本判决生效后十五日内赔偿原告李某 2；

二、驳回原告李某 2 的其他诉讼请求。

李某 2 不服一审判决，提起上诉。四川省雅安市中级人民法院经审理认为：本案为电子保单，根据在案证据证实，投保人陈某投保前与办理保险的业务员通过微信沟通后，经人脸识别进入应用程序（Application，App）平台并按照流程操作，该 App 平台设置了投保人查阅保险人机动车商业保险免责事项的必经程序，免责事项的内容为足以引起投保人注意的文字，且设置了强制停留阅读程序，投保人应阅读合同条款，并勾选“我已阅读并同意以上告知内容，保险人已明确说明免除保险人责任条款的内容及法律后果，本人已了解并自愿投保”的选项后才能进行下一步程序。因此，在案证据足以证实保险人尽到了提示义务，免责条款有效。本院认为，一审判决认定事实清楚，适用法律正确，应予维持。上诉人所提请求不符合法律规定，不予支持。

四川省雅安市中级人民法院依照《中华人民共和国民事诉讼法》第一百七十七条第一款第一项的规定，判决如下：

驳回上诉，维持原判。

【法官后语】

随着移动互联网的发展和普及，各大保险公司均已经开发出手机App等应用程序，用以替代传统的通过业务员进行推销销售保险的模式，线上投保、电子保单等日益推广流行，电子保险合同也取代了书面保险合同。但在该投保模式推广过程中，要注意符合《中华人民共和国民法典》合同编有关规定，特别是关于格式条款的规定。

1. 保险公司作为App开发推广者，在电子投保的过程中，保险公司相当于格式合同提供者，如果合同条款出现争议，应作出对保险公司不利的理解和解释，除了将纸质合同文本转化为电子文本在手机页面显示，还应注意手机页面展示的尺寸、亮度、字体缩放、屏幕锁定等与纸质合同不同而带来的新问题，确保投保人通过电子签名签署电子保险合同时的过程符合民法典规定的成立和有效要件。

2. 将免责条款的阅读设定为电子投保的必经程序才能认定保险公司对免责条款尽到提示说明义务。保险公司对于减免自身责任的免责条款的提示说明义务应通过怎样的方式加以体现，法律没有明确的规定。区别于传统的纸质合同通过黑体加粗等方式，电子合同的免责条款提示方式应设置为投保人完成投保的必经程序，并通过程序设定保证投保人能有足够充分的时间在手机页面清晰、完整地查看全部内容，才能认定保险公司对免责条款已尽到提示说明义务。

3. 电子投保流程及文本的证据保全问题。由于法律法规、保险政策调整等因素，保险公司会对保险条款、投保流程等作修改，但对于已发生的投保流程及投保的合同条款，在发生争议时不能以争议发生时的流程及文本作为认定投保人的真实投保过程，保险公司在设计 App 时应增加相应的模块或功能，使得争议发生时能够真实还原当初投保时的 App 流程及合同条款。也可以考虑通过公证方式、区块链、第三方电子数据平台等方式保全证据，使电子保险合同符合民事诉讼法关于电子证据的相关要求。本案中保险公司在一审庭审时未当庭演示通过手机微信进入 App 进行线上电子投保的流程，但保险公司对相应的投保流程进行了公证，并提交了《投保流程公证书》，与投保人的陈述（用户体验）相一致。法院因此认定保险公司对免责条款已尽到提示说明义务。

4. 在移动互联网大背景下，电子投保已是大势所趋，该方式更便捷、成本更低廉、价格更透明，能够适应和满足当下快节奏的生活方式和频繁的人口流动，但保险合同作为一种典型的有名合同，依然要严格遵循民法典合同编的相关规定，不能因为技术上的革新因此而降低保险人的保险义务，保险人作为 App 开发者（格式合同提供者），在保险领域具有专业优势地位，也获取了更多收益，应对此负担起更多的责任和义务，如此才能推动“互联网+”保险业务健康有序发展。

编写人：四川省天全县人民法院　韩鹏

34

电子投保的保险人履行免责条款明确说明义务的认定

——运输公司诉保险公司等机动车交通事故责任案

【案件基本信息】

1. 裁判书字号

江苏省无锡市中级人民法院（2022）苏 02 民终 2999 号民事判决书

2. 案由：机动车交通事故责任纠纷

3. 当事人

原告（被上诉人）：运输公司

被告（上诉人）：保险公司

被告（被上诉人）：张某1、张某2

【基本案情】

张某1驾驶苏B9J×××车辆与彭某某驾驶苏B6T×××车辆发生交通事故，致两车损坏。交警部门认定张某1负事故全部责任，彭某某不负事故责任。事发时张某1驾驶的苏B9J×××车辆登记车主为张某2，张某2为该车辆在保险公司投保了交强险、责任限额为100万元的商业三者险及相应不计免赔险。事发时彭某某驾驶的苏B6T×××车辆登记车主为华驰公司，该车辆的使用性质为出租客运，彭某某持有巡游出租汽车驾驶员证。事发后，苏B6T×××车辆共维修5天。华驰公司诉至法院，请求法院判令张某1、张某2赔偿华驰公司停运损失，由保险公司在保险限额内承担赔偿责任。保险公司抗辩停运损失非事故的直接损失，不属于保险范围，商业险条款中已有约定，张某2在购买保险前通过手机阅读了免责条款并在投保单、投保人声明上签字，故不予赔付。关于电子投保流程，保险公司没有书面证据。

【案件焦点】

保险公司能否依据免责条款主张免赔。

【法院裁判要旨】

江苏省无锡市锡山区人民法院经审理认为：《中华人民共和国保险法》第十七条第二款规定："对保险合同中免除保险人责任的条款，保险人在订立合同时应当在投保单、保险单或者其他保险凭证上作出足以引起投保人注意的提示，并对该条款的内容以书面或者口头形式向投保人作出明确说明；未作提示或者明确说明的，该条款不产生效力。"保险公司未有证据证明其提交的电子投保单、投保人声明的生成过程，未有证据证明张某 2 投保时的电子投保流程，未有证据证明投保人签字时所处界面与电子投保单上的内容一致，也未有证据证明投保人签字前给予投保人充分的时间阅读免责条款，保险公司提交的证据不足以证明其公司已就免责条款向投保人进行明确说明，应承担举证不能的法律后果，相应免责条款不成为保险合同内容，保险公司应当承担赔偿责任。

江苏省无锡市锡山区人民法院依照《中华人民共和国民法典》第四百九十六条、《中华人民共和国保险法》第十七条的规定，判决如下：

保险公司于本判决生效之日起十日内向运输公司赔偿停运损失 1360 元。

保险公司不服一审判决，提出上诉。江苏省无锡市中级人民法院同意一审法院裁判意见。

江苏省无锡市中级人民法院依照《中华人民共和国民事诉讼法》第一百七十七条第一款第一项的规定，判决如下：

驳回上诉，维持原判。

【法官后语】

随着信息技术和智能技术的发展，保险人和投保人通过信息网络即电子投保的方式签订保险合同的情况越来越普遍，车险合同尤为明显。与此同时，打车软件的推广应用也带来了网约车等营运车辆数量的增加，营运车辆一方因交通事故诉至法院要求事故对方及对方保险公司赔偿停运损失的案件数量也显著增加。

根据《最高人民法院关于审理道路交通事故损害赔偿案件适用法律若干问题的解释》第十二条第三项规定，营运车辆一方依法有权主张因交通事故导致的停运损失。而保险公司通常会在机动车综合商业保险条款中载明“被保险车辆发生意外事故致使任何单位或个人停业、停驶等其他间接损失属于责任免除范围”，保险公司以相应的免责条款为由抗辩停运损失不属于保险责任范围。根据《中华人民共和国民法典》第四百九十六条规定，以及《中华人民共和国保险法》第十七条第二款规定，保险公司应当举证证明保险公司就保险合同中免除保险人责任的条款已在保险凭证上作出了足以引起投保人注意的提示，并进行了明确说明。如保险公司不能证明尽到提示或说明义务的，则相应免责条款不应成为保险合同的内容，保险公司的免赔抗辩也不应得到采纳。

对于通过电子投保方式购买车险的，保险公司会提交电子投保单、投保人声明，以电子投保单、投保人声明上载明“投保人确认收到保险条款、确认保险人已对免责条款进行说明”并有投保人签字为由，主张保险公司已经尽到了明确说明义务。以往的纸质投保单、投保人声明系保险公司打印出来后交由投保人签字，投保人签字时，投保单及投保人声明上的内容是明确的，而电子投保的不同之处在于，保险公司提交的电子投保单、投保人声明是系统最终生成的，电子投保单、投保人声明上投保人的电子签名通常也是使用的同一个签名，由于电子投保所使用的软件系保险公司提供，软件后台由保险公司控制，投保流程实际上也是由保险公司设置，故不能仅以保险公司提交了有投保人电子签名的电子投保单认定保险公司尽到了免责条款的说明义务，还应当审查保险公司电子投保流程的合理性，包括：实名认证的过程，投保流程的各个环节，有无给予投保人合理的时间阅读保险条款，保险条款中的免责条款有无进行特别提示，投保人签字时所处的界面内容，投保单、投保人声明的生成过程等。如保险公司无法举证证明投保流程的合理性，则不能认定保险公司尽到了明确说明义务，从而也不能支持保险公司的免赔抗辩。实践中，有的保险公司通过公证机构对电子投保流程进行公证，向法院提供公证文书证明其投保流程的合理性，笔者认为，如果公证文书载明的投保流程合理，那么对于公证之后签订的保险合同，可以认定保险公司就免责条款尽到了明确说明义务。除了停运损失以外，以电子投保方式购买保险，保险公司提出其他免赔抗辩的，也可以参考上述思路进行审查。

编写人：江苏省无锡市锡山区人民法院　高苑梦

35

商业三者险的被保险人被本车撞伤情形下，保险公司应否在商业三者险范围内免责

——姜某某诉甲保险公司等机动车交通事故责任案

【案件基本信息】

1. 裁判书字号

山东省淄博市中级人民法院（2022）鲁03民终2869号民事判决书

2. 案由：机动车交通事故责任纠纷

3. 当事人

原告（被上诉人）：姜某某

被告（上诉人）：甲保险公司、乙保险公司

被告（被上诉人）：任某

【基本案情】

2021年8月18日15时40分许，被告任某驾驶鲁R×××××号车在某文具店南侧由东向西行驶与站在车北侧的行人原告相撞，致使原告受伤，车辆损坏，造成道路交通事故。某市公安局交通警察支队某大队作出道路交通事故认定书，认定被告承担事故的全部责任。任某驾驶的鲁R×××××号小型轿车在被告甲保险公司投保交强险，在被告乙保险公司投保商业三者险100万元，事故发生在保险期限内。原告系涉案车辆交强险以及商业三者险的投保人、被保险人。原告与被告任某系夫妻关系。原告诉至法院，请求判令被告赔偿原告共计399529.58元并承担本案诉讼费。

【案件焦点】

商业三者险的被保险人被本车撞伤情形下，保险公司应否在商业三者险范围内免责。

【法院裁判要旨】

山东省淄博市张店区人民法院经审理认为：被告提交的机动车交通事故责任强制保险条款中将被保险人排除在交强险合同受害人之外，但《最高人民法院关于审理道路交通事故损害赔偿案件适用法律若干问题的解释》第十四条规定："投保人允许的驾驶人驾驶机动车致使投保人本人遭受损害，当事人请求承保交强险的保险公司在责任限额范围内予以赔偿的，人民法院应予支持，但投保人为本车上人员的除外。"在本案中，原告系涉案车辆的投保人，在无证据证实被告驾驶车辆故意将原告撞伤并骗取保险的情况下，被告甲保险公司作为交强险的投保公司，应当在交强险限额范围内承担赔偿责任。

对于商业第三者责任险，被告提交的机动车综合商业保险条款第三条载明"本保险合同中的第三者是指因被保险机动车发生意外事故遭受人身伤亡或者财产损失的人，但不包括被保险机动车本车车上人员、被保险人"。被告乙保险公司据此辩称原告系投保人、被保险人，并非保险合同中的第三者，故不承担保险责任。本院认为，商业保险条款系保险公司提供的格式条款，根据合同法相关规定，提供格式条款的一方应当遵循公平原则确定当事人之间的权利义务。原告虽是投保人，但作为因交通事故受伤的第三者与其他受伤的第三者同属于平等的民事主体，有着同等的生命健康权，其允许的驾驶员驾驶车辆致使投保人损害产生的责任，不等于投保人自己的责任，属于他人对投保人的责任，对投保人而言属于第三者责任。保险合同将投保人排除在第三者之外是为了防止道德风险，但本案中被告也未提供事故存在故意或骗保情形等道德风险的任何证据。在涉案交通事故发生时，原告的身份系保险事故中的受害人、被保险车辆外的第三人，此时的被保险人应当是驾驶车辆的合法驾驶人。格式保险合同将不属于道德风险的投保人受伤情形排除在保险范围之外，违背了民法公平与平等原则，属于免除被告保险公司主要责任的条款，与保险的目的相违背，根据《中华人民共和国民法典》第四百九十六条的规定，本院对其效力不予认定，被告乙保险公司应在商业第三者责任险限额范围内承担保险责任。

《中华人民共和国民法典》第一千二百一十三条规定："机动车发生交通事故造成损害，属于该机动车一方责任的，先由承保机动车强制保险的保险人在强制保险责任限额范围内予以赔偿；不足部分，由承保机动车商业保险的保险人按照保险合同的约定予以赔偿；仍然不足或者没有投保机动车商业保险的，由侵权人赔偿。"事故车辆在被告甲保险公司投保交强险、在被告乙保险公司投保商业三者险100万元，被告甲保险公司、被告乙保险公司作为事故车辆的投保公司，应当在保险限额内承担赔偿责任，不足部分由被告承担赔偿责任。

山东省淄博市张店区人民法院依据《中华人民共和国民法典》第一千一百七十九条、第一千二百零八条、第一千二百一十三条，《最高人民法院关于审理道路交通事故损害赔偿案件适用法律若干问题的解释》第十一条、第十二条，《中华人民共和国保险法》第六十四条的规定，判决如下：

一、被告甲保险公司于本判决生效后十日内在交强险限额范围内赔偿原告姜某某医疗费12537.03元、住院伙食补助费420元、营养费1800元、残疾赔偿金180000元；

二、被告乙保险公司于本判决生效后十日内在商业三者险限额范围内赔偿原告姜某某护理费7200元、误工费40252.50元、残疾赔偿金（含被扶养人生活费）151948.05元、精神损害抚慰金3000元、鉴定费2080元、交通费140元；

三、驳回原告姜某某的其他诉讼请求。

甲保险公司、乙保险公司不服一审判决，提起上诉。山东省淄博市中级人民法院经审理认为：依据《最高人民法院关于审理道路交通事故损害赔偿案件适用法律若干问题的解释》第十四条规定，本案中，被上诉人姜某某属于投保人身份，被上诉人任某属于其允许的驾驶人，任某在驾驶案涉被保险机动车过程中致使投保人姜某某遭受损害，且投保人姜某某在发生案涉交通事故时不属于本车上人员；因此，依据上述司法解释规定，上诉人甲保险公司应当在交强险责任限额内对姜某某受到的损害予以赔偿。《中华人民共和国保险法》第六十五条第四款规定，“责任保险是指以被保险人对第三者依法应负的赔偿责任为保险标的的保险”。据此规定，被保险人自身遭受的损害不属于责任保险的保险标的。《中国保险行业协会机动车综合商业保险示范条款》第三条约定：“本保险合同中的第三者是指因被保险机动车发生意外事故遭受人身伤亡或者财产损失的人，但不包括被保险机动车本车车上人员、被保险人。”第二十四条第一款第四项约定，被保险人、驾驶人、本车车上人员的人身伤亡，保险人不负责赔偿。该两个条款内容符合《中华人民共和国保险法》第六十五条第四款的规定，并未免除乙方责任、加重被保险人责任、排除被保险人主要权利。本案中，上诉人乙保险公司对上述《机动车综合商业保险示范条款》进行了特别说明，并在保单中进行了特别提示。被上诉人姜某某在投保、签订保险合同及保单时对上述保险条款明确知晓。因此，上述保险条款应属有效条款。案涉交通事故，经交警部门认定，驾驶人即被上诉人任某负事故全部责任；而被上诉人姜某某系案涉商业三者险保险合同的被保险人，同时又是受害人，姜某某对自己所受到的侵害不负赔偿责任，故商业三者险的保险标的并不存在。姜某某作为被保险人，要求上诉人乙保险公司在商业三者险范围内对自己受到的伤害予以赔偿的请求于法无据，依法不予支持。

山东省淄博市中级人民法院依照《中华人民共和国民法典》第一千一百七十九条、第一千二百零八条、第一千二百零九条、第一千二百一十三条，《最高人民法院关于审理道路交通事故损害赔偿案件适用法律若干问题的解释》第十四条，《中华人民共和国民事诉讼法》第一百七十六条、第一百七十七条第一款第二项的规定，判决如下：

一、维持淄博市张店区人民法院（2022）鲁0303民初187号民事判决第一项，即被告甲保险公司于本判决生效后十日内在交强险限额范围内赔偿原告姜某某医疗费12537.03元、住院伙食补助费420元、营养费1800元、残疾赔偿金180000元；

二、撤销淄博市张店区人民法院（2022）鲁0303民初187号民事判决第二项、第三项；

三、被上诉人任某于本判决生效后十日内赔偿被上诉人姜某某护理费 7200 元、误工费 40252.50 元、残疾赔偿金（含被扶养人生活费）151948.05 元、精神损害抚慰金 3000 元、鉴定费 2080 元、交通费 140 元；

四、驳回被上诉人姜某某的其他诉讼请求。

【法官后语】

本案的争议焦点为商业三者险的被保险人被本车撞伤情形下，保险公司应否在商业三者险范围内免责。

商业三者险的被保险人被本车撞伤，在此情况下保险公司应否在商业三者险范围内承担赔偿责任，司法实践中存在不同认识。本案即为如此，一审法院认为原告虽是投保人，但作为因交通事故受伤的第三者与其他受伤的第三者同属于平等的民事主体，有着同等的生命健康权，被告也未提供事故存在故意或骗保情形等道德风险的任何证据，在涉案交通事故发生时，原告的身份系保险事故中的受害人、被保险车辆外的第三人。格式保险合同将不属于道德风险的投保人受伤情形排除在保险范围之外，违背了民法公平与平等原则，属于免除被告保险公司主要责任的条款，与保险的目的相违背，对其效力不予认定，被告乙保险公司仍应在商业三者责任险限额范围内承担保险责任。二审法院则认定保险公司对上述《机动车商业保险条款》进行了特别说明，并在保单中进行了特别提示。被上诉人姜某某在投保、签订保险合同及保单时对上述保险条款明确知晓。因此，上述保险条款应属有效条款。保险公司依约应当在商业三者险限额范围内免责，故而改判保险公司在商业三者险限额范围内免责。对此，笔者认为二审法院的认定是正确的，主要理由如下：

商业三者险合同关于免责条款的约定不存在无效情形，系有效条款。保险合同中的免责条款，通常指保险公司在保险合同中约定的排除或者限制自身赔付义务的条款。本案中保险公司对上述《机动车商业保险条款》进行了特别说明，并在保单中进行了特别提示。被上诉人姜某某在投保、签订保险合同及保单时对上述保险条款明确知晓，且该免责条款不存在《中华人民共和国民法典》第一百四十八条、第一百五十条、第一百五十一条、第一百五十三条规定的欺诈、胁迫、恶意串通、以合法形式掩盖非法目的、损害公共利益及违反法律、行政法规的强制性规定等无效情形，因此，上述保险条款应属有效条款。由于保险事故发生的不确定性和偶然性，保险合同属于射幸合同，即保险人承保的危险或者保险合同约定的给付保险金的条件发生与否，均为不确定的。免责条款作为射幸合同的一项合同规则，并非完全免除保险公司应负的保险责任与合同义务，只要保险公司履行了免责条款的提示和说明义务后，在免责条款约定的情形发生时，保险公司就可依约不负赔偿责任。

商业三者险的被保险人被本车撞伤情形下，符合机动车第三者责任保险合同关于免责情形的约定，保险公司应当免责。根据《中华人民共和国保险法》第六十五条第四款的规定，在责任保险中，被保险人是责任主体，第三者是权利主体，两者相互对立，同一主体在同一责任保险中不能既是被保险人又是第三者，被保险人自身遭受的损害不属于责任保险的保险标的。《中国保险行业协会机动车综合商业保险示范条款（2020版）》第三条和第二十四条第一款第四项的约定符合《中华人民共和国保险法》第六十五条第四款的规定，并未免除乙方责任、加重被保险人责任、排除被保险人主要权利。依据合同自愿原则，合同内容由当事人在不违反法律规定的情况下自愿约定，机动车第三者责任保险合同系当事人自愿订立，其数额、范围、免责事项均由当事人约定。本案中，经交警部门认定，驾驶人即被上诉人任某负事故全部责任；而被上诉人姜某某系案涉商业三者险保险合同的被保险人，同时又是受害人，姜某某对自己所受到的侵害不负赔偿责任，故商业三者险的保险标的并不存在。姜某某作为被保险人，要求乙保险公司在商业三者险范围内对自己受到的伤害予以赔偿的请求于法无据。二审法院对这一问题的认定无疑是正确的。

编写人：山东省淄博市张店区人民法院　刘晓辉

山东省淄博市中级人民法院　荣明潇

36

交强险合同约定“次日零时起生效”的条款应认定无效

——周某2诉保险公司机动车交通事故责任案

【案件基本信息】

1. 裁判书字号

浙江省宁波市中级人民法院（2021）浙02民终6065号民事判决书

2. 案由：机动车交通事故责任纠纷

3. 当事人

原告（被上诉人）：周某2

被告（上诉人）：保险公司

【基本案情】

2021年3月2日19时34分许，毛某某驾驶小型普通客车与路边行人周某1身体发生碰撞，造成周某1受伤于当月6日救治无效死亡和车辆损坏的道路交通事故。经认定，毛某某承担此次事故的全部责任，周某1无责任。

案涉小型普通客车的交强险于2021年2月14日0时有效期满。同月25日，保险公司的业务员向毛某某推荐购买交强险，同时告知毛某某其交强险已经脱保。同年3月2日15时许，毛某某支付完保险费用后问道：“等明天对吧，保单起保。”业务员答复“是的，3号0时起保。”电子保单生成时间为2021年3月2日15时03分，保单上同时载明：保险期间自2021年3月3日0时起至2022年3月2日24时止。

周某2作为周某1的唯一继承人，因此事故造成各项经济损失共计1341456.67元。协商无果后，其就损失向本院提起诉讼，本院依法适用普通程序进行了审理，并于2021年11月15日作出（2021）浙0213民初2458号民事判决，确定由保险公司在交强险限额内赔偿给周某2损失198000元。

【案件焦点】

1. 保险合同中约定“保险自次日零时起生效”的条款是否有效；2. 保险合同成立后至次日零时期间发生交通事故，保险公司是否应在交强险范围内承担赔偿责任。

【法院裁判要旨】

浙江省宁波市奉化区人民法院经审理认为：交强险的设置是为了保障道路交通事故中的受害人依法得到赔偿，促进道路交通安全。交强险保险期间自投保次日零时起算，系保险公司单方拟定并重复使用的条款。《中国保险监督管理委员会关于加强机动车交强险承保工作管理的通知》（保监厅函〔2009〕91号）明确保险公司可采取保险期间即时生效或明确保险期间具体的起止点等适当方式保障被保险人的权益。保险公司在明知案涉机动车交强险脱保的情况下，有义务提示投保人选择能充分保障其自身权益的保险期间，未就此权利向投保人作充分的说明和协商，排除了投保人选择保险期间即时生效的权利，加重了投保人的驾车风险，严重损害了投保人的利益，该条款应属无效条款。

浙江省宁波市奉化区人民法院依照《中华人民共和国民法典》第四百九十六条、第四百九十七条、第一千一百七十九条、第一千一百八十一条、第一千二百零八条、第一千二百一十三条，《中华人民共和国道路交通安全法》第七十六条，《最高人民法院关于审理人身损害赔偿案件适用法律若干问题的解释》（2020年12月23日由最高人民法院审判委员会通过）第六条、第十五条、第二十二条的规定，判决如下：

被告保险公司于本判决生效之日起十日内在交强险限额内赔偿给原告周某2损失198000元。

保险公司不服一审判决，提出上诉。浙江省宁波市中级人民法院同意一审法院的裁判意见。

浙江省宁波市中级人民法院依照《中华人民共和国民事诉讼法》第一百七十七条第一款第一项规定，判决如下：

驳回上诉，维持原判。

【法官后语】

本案的争议焦点是：交强险脱保后，保险合同中约定“保险自次日零时起生效”的条款是否有效，保险合同成立后至次日零时期间发生交通事故，保险公司是否应在交强险范围内承担赔偿责任。

一种意见认为，在签订保险合同时，保险公司已向投保人告知：“保险自次日零时起生效”，投保人亦无异议，该条款系双方当事人的真实意思表示，内容不违反法律法规的强制性规定，应认定合法有效。在保险合同成立后至次日零时期间发生交通事故的，保险公司无需在交强险范围内承担赔偿责任。

另一种意见认为，保险公司作为专业的保险人，未就保险期间可选择这一事宜向投保人作充分的解释和说明，排除了投保人的主要权利，“次日零时起生效”的条款应认定为无效。在保险合同成立后至次日零时期间发生交通事故的，保险公司应当在交强险范围内承担赔偿责任。

笔者同意第二种意见，理由如下：

其一，一方面，交强险不同于普通的商业保险，它的设置避免了机动车所有人、驾驶人因交通事故赔偿而陷入经济困境，同时也保障了交通事故中的受害人能依法获得迅速、确实、充分、合理的赔偿，有利于促进社会和谐，实现社会公平正义，具有以人为本的社会保障功能。另一方面，根据《机动车交通事故责任强制保险条例》的规定，在中华人民共和国境内道路上行驶的机动车的所有人或者管理人应当投保交强险，未按照规定投保交强险的，由公安机关交通管理部门扣留机动车，通知机动车所有人、管理人依照规定投保，并处以罚款。交强险建立在法律、行政法规的基础之上，具有一定的强制性，基于此，交强险不允许存在脱保的情况。

其二，《中国保险监督管理委员会关于加强机动车交强险承保工作管理的通知》明确保险公司可在交强险承保工作中采取保险期间即时生效的方式，不得拒绝或者拖延承保。交强险的生效时间决定着投保人的权益自何时起得到保障，同时也关乎交通事故的受害人能否及时得到赔偿，是保险合同中极为重要的条款。因此，保险公司在承保交强险时，应当根据投保车辆的实际情况，告知投保人对于交强险的生效时间具有选择权，并采取适当方式实现交强险保单出单时"即时生效"，以充分保障投保人的权益。

其三，交强险自投保次日零时起生效，系保险公司为重复使用而预先拟定，并在订立合同时未与对方协商的条款，属格式条款。根据《中华人民共和国民法典》第四百九十七条规定，提供格式条款一方不合理地免除或者减轻其责任、加重对方责任、限制对方主要权利；排除对方主要权利的，该格式条款无效。本案中，保险公司作为专业的保险人，明知案涉机动车的交强险已脱保，仍未就保险期间可选择这一事宜向投保人作出充分的解释与说明，直接使用了"保险自次日零时起生效"这一格式条款，排除了投保人选择保险期间即时生效的权利，加重了投保人的驾车风险，严重损害了投保人的利益，该条款应认定为无效。

综上，对于已脱保交强险的机动车辆，保险合同中约定"保险自次日零时起生效"的条款排除了投保人的主要权利，应依法认定无效，在保险合同成立后至次日零时期间发生交通事故，保险公司应当在交强险范围内承担赔偿责任。

编写人：浙江省宁波市奉化区人民法院　竺忆云　许启宏

37

“被保险人”在本车外受到本车伤害，本车保险公司仍应在交强险和商业险内承担保险理赔责任

——徐某某诉郑某某、保险公司机动车交通事故责任案

【案件基本信息】

1. 裁判书字号

浙江省湖州市中级人民法院（2022）浙05民终84号民事判决书

2. 案由：机动车交通事故责任纠纷

3. 当事人

原告（被上诉人）：徐某某

被告（被上诉人）：郑某某

被告（上诉人）：保险公司

【基本案情】

2020年6月5日8时17分许，郑某某驾驶浙E7××××小型轿车搭载乘客徐某某途经某市开发区某路与某路路口南侧导向车道时临时停靠，徐某某从该车辆下车后由西往东通过非机动车道，在折返过程中与驾驶电动自行车的案外人王某某发生碰撞，造成徐某某受伤的道路交通事故。2020年7月21日，某市公安局交通警察支队事故处理大队对该事故调查后，认定徐某某未按规定借道通行应负事故主要责任、郑某某驾驶机动车未按规定下人员负事故次要责任、案外人王某某无事故责任。

徐某某随即被送往某医院治疗，于2020年6月11日出院，后仍有复诊。2020年10月30日，某司法鉴定所对徐某某的伤情评定后，认定徐某某左侧多

发肋骨骨折的伤残评定为十级，并建议伤后误工期（含住院）120天、护理期限（含住院）60天、营养期60天。

郑某某驾驶的浙E7××××小型轿车登记的所有人系徐某某。该车辆由郑某某在保险公司处投保了交强险和责任限额为1000000元的第三者责任险，并投保了不计免赔险，事故发生在保险期限内，保单中载明的被保险人均系徐某某。郑某某系徐某某之子。

【案件焦点】

1. 徐某某作为保险单明确载明的“被保险人”，能否转化为本车“第三者”；2. 本车保险公司是否应在交强险和商业第三者责任险内承担保险理赔责任。

【法院裁判要旨】

浙江省湖州南太湖新区人民法院经审理认为：徐某某应认定为本车“第三者”，理由如下：其一，保险公司作为保险合同格式条款提供者，其提交的投保单、费率浮动告知书、客户授权书、交强险投保提示书、商业险免责事项说明书虽然均由郑某某签字确认，但其公司无法明确就被保险人的具体含义已作出明确说明，根据《中华人民共和国合同法》第四十一条之规定，对格式条款的理解发生争议的，应当按照通常理解予以解释，对格式条款有两种以上解释的，应当作出不利于提供格式条款一方的解释。其二，被保险人不能直接等同于保单上所记载的“被保险人”，需在具体交通事故发生时予以确认，判断标准是事故发生时车辆的实际驾驶人。本案中，徐某某虽然系交强险及商业三者险保单载明的被保险人，但根据道路交通事故认定书载明的内容，事故发生前浙E7××××小型轿车的实际驾驶人系郑某某。徐某某在事故发生时并非驾驶人，对车辆并无实际控制权，且于车外受伤，符合受害人及第三者的情形。本案交通事故中，保险公司承担保险理赔责任所对应的实际被保险人应为郑某某，故保险公司应基于郑某某的过错承担相应理赔责任。浙江省湖州南太湖新区人民法院依照《中华人民共和国侵权责任法》第三条、第六条、第十六条、第二十二条、第二十六条,《中华人民共和国合同法》第四十一条,《中华人民共和国保险法》第三十条、第六十五条,《最高人民法院关于审理人身损害赔偿案件适用法律若干问题的解释》第十七条、第十八条、第十九条、第二十条、第二十一条、第二十二条、第二十三条、第二十四条、第二十五条,《最高人民法院关于审理道路交通事故损害赔偿案件适用法律若干问题的解释》第十六条,《最高人民法院关于确定民事侵权精神损害赔偿责任若干问题的解释》第一条、第十条、第十一条,《最高人民法院关于适用〈中华人民共和国民法典〉时间效力的若干规定》第一条第二款和《最高人民法院关于适用〈中华人民共和国民事诉讼法〉的解释》第九十条的规定,判决如下:

一、被告郑某某赔偿原告徐某某各项损失 124641.48 元,限于本判决生效之日起十日内付清;

二、被告保险公司对上述款项在保险责任限额内承担理赔责任 124121.48 元,前述赔偿义务先于被告郑某某履行;

三、驳回原告徐某某的其他诉讼请求。

保险公司不服一审判决,提起上诉。浙江省湖州市中级人民法院同意一审法院裁判意见。

浙江省湖州市中级人民法院依照《中华人民共和国民事诉讼法》第一百七十七条第一款第一项的规定,判决如下:

驳回上诉,维持原判。

【法官后语】

投保人、被保险人、第三者身份竞合的情形在司法实践中并非个例,如何认定当事人的身份主体,本车保险公司是否应承担保险理赔责任,实践中存在不同的裁判思路。

就本案而言,特殊之处在于徐某某既是本车投保时的被保险人,又在本车之外受到本车伤害,符合本车第三人的情形,系身份竞合。本车保险公司是否应在交强险和商业险内向徐某某承担理赔责任,有两种不同意见,一种意见认为交强险和商业险明确约定第三者不包含本车人员和被保险人,故被保险人不能转化为本车第三者，本车保险公司不应承担保险理赔责任；另一种意见认为徐某某于本车外受到本车伤害，实质上符合本车第三者的条件，且保险公司基于驾驶员的侵权行为承担保险理赔责任，故本车保险公司仍应承担保险理赔责任。笔者采信第二种意见。

从交强险和商业险的概念来看，交强险是由保险公司对被保险机动车发生道路交通事故造成受害人（不包括本车人员和被保险人）的人身伤亡、财产损失，在责任限额内予以赔偿的强制性责任保险。商业第三者责任险是指被保险机动车发生意外事故造成第三者遭受人身伤亡、财产损失，由保险人根据保险合同的约定承担被保险人应对第三者承担的赔偿责任的保险。交强险中的“受害人”和商业第三者责任险中“第三者”的法律内涵一致。

交强险和商业第三者责任险的保险标的是被保险人对第三者的赔偿责任，将被保险人排除在理赔范围之外是基于被保险人不能成为自己的侵权人。投保人、被保险人、驾驶人、车上人员、第三者并非永久性身份，在特定场合下往往发生重合及转化，仅凭字面简单解读，一刀切地将被保险人排除在交强险和商业第三者责任险理赔范围外，有悖于交强险、商业第三者责任险的设置意义。本案中，郑某某系投保人及车辆驾驶人，事发前徐某某为车上人员及被保险人，事故发生时，徐某某已置身于车身外，在折返上车的途中发生交通事故，其符合保险合同的受害人和第三者条件。

被保险人不能直接等同于保单上所记载的“被保险人”，需对身份进行实质性审查，在具体交通事故发生时予以确认。一方面，车辆驾驶人系郑某某，徐某某在事故发生前和事故发生时对车辆无实际控制权，且于车外受伤。侵权方系郑某某，即车辆驾驶人，保险公司在本案中承担保险理赔责任基于郑某某的侵权行为，所对应的实质被保险人应为郑某某，而非名义上的被保险人徐某某。另一方面，从格式条款的解释角度考虑，格式条款是当事人为了重复使用而预先拟定，并在订立合同时未与对方协商的条款。采用格式条款订立合同的，提供格式条款的一方应当遵循公平原则确定当事人之间的权利和义务，并采取合理的方式提请对方注意免除或者限制其责任的条款，按照对方的要求，对该条款予以说明。对格式条款的理解发生争议的，应当按通常理解予以解释。对格式条款有两种以上解释的，应当作出不利于提供格式条款一方的解释。本案中，保险公司系保险合同格式条款的提供方，正是其提供的涉及“被保险人”以及“第三人”的条款在执行时对其定义出现理解争议，应作出不利于保险公司的解释。

综上，最终认定徐某某系本车“第三者”，保险公司以徐某某系“被保险人”免除保险理赔责任的理由不成立，应在保险责任限额内承担保险理赔责任。面对身份竞合的纠纷，承办法官不应机械解读字面意思，应在个案中实质解读当事人对应的身份信息，从而作出合理合法的裁判。

编写人：浙江省湖州南太湖新区人民法院　罗佳丽

38

认定车上人员与第三者应以事发瞬间是否身处机动车车体内为准

——张某某诉陈某某、保险公司机动车交通事故责任案

【案件基本信息】

1. 裁判书字号

浙江省台州中级人民法院（2021）浙10民终3540号民事判决书

2. 案由：机动车交通事故责任纠纷

3. 当事人

原告（被上诉人）：张某某

被告（上诉人）：陈某某

被告（被上诉人）：保险公司

【基本案情】

2020年1月12日，陈某某驾驶鲁NB××××号重型半挂牵引车，2时30分许，途经某区某线某园区路段处时，因车辆起步时后车厢门未关好致使其在后车厢装货的张某某掉落受伤的交通事故。交警部门认定陈某某应承担此事故的全部责任，张某某无责任。原告受伤后在医院住院治疗13天。经某医院司法鉴定所鉴定，被鉴定人张某某因外伤致右跟骨粉碎性骨折，遗留畸形愈合，构成十级残疾；评定其误工期240日、护理期90日、营养期90日（以上期限均包括住院时间在内）。鲁NB××××号重型半挂牵引车在保险公司投保了机动车交通事故责任强制保险和限额为200万元的商业第三者责任险（附加不计免赔率险）。另该车投保了每座限额为5万元的车上人员险（司机，1座），及每座限额为5万元的车上人员险（乘客，2座）。本次事故发生在保险期间内。原告合理的损失合计为186867.43元，陈某某已垫付32000元。

【案件焦点】

原告张某某属于车上人员或者其身份能否转化为交通事故中的第三者由交强险和商业三者险承担赔偿责任。

【法院裁判要旨】

浙江省台州市黄岩区人民法院经审理认为：对原告因事故造成的合理损失，被告陈某某应当承担全部的赔偿责任。被告陈某某称其系履行职务行为，但未提供证据证实，该主张本院不予采纳。事故发生时原告位于挂车上，其因事故致掉落地面受伤，并不能因此转化为第三人，保险公司无须承担交强险及商业三者责任险的赔付责任，而且原告既非牵引车的驾驶员，亦非牵引车上驾驶室内的乘客，故亦非属于车上人员险的赔付范围，被告保险公司的抗辩主张成立，予以采纳。原告合理的经济损失186867.43元，全部由被告陈某某赔偿。原告诉讼请求的合理部分，本院依法予以支持。

浙江省台州市黄岩区人民法院依照《中华人民共和国侵权责任法》第六条、第十六条、第四十八条，《中华人民共和国道路交通安全法》第七十六条，

《最高人民法院关于审理人身损害赔偿案件适用法律若干问题的解释》第六条、第七条、第八条、第九条、第十条、第十一条、第十二条、第二十三条，《最高人民法院关于确定民事侵权精神损害赔偿责任若干问题的解释》第五条，《最高人民法院关于民事诉讼证据的若干规定》第四十一条及《中华人民共和国民事诉讼法》第六十四条的规定，判决如下：

一、被告陈某某于判决生效后十日内赔偿原告张某某因事故造成的各项损失 186867.43 元（含已支付的 32000 元）；

二、驳回原告张某某的其他诉讼请求。

张某某不服一审判决，提出上诉。浙江省台州市中级人民法院经审理认为：《中国人民财产保险股份有限公司机动车综合商业保险条款》第三条规定，本保险合同中的第三者是指因被保险机动车发生意外事故遭受人身伤亡或者财产损失的人，但不包括被保险机动车本车车上人员、被保险人。第四条规定，本保险合同中的车上人员是指发生意外事故的瞬间，在被保险机动车车体内或车体上的人员，包括正在上下车的人员。根据上述约定，事故发生时张某某身处被保险机动车车体内，构成“车上人员”，陈某某对车辆的实际管控（启动）直接及于张某某，导致其坠落受伤，应当在车上人员责任险范围内承担赔偿责任。张某某合计可得赔偿款为 186867.43 元，应由保险公司在责任限额范围内赔偿 50000 元，由陈某某赔偿 136867.43 元（含已支付的 32000 元）。综上所述，上诉人的上诉请求有理部分，本院予以支持。

浙江省台州市中级人民法院依照《中华人民共和国民事诉讼法》第一百七十七条第一款第二项的规定，判决如下：

一、撤销台州市黄岩区人民法院（2021）浙 1003 民初 4333 号民事判决；

二、陈某某于本判决生效之日起十日内支付被上诉人张某某因事故造成的各项损失 136867.43 元（含已支付的 32000 元）；

三、保险公司于本判决生效之日起十日内支付张某某因事故造成的各项损失 50000 元；

四、驳回张某某的其他诉讼请求。

【法官后语】

本案的争议焦点为原告张某某属于车上人员或者其身份能否转化为交通事故中的第三者由交强险和商业三者险承担赔偿责任。

不同身份的认定，意味着不同的权益保障，机动车交通事故人身损害赔偿责任纠纷案件中，如何界定车上人员与第三者，会直接决定交强险及第三者责任险是否应当赔付。但在司法实践中，对于“车上人员”向“第三者”转化的条件与标准，存在不同的认识。

一、什么是机动车保险合同的“第三者”

当前，我国的机动车第三者责任保险制度存在两种形态：强制三责险（交强险）和商业三者险，前者为强制保险，后者为商业性自愿保险。

在保险合同中，保险人是第一方，也叫第一者；被保险人或使用保险车辆的致害人是第二方，也叫第二者；除保险人与被保险人之外的，因保险车辆的意外事故致使保险车辆下的人员或财产遭受损害的，在车下的受害人是第三方，也叫第三者。机动车保险合同的第三者是除车上人员、投保人、被保险人和保险人之外的人。

二、如何界定机动车本车车上人员

从交强险及第三者责任险的设立目的来看，之所以将本车车上人员排除在交强险及第三者责任险范围之外，原因之一在于本车车上人员与机动车视为一个整体，相对于机动车的车下人员而言，处于交通参与的强势地位，而只有处于机动车驾驶室或车厢内等安全部位的人员，才能被认为处于交通参与者中的强制地位。根据《中国保险行业协会机动车综合商业保险示范条款（2020版）》第四条的规定，本保险合同中的车上人员是指发生意外事故的瞬间，在被保险机动车车体内或车体上的人员，包括正在上下车的人员。而综观保险行业协会历来不同条款对于车上人员的定义可得出判断，因保险车辆发生意外事故而受害的人是否属于“车上人员”，必须是以在事故发生当时这一特定的时间点，受害人是否身处保险车辆之上为依据，在车上即为“车上人员”，在车下即为“车下人员”。司法实践中也多采用空间主义。由于“车上人员”与

“第三者”身份可因特定时空条件的变化而转化，所以交通事故发生的时间确定尤为重要。司法实践中，交通事故发生的时间，多从受害者受到伤害时开始，而不是从危险发生时起算。

三、车上人员在何种情况下可以转化为第三者

在交通事故中，车上人员与第三者的身份是否可以转换主要有两种观点：一种观点坚持认为车上人员的位置变化并不会改变受害人为车上人员的身份，因为车上人员不仅是一个物理概念更是一种法律评价概念，乘客在没有到达目的地之前，在整个事故过程中该乘客只有车上人员一个身份；另一种观点认为车上人员可以在特定的时空条件下转化为第三人，因为机动车运行时，谁都不能永远处于车辆上，所以被保险车辆上的车上人员只是特定时空条件下的临时身份。

机动车作为一种高速运转的交通工具，发生交通事故的时候不能一成不变，受害人的身份只在特定的时空下结合具体的事故情况才能确定，因此笔者赞同第二种观点，在车上人员与第三者的身份转换认定时，主要有以下几种情形：

第一，投保人可转换为第三者。投保人是与保险人订立保险合同，并按照合同约定负有支付保险费义务的人。若投保人为被保险人以外的人，发生事故时保险标的为保险单记载的投保人以外的人员驾驶的，投保人与一般第三者无异，若其在车外被保险标的撞伤，可以请求交强险、商业三者险的赔偿。值得一提的是，交强险条例及交强险条款将投保人纳入被保险人的范畴，规定投保人“是指与保险公司订立机动车交通事故责任强制保险合同，并按照合同负有支付保险费义务的机动车的所有人、管理人”。该规定对投保人的定义并不妥当。根据利益第三人合同理论，投保人可以为他人利益订立合同，投保人不必然成为保险标的的所有权人或管理人。保险法对投保人定义为“与保险人订立保险合同，并按照合同约定负有支付保险费义务的人”，并未将投保人仅仅限制在机动车的所有人和管理人范围之内。同时，《中华人民共和国保险法》第十二条规定，“人身保险的投保人在保险合同订立时，对被保险人应当具有保

险利益。财产保险的被保险人在保险事故发生时，对保险标的应当具有保险利益”。该条也只规定人身保险的投保人在订立保险合同时对被保险人应具有保险利益，并未要求财产保险的投保人在订立保险合同时对保险标的具有保险利益。从商业三者险的条款规定来看，《中国人民财产保险股份有限公司机动车综合商业保险条款》第三条约定：“本保险合同中的第三者是指因被保险机动车发生意外事故遭受人身伤亡和财产损失的人，但不包括被保险机动车本车上人员、被保险人。”而《中国保险行业协会机动车综合商业保险示范条款（2020版）》第三条则约定：“本保险合同中的第三者是指因被保险机动车发生意外事故遭受人身伤亡或者财产损失的人，但不包括被保险机动车本车车上人员、被保险人。”即新的示范条款将投保人从第三者范围之中剔除。所以，在逻辑上，机动车保险中的被保险人与投保人并非包含与被包含的关系，而是相互交叉的关系。基于此，《最高人民法院关于审理道路交通事故损害赔偿案件适用法律若干问题的解释》第十四条规定：“投保人允许的驾驶人驾驶机动车致使投保人遭受损害，当事人请求承保交强险的保险公司在责任限额范围内予以赔偿的，人民法院应予支持，但投保人为本车上人员的除外。”

第二，正在上下车的人员以上下车动作是否完成进行认定。司法实践中，常因如何认定正在上下车而发生争议，这既涉及“正在上下车”这一动作如何认定，也涉及对示范条款如何解释对被保险人更为有利的问题。笔者认为，可以根据上下车的不同动作从两个方面来理解：对于上车，需要上车人员整个身体全部进入车体之内或车体之上，方能视为“车上人员”，此时，发生交通事故或意外事故造成该人员受害，只能按照车上人员对待，而不能由交强险和商业三者险对其损失进行赔偿。而如果上车人员整个身体尚未完全进入车体之内或车体之上，则其仍应整体视为第三者，其遭受的损害应由交强险和商业三者险进行赔偿。对于下车，需要下车人员完全脱离机动车，方能认为完成了下车动作，具体认定时应以双脚着地为标准。双脚着地之前，仍属于“车上人员”，只有在双脚着地之后，方能视为第三者，其遭受的损害才能由交强险和商业三者险进行赔偿。

第三，其余车上人员根据意志自由原则决定能否转换。实践中，在支持车上人员向第三者转换的案件中，通常以时间和空间概念来区分车上人员与第三者，即认为在发生交通事故时，受害人在空间上是否在被保险车体之内或车体之外，若在车体之内则为车上人员，若为车体之外，则为第三者。也有部分案件，法官是根据发生事故后，受害人受损地点在车外还是车内进行区分。笔者不赞同以时间和空间概念来区分车上人员的身份转换，原因在于：其一，时空的瞬息万变不易把握，在审判中难以判断；其二，在车上人员非受其自由意志控制地置身车外时，若仅仅按照其受伤时并非在车厢之内、车体之上就转换为第三者，与第三者责任险的制度设定初衷不符，不利于最大限度发挥交强险的社会保险功能和商业三者险的风险管理功能。笔者认为，应以这类车上人员是否受其意志控制置于车外来判断是否转换为第三者。投保人、被保险人之外的车上人员，若其受自身意志控制地自行下车后，遭受由原乘坐车辆参与的交通事故受伤，应认定为第三者。若其在发生交通事故的瞬间仍在车内或车上，但因所乘车辆撞击、倾覆而在事故瞬间之后摔出车外受害，或自行避险跳下所乘机动车，则不能转换为第三者，其所受伤害仍应按照车上人员的相关规定赔偿。

本案涉及的是货运车辆，货运车辆主要是为了载货，而非为了载人，因此货运车辆除了极少数搭车的乘客或押车人员外，不存在一般意义上的乘客，因此将货运车辆的车上人员仅缩限为保单上注明的乘客，是没有考虑货运车辆的特性，以将货运车辆与客车及小型汽车作出必要区分。根据货运车的特点，投保人投保车上人员责任险，是为了防止车辆在作业过程中，与作业相关联的人员在车体内或车体上因意外事故受伤而投的一种险种。保单是双方签订保险合同的凭证，但涉及合同双方具体权利义务关系及对相关语义的解释，应当以保险条款为准。对保险条款的解释存在争议，应当作出通常解释或有利于被保险人的解释。因此，我们认为，货运车辆车上人员责任险所承保人员的范畴，既包括搭载货车的乘客，也包括因为作业需要进入车体或车顶的作业人员。原告张某某系在肇事车辆车厢内货物上卸货，后摔落于车尾的地面，张某某能否转换为“第三者”可根据前述意志自由原则予以认定，即是否受张某某自己的意志控制置于车外来判断能否转换为第三者。张某某在发生意外事故的瞬间仍在被保险车辆之上，因发生事故瞬间之后才摔出车外受伤，故张某某应为车上人员，不能从车上人员转换为第三人，故保险公司应当在车上人员责任险范围内承担赔偿责任。

编写人：浙江省台州市黄岩区人民法院　李婷燕

39

驾驶证有效期届满未换领新证，保险公司不能免责

——江某 1 等诉保险公司等机动车交通事故责任案

【案件基本信息】

1. 裁判书字号

江苏省南通市中级人民法院（2022）苏 06 民终 5941 号民事判决书

2. 案由：机动车交通事故责任纠纷

3. 当事人

原告（被上诉人）：江某 1、张某某、陆某某、陆某

被告（被上诉人）：彭某某

被告（上诉人）：保险公司

被告：徐某、物流公司（一审原告已撤回对其起诉）

【基本案情】

2021 年 11 月 1 日 13 时 54 分左右，江某 2 驾驶电动自行车沿某省道北侧非机动道由东向西行驶通过与某市某镇某路交叉路口时，遇北侧非机动车道有苏 F3××××号小型轿车（该车驾驶人彭某某，发生事故后驶离）停放，江某 2 向左转向驶入机动车道通行时，与沿某省道由东向西行驶通过该路口由徐某驾驶

的苏 FH××××号重型半挂牵引车及所牵引的苏 FK×××挂号重型罐式半挂车发生碰撞，致江某 2 当场死亡，车辆受损。2021 年 12 月 22 日，经某市公安局交通警察大队认定，由当事人彭某某、江某 2 分别承担同等责任，徐某无责任。

被告彭某某驾驶的苏 F3××××号小型轿车，在被告保险公司投保了交强险及商业三者险 300 万元（含不计免赔），案涉事故发生在保险期限内。被告彭某某垫付 3 万元，被告保险公司没有垫付。

受害人江某 2 出生于 1965 年 1 月 24 日，其父亲江某 1、母亲张某某健在。江某 2 与配偶陆某某育有一子陆某。

另查明，彭某某发生事故时驾驶证有效期至 2021 年 10 月 8 日。

【案件焦点】

1. 被告彭某某驾驶证超期驾驶车辆发生交通事故是否属于无证驾驶的情形；2. 保险公司在交强险及商业险范围内是否应当承担赔偿责任。

【法院裁判要旨】

江苏省启东市人民法院经审理认为：首先，被告彭某某的驾驶证并未被吊销或注销，而是需换领，其驾驶证超期并不当然导致驾驶资格消灭，因此其驾驶证超过有效期，并未增加发生事故的风险，也与事故发生没有必然的因果关系。其次，被告保险公司无法证明被告彭某某明知事故发生而驾车驶离事故现场的主观故意，其在事故发生后离开现场的行为并未导致事故的发生事实和责任无法查清，亦未造成损失的扩大，且对被告保险公司应承担的保险责任并未造成实质上的加重。

江苏省启东市人民法院依照《中华人民共和国民法典》第一千二百零八条等规定，判决如下：

一、被告保险公司于本判决生效之日起三十日内在机动车交通事故责任强制保险、第三者责任保险限额内赔偿原告江某 1、张某某、陆某某、陆某因交通事故造成的损失共计 793958.95 元；

二、被告保险公司于本判决生效之日起三十日内给付被告彭某某 30000 元；

三、驳回原告江某 1、张某某、陆某某、陆某的其他诉讼请求。

江苏省南通市中级人民法院经审理认为：首先，交强险的赔付不同于一般侵权责任和合同责任，具有公益性和强制性，它将具有严重损害性的机动车交通事故风险社会化，从而实现更便捷救济受害人的目的。即使驾驶员存在未取得驾驶资格等违法情形，按照上述规定，保险公司仍应在交强险责任限额范围内予以赔偿。

其次，驾驶证有效期届满并不等同于无驾驶证，其一，持证驾驶人并不当然丧失驾驶资格，驾驶人彭某某在发生交通事故时，驾驶证到期后二十余日，属于合理宽限期之内；其二，从规范体系分析，无证驾驶以及驾驶证被依法扣留、暂扣、吊销、注销期间驾驶机动车属违法担责之行为，而驾驶证到期未满一年期间禁止驾驶机动车属管理性规定，旨在警示驾驶人驾驶证到期后尽快换证。

最后，彭某某在发生事故后驶离现场，对该行为交警部门并未认定为系肇事逃逸。

江苏省南通市中级人民法院依照《中华人民共和国民事诉讼法》第一百七十七第一款第一项规定，判决如下：

驳回上诉，维持原判。

【法官后语】

驾驶人在驾驶证有效期届满后未更换新证发生交通事故，保险公司在交强险及商业险范围内应当承担赔偿责任。

首先，从目的解释角度看，保险公司在交强险范围内应当承担赔偿责任。交强险突出的特点是公益性和强制性，不以营利为目的，它将具有严重损害性的机动车交通事故风险社会化，从而实现更便捷救济受害人的目的。《中华人民共和国道路交通安全法》第七十六条规定，机动车发生交通事故造成人身伤亡、财产损失的，由保险公司在机动车第三者责任强制保险责任限额范围内予以赔偿。《最高人民法院关于审理道路交通事故损害赔偿案件适用法律若干问题的解释》第十五条亦规定，驾驶人未取得驾驶资格或者未取得相应驾驶资格的，当事人请求保险公司在交强险责任限额范围内予以赔偿，人民法院应予支持。由上述规定可知，交强险的赔付不同于一般侵权责任和合同责任，对违法情形下的损害仍然予以赔付，主要是基于其制度功能和救济目的的实现，《机动车交通事故责任强制保险条例》第一条也明确交强险的设立目的是保障机动车交通事故受害人依法得到赔偿，促进道路交通安全。因此，即使驾驶员存在未取得驾驶资格等违法情形，按照上述规定，保险公司仍应在交强险责任限额范围内予以赔偿。案涉保险公司以承保车辆的驾驶人驾驶证超过有效期或无证驾驶等理由拒绝理赔，法院不予支持。

其次，驾驶证有效期届满并不等同于无驾驶证，故保险公司以《商业保险条款》中约定了“无驾驶证”为责任免除情形，以此为由主张不承担保险责任，法院不予支持。

理由如下：第一，从文义解释角度来看，驾驶证过期后未及时换证并不必然导致驾驶证无效。根据《机动车驾驶证申领和使用规定》（2021 年修订）第七十九条第一款第八项的规定，机动车驾驶人“超过机动车驾驶证有效期一年以上未换证的”，车辆管理所应当注销其机动车驾驶证。该规定事实上给予了驾驶证有效期届满后一定期限的换证宽限期，即驾驶证有效期届满后，持证驾驶人并不当然丧失驾驶资格。驾驶人所持驾驶证虽已过期，但在事故发生后按照规定换领了驾驶证，因此在事故发生时驾驶人并不属于未取得驾驶资格的情形，也就不属于违反法律、行政法规中的禁止性规定情形，保险公司不得对此作扩大解释，应承担保险赔偿责任。本案中，驾驶人彭某某在发生交通事故时，驾驶证到期后二十余日，属于合理宽限期之内。

第二，从规范解释角度来看，换证仅属于行政管理范畴，根据《中华人民共和国道路交通安全法实施条例》第二十八条的规定，机动车驾驶证超过有效期，驾驶人不得驾驶机动车，但根据《中华人民共和国道路交通安全法》及上述机动车驾驶证申领使用相关规定，机动车驾驶证超期与无证驾驶、驾驶证被依法扣留、暂扣、吊销、注销的法律后果并不相同，无证驾驶、驾驶证被依法扣留、暂扣、吊销、注销期间驾驶机动车属违法担责之行为，而驾驶证到期未满一年期间禁止驾驶机动车属管理性规定，旨在警示驾驶人驾驶证到期后尽快换证。实践中，公安机关交通管理部门认定无证驾驶并不包括驾驶证有效期已届满情形。

第三，从公平、诚实信用原则来看，如将对“驾驶证有效期已届满”理解为“无驾驶证”的一种形式，实际上提高了保险人的赔付风险，亦对被保险人不公平，因此保险公司不得对“无驾驶证”作扩大解释，驾驶人在驾驶证有效期届满后未更换新证发生交通事故，保险公司在商业险范围内应当承担赔偿责任。

因此，对“驾驶证有效期已届满”不宜当然认定为“无驾驶证”，不仅符合公平、诚实信用原则，亦有利于保护平衡投保人与保险公司的双方利益。

司法实践中，若保险人和保险公司对于保险合同中“无驾驶证”等免责条款有不同理解，应从法律价值及社会价值层面进行综合评判。

编写人：江苏省启东市人民法院　胡丹

40

用人单位承担替代责任并非保险公司拒绝承担保险责任的抗辩事由

——张某诉保险公司等非机动车交通事故责任案

【案件基本信息】

1. 裁判书字号

北京市第一中级人民法院（2022）京01民终10130号民事判决书

2. 案由：非机动车交通事故责任纠纷

3. 当事人

原告（被上诉人）：张某

被告（上诉人）：保险公司

被告（被上诉人）薛某、网络公司、科技公司

【基本案情】

薛某骑电动自行车与张某发生交通事故，造成张某受伤。经交管部门认定，本次事故薛某负全责。薛某系众包骑手，与网络公司存在劳务关系，事故发生时其正在配送外卖。张某住院治疗7天，被诊断为股骨颈骨折，住院期间进行了手术。薛某垫付住院费、救护车、化验检查等费用。经一审法院核算，张某损失合计27万元。

网络公司在保险公司投保了组合保险。保险单显示，该保险的被保险人为薛某，保险期间为2021年12月5日17时至2021年12月6日1时止，保险单“特别约定”条款记载，该保险的起保时间为骑手第一次接单时间，止保时间为次日1：30，被保险人发生意外事故，造成第三人身亡或财产损失，由被保险人承担的经济赔偿责任，保险公司负责赔偿；保单涉及双方交通事故出险后被保险人需提供交警开具的《交通事故责任认定书》或公安部门出具的报/立案证明，第三者人身伤亡的赔偿限额为20万元。保单中还约定有其他内容。

张某向北京市昌平区人民法院起诉，请求判令薛某、网络公司、科技公司、保险公司支付医疗费、残疾辅助器具费等费用。

【案件焦点】

网络公司为薛某投保责任保险的情况下，薛某作为被保险人，在其履行职务行为造成他人损害的情况下，保险公司应否承担保险责任。

【法院裁判要旨】

北京市昌平区人民法院经审理认为：薛某对交通事故负全部责任，网络公司与薛某存在劳务合同关系，事故发生时薛某配送外卖，故薛某造成张某的损害应当由用人单位承担赔偿义务。网络公司作为投保人、薛某作为被保险人要

求保险公司直接赔付张某的，为减少诉累，保险义务在本案中一并处理。张某未能提交科技公司作为网络平台公司存在赔偿义务的证据，其主张科技公司承担责任于法无据。张某各项损失总额超过 20 万元保险限额，保险公司理赔张某 20 万元，超出部分由网络公司赔偿。

北京市昌平区人民法院依照《中华人民共和国民法典》第一千一百七十九条、第一千一百九十一条，《中华人民共和国保险法》第十四条、第六十五条的规定，判决如下：

一、网络公司于判决生效后七日内赔偿张某 7 万元；

二、保险公司于判决生效后七日内赔偿张某 20 万元；

三、驳回张某的其他诉讼请求。

保险公司不服一审法院判决，提起上诉。北京市第一中级人民法院经审理认为：案涉保险的保险内容为“骑手第一次接单时间”至次日薛某因意外事故造成第三人身亡或财产的损失，且保险单约定保险出险以交管部门出具的交通事故责任认定书作为依据，可认定保险公司接受投保时已知悉网络公司签订案涉保险合同的目的之一系为其配送人员在履行职务期间因交通事故造成第三人损失产生的赔偿责任进行投保，薛某与网络公司存在劳务合同关系，薛某发生交通事故造成张某受伤的责任由网络公司承担并由保险公司承担保险责任，并未超出保险公司接受投保时的预期，保险公司主张仅针对薛某个人的损害赔偿责任承担保险责任，与其接受网络公司投保以及保险单中前述约定所体现的合同目的不符，其主张不能成立，应在保险限额内承担赔偿责任。

北京市第一中级人民法院依照《中华人民共和国民事诉讼法》第一百七十七条第一款第一项规定，做出如下判决：

驳回上诉，维持原判。

【法官后语】

保险公司在交通事故责任纠纷中，以用人单位承担替代责任并非保险公司拒绝承担保险责任进行抗辩，拒绝承担赔偿责任，在此情形下，应当从两个方面分析问题。

一、保险合同的合同目的与承保条件的审查与认定

责任保险是指以被保险人对第三者依法应负的赔偿责任为保险标的的保险。对于保险公司是否承担责任，应当根据保险合同订立时投保人与保险人约定保险标的，判断保险合同双方达成合意的合同目的，保险公司承保的事实要件是否达成，进而确定保险公司需要承担的责任。本案二审中，针对保险公司上诉事实与理由，重点就保险公司与用人单位签订案涉保险合同的目的以及案涉交通事故发生的时间，责任认定情况等关系保险公司承保的要件进行的明确。从合同目的来看，案涉保险公司与骑手用人单位在订立保险合同时，已经明确承保条件为配送人员在履行职务期间因交通事故造成第三人损失。案涉交通事故可能引发保险责任，在双方订立保险合同时预期之内。从承保要件看，一是该案涉及交通事故发生在承保期间内；二是外卖骑手系因意外事故造成第三人财产的损失符合保险合同约定承保的内容；三是保险出险具备交通管理部门出具的交通事故责任认定书作为依据。

二、保险公司责任与用人单位责任的认定与分配

保险公司责任源于保险合同承保条件生效而产生的合同履行义务，用人单位责任则源于工作人员执行职务行为造成他人损害产生的侵权替代责任，但这种替代责任并不意味着工作人员本身没有侵权责任，而应将工作人员与用人单位作为整体角度考虑。从责任认定角度来看，二者责任来源基础不同，相关的法律与事实构成要件也影响较少，不能因为其中一方的责任认定反推出另一方不应承担责任。也不能忽略用人单位承担替代责任的本质源于员工的侵权行为本身的实质，进而狭义地认为员工没有承担责任，从而推导出不构成保险事故，保险公司不承担赔偿责任的结论。

《中华人民共和国民法典》侵权责任编第一千一百九十一条第一款规定了用人单位损害责任："用人单位的工作人员因执行工作任务造成他人损害的，由用人单位承担侵权责任。用人单位承担侵权责任后，可以向有故意或者重大过失的工作人员追偿。"本案中，一审法院认定了用人单位与骑手的劳务合同关系，并明确了案涉交通事故发生时骑手正在履行配送外卖的工作任务行为，

从而明确用人单位承担替代责任。另外，保险公司在保险合同约定承保条件生效时，应当承担赔偿责任。

至于责任分配问题，根据《中华人民共和国保险法》第六十五条第二款规定："责任保险的被保险人给第三者造成损害，被保险人对第三者应负的赔偿责任确定的，根据被保险人的请求，保险人应当直接向该第三者赔偿保险金。被保险人怠于请求的，第三者有权就其应获赔偿部分直接向保险人请求赔偿保险金。"本案中，一审法院为减少当事人诉累，节约司法成本，保证案涉纠纷尽快得到化解，在充分保障了保险公司相关举证质证和辩论等诉讼权利的前提下，根据投保人、被保险人的请求，认定保险公司在保险赔付范畴内承担赔偿责任并无不当。对于超出赔付范畴外的部分，由用人单位承担赔偿亦于法有据。

当前，新业态快递、外卖行业蓬勃发展，与之而来的是快递、外卖骑手交通事故侵权责任纠纷案件时有发生，相关用人公司往往通过为骑手购买责任保险，来降低自身承担责任负担。出险后用人单位责任和保险公司赔付责任叠加，如何明确保险公司承担责任范畴，应当回归保险合同本身出发进行考虑。本案充分展示说明了审理相关案件的审判思路和论理逻辑，对于厘清各方责任，更好依法保障各方权利提供了有益参考。

编写人：北京市第一中级人民法院　王伟　徐硕

41

主挂车相分离状态下主车交强险责任认定

——高某诉张某等机动车交通事故责任案

【案件基本信息】

1. 裁判书字号

北京市第三中级人民法院（2022）京 03 民终 8742 号民事判决书

2. 案由：机动车交通事故责任纠纷

3. 当事人

原告（被上诉人）：高某

被告（上诉人）：保险公司

被告（被上诉人）：张某、杨某、郭某某

【基本案情】

2021年5月16日，张某驾驶电动自行车由东向西行驶，适有郭某某驾驶车牌号为津C×××××的牵引车将车牌号为津CW×××挂的重型仓栅式半挂车牵引至此后静止，半挂车与牵引车分离，张某驾驶的电动自行车前部与半挂车后部接触，造成电动自行车损坏、电动自行车乘车人高某受伤等后果。经某市公安局某分局交通支队认定，张某有未满16周岁驾驶电动自行车的过错违法行为，郭某某有驾车时其他妨碍安全行车的过错违法行为，故张某、郭某某对此事故负同等责任。事故发生后，高某到医院进行治疗，经诊断为“小腿开放性损伤伴骨折右，胫骨远端骺损伤右，腓骨远端骺损伤右”等。张某、杨某垫付医疗费18904.84元，高某支付医疗费2310.41元。

车牌号为津C×××××的牵引车在保险公司投有交强险，事故发生在保险期间内。

经鉴定，被鉴定人高某右下肢损伤，鉴定为十级残疾。评定护理期为90日，营养期为90日。高某支付鉴定费3150元。

【案件焦点】

保险公司作为交强险保险人是否应承担责任。

【法院裁判要旨】

北京市密云区人民法院经审理认为：侵害他人造成人身损害的，应当赔偿医疗费、护理费、交通费、营养费、住院伙食补助费等为治疗和康复支出的合理费用，造成残疾的，还应当赔偿辅助器具费和残疾赔偿金。机动车发生交通事故造成损害，属于该机动车一方责任的，先由承保机动车强制保险的保险人在强制保险责任限额范围内予以赔偿；不足部分，由承保机动车商业保险的保险人按照保险合同的约定予以赔偿；仍然不足或者没有投保机动车商业保险的，由侵权人赔偿。侵害自然人人身权益造成严重精神损害的，被侵权人有权请求精神损害赔偿。本案中，某市公安局某分局交通支队认定，张某、郭某某对此事故负同等责任，且双方当事人对事故责任均未提出异议，本院予以确认；本院根据事故各方的过错程度，结合事故责任认定，确定张某、郭某某承担事故责任的比例分别为50%、50%。

牵引车（津C×××××）在保险公司投有交强险，事故发生在保险期间内。本案事故发生时，挂车与牵引车虽然分离，但挂车本身并无动力装置，无法自行移动至事故地点，只能由其他车辆牵引连接一体使用；挂车（津CW×××挂）是由郭某某驾驶被保险的牵引车（津C×××××）牵引至事发地点，故本案事故的发生与郭某某驾驶的牵引车具有关联性，牵引车对本次事故的发生存在过错，与高某损失的产生具有因果关系。但机动车辆只是驾驶员承担责任的载体，驾驶员郭某某仍是交通事故的责任主体。《机动车交通事故责任强制保险条例》第四十二条规定："挂车不投保机动车交通事故责任强制保险。发生道路交通事故造成人身伤亡、财产损失的，由牵引车投保的保险公司在机动车交通事故责任强制保险责任限额范围内予以赔偿；不足的部分，由牵引车方和挂车方依照法律规定承担赔偿责任。"本条并未将牵引车、挂车连接使用规定为适用前提，对于保险公司辩称其承保的牵引车与本次事故无关，又未承保挂车保险，不应当承担赔偿责任的答辩意见，本院不予采纳，保险公司应在交强险责任限额内赔偿高某因本次事故造成的损失。因挂车（津CW×××挂）未投有商业保险，且郭某某、张某对交通事故的发生负同等责任，故超出交强险限额部分应由侵权人郭某某、张某承担赔偿责任。

无民事行为能力人、限制民事行为能力人造成他人损害的，由监护人承担侵权责任。有财产的无民事行为能力人、限制民事行为能力人造成他人损害的，从本人财产中支付赔偿费用；不足部分，由监护人赔偿。张某系限制行为能力人，杨某系张某的监护人；故赔偿责任应当由张某与其监护人即杨某共同承担。

北京市密云区人民法院判决如下：

一、被告保险公司于本判决生效之日起十日内，给付原告高某精神损害抚慰金 5000 元、医疗费 18000 元、护理费 14270 元、残疾赔偿金 150004 元、残疾辅助器具费 1288 元以及交通费 2000 元，以上合计 190562 元（其中 18000 元给付被告张某、杨某）；

二、被告郭某某赔偿原告高某医疗费 1607.63 元、住院伙食补助费 550 元以及营养费 2250 元，以上合计 4407.63 元；

三、被告张某、杨某赔偿原告高某医疗费 702.79 元、住院伙食补助费 550 元以及营养费 2250 元，以上合计 3502.79 元；

四、驳回原告高某其他诉讼请求。

保险公司不服一审判决，提出上诉。北京市第三中级人民法院经审理认为：当事人对自己的主张有义务提交证据证明，否则应承担举证不能的相应不利法律后果。根据查明的事实，张某驾驶电动自行车与郭某某所有的静止重型仓栅式半挂车接触导致本次事故发生。保险公司上诉主张津 C×××××号牵引车并非案涉事故的当事方，且即便津 C×××××号牵引车将津 CW×××半挂车牵引至事故地的情况，主挂车辆分离，对挂车发生事故亦不应承担责任。本院认为，保险公司未就其前述主张提交充分证据证明，对其该上诉意见本院实难采纳。本案中，事故发生时，挂车与牵引车虽然分离，但挂车本身并无动力装置，无法自行移动至事故地点，只能由其他车辆牵引连接一体使用，挂车（津 CW×××挂）系由郭某某驾驶被保险的牵引车（津 C×××××）牵引至事发地点，故本案事故的发生与郭某某驾驶的牵引车具有关联性，牵引车对本次事故的发生存在过错，与高某损失的产生具有因果关系。据此，一审法院事故发生及认定情况，判决当事人支付各项款项数额，并无不当，本院依法予以维持。

北京市第三中级人民法院依照《中华人民共和国民事诉讼法》第一百七十七条第一款第一项的规定，判决如下：

驳回上诉，维持原判。

【法官后语】

关于主挂车分离状态下造成他人损害的，如何承担责任，结合本案，笔者认为：

一、主车与交通事故发生具有因果关系且存有过错

挂车虽然名为车，但是由于自身不具有动力装置，无法单独在道路上行使，只有在和主车组成一体才能上路，因此挂车不可能独立发生交通事故。本案中，郭某某驾驶主车行驶至事发路段，违规将挂车分离停放在非机动车道的路边。虽然事故发生时郭某某已经驾驶主车驶离该路段，但是该主挂车动态无法割裂开来，且存在违章停车妨碍安全行车的过错行为，故从挂车由运行到停止的过程来看，挂车的违停状态与主车的牵引行为之间存在具有事实上的因果关系。同时，郭某某在将挂车行驶至事发路段时，应当知晓其行为的不合理性以及造成他人损害的可能性，其对损害结果的发生具有相当的预见性。因此主车的牵引行为对本起交通事故的发生存在法律上因果关系。

二、由主车交强险承担责任符合立法精神

交强险制度设立的目的是保障机动车道路交通事故受害人依法得到赔偿，使受害人获得及时有效的经济保障和医疗救治，减轻交通事故肇事方的经济负担。2013年3月1日前，挂车作为机动车，挂车方需依法投保交强险。直到2012年12月17日，国务院对《机动车交通事故责任强制保险条例》第四十三条作出修订，即自2013年3月1日起，挂车不再投保交强险。笔者认为，该条例第四十三条并未将挂车排除在交强险保险责任范围之外。国家在制定挂车不需投保交强险的规则时，必然考虑到主车与挂车分离使用发生交通事故的情形。虽然未作出例外规定，但亦未将挂车排除在交强险保险责任范围之外。且“连接使用”“分离”都是一种外观状态，判断主车是否与事故发生有关的关键在于主车与挂车在事故发生时能否视为一体。本案中，事故发生时，主车与挂车分离系因为主车需要维修而分离，在维修后，还会连接一起继续使用，也即这种分离状态是短暂的，挂车发生事故是主车驾驶人未尽到充分注意义务所致，所以应为共同事故车辆，应适用该规定。

三、主挂车分离时主车交强险需承担责任的限制情形

认定主挂车分离时，主车交强险对事故承担责任，应具备“因果关系”和“过错”两个要件，特别是“过错”要件，如果主车已经尽到安全注意义务，且对事故发生不承担民事责任的，就不能再让主车承担赔偿责任。只有牵引车违反道路交通安全的有关规定违章停放挂车并导致交通事故的发生，才产生赔偿责任。否则将使主车交强险承担过多责任，不符合公平原则。比如，在甩挂运输中，主车在运输完毕后将挂车停放在指定作业点后，挂车发生的交通事故责任就与主车无关。

综上，考虑到立法规定、交强险的公益性和挂车的特殊性，交强险制度具有强制保险之防损保险和社会保障功能的特点，无论挂车发生事故时是否与主车分离，如事故的发生与主车的牵引行为以及主车驾驶人具有过错时，均应由主车投保的保险公司在交强险范围内承担赔偿责任。

编写人：北京市密云区人民法院　陈凯　李娜

42

挂车与牵引车分离时发生交通事故，在挂车未投保任何保险的情况下，牵引车的保险公司应当在其保险范围内承担赔偿责任

——林某某等诉张某某等机动车交通事故责任案

【案件基本信息】

1. 裁判书字号

福建省厦门市中级人民法院（2022）闽02民终4529号民事判决书

2. 案由：机动车交通事故责任纠纷

3. 当事人

原告（被上诉人）：林某某、郭某某、郭某4、郭某5

被告（被上诉人）：张某某、物流公司、甲保险公司

被告（上诉人）：乙保险公司

【基本案情】

物流公司系张某某一人独资的有限责任公司，公司名下登记有闽DE××××号重型半挂牵引车、闽DH×××挂号重型集装箱半挂车、闽DJ×××挂号重型集装箱半挂车等车辆。2022年1月5日晚，张某某驾驶闽DE××××号牵引车，将闽DH×××挂号半挂车、闽DJ×××挂号半挂车先后牵引至海沧区某路由南往北向最右侧机动车道上停放，后张某某驾驶闽DE××××号牵引车离开现场。张某某在庭审中自述，其停放挂车的时间为当晚八九点。

2022年1月6日1时50分许，郭某1驾驶闽DS××××号小型普通客车沿某区输港通道快速路（某路15号灯杆处）由南往北行驶，行驶至某路15号灯杆处时，碰撞闽DH×××挂号半挂车，闽DH×××挂号半挂车又碰撞闽DJ×××挂号半挂车，造成三车受损及郭某1当场死亡的道路交通事故。

2022年1月30日，某市公安局某分局交警大队对上述事故作出第3502051××××××××号《道路交通事故认定书》，认定：郭某1驾驶机动车时，未注意观察前方道路情况，未确保安全驾驶，该行为与事故的发生有直接因果关系；张某某将机动车不按规定停放，且影响其他车辆通行，该行为与事故的发生有直接因果关系。郭某1在事故发生中存在过错大，负本次事故主要责任；张某某在事故发生中存在过错小，负本次事故次要责任。

郭某1和林某某系夫妻关系，两人育有郭某4、郭某5两个子女。郭某1的母亲庄某某早于郭某1死亡，郭某1的父亲郭某某、生育有郭某1、郭某2、郭某3三个子女。事故发生后，张某某向林某某、郭某某、郭某4、郭某5垫付丧葬费2.9万元。

物流公司已为闽DE××××号牵引车投保交强险及商业险，其中交强险投保于甲保险公司，商业险投保于乙保险公司，商业险中的第三者责任险保险金额

为 100 万元。本案事故发生时闽 DE××××号车辆处于保险期间内。闽 DH×××挂号、闽 DJ×××挂号半挂车未投保交强险及商业险。

【案件焦点】

牵引车投保的保险公司是否应当对挂车交通事故承担交强险及商业三者险的赔付责任。

【法院裁判要旨】

福建省厦门市海沧区人民法院经审理认为：本案事故虽是在挂车与牵引车相分离、挂车单独停放时发生，但挂车本身没有独立的动力系统，其系由牵引车牵引才出现在事故地点，因此，挂车的违停状态与牵引车的牵引行为之间存在法律上的因果关系，二者不可分离。本案如不是张某某开着牵引车将挂车违法停放在事故发生路段，郭某 1 驾驶的汽车与挂车之间不可能发生交通事故。也就是说，自张某某驾驶牵引车将挂车牵引到路边并逆向停放时起，造成本案事故的违法因素及危险状态便已持续存在，即本案事故发生原因始于牵引车和挂车连接使用时而非分离后，事故结果属于张某某驾驶闽 DE××××号牵引车过程中的驾驶操作行为所致，根据《机动车交通事故责任强制保险条例》第二十一条、第四十二条规定以及《中国保险行业协会机动车综合商业保险示范条款》第二章“机动车第三者责任保险”第二十条约定，应认定案涉事故属于牵引车保险赔付责任范围，甲保险公司、乙保险公司应分别承担交强险和商业三者险赔偿责任。甲保险公司、乙保险公司辩称在牵引车、挂车分离的情况下，挂车造成的损害后果与牵引车没有关系，牵引车不承担责任，此不符合车辆的实际使用、运营情况，本院不予采纳。综上，对于林某某等四原告诉讼请求合理部分，本院予以支持，不合理部分予以驳回。

福建省厦门市海沧区人民法院依照《中华人民共和国民法典》第一千一百六十五条、第一千一百七十九条、第一千一百八十三条、第一千一百九十一条第一款、第一千二百一十三条，《中华人民共和国公司法》第六十三条，《中华人民共和国民事诉讼法》第六十七条第一款，《机动车交通事故责任强制保险条例》第二十一条、第四十二条，《最高人民法院关于审理人身损害赔偿案件适用法律若干问题的解释》第十四条、第十五条、第十六条、第十七条、第二十三条，《最高人民法院关于确定民事侵权精神损害赔偿责任若干问题的解释》第五条的规定，判决如下：

一、被告甲保险公司于本判决生效之日起十日内在交强险责任限额内赔偿原告林某某、郭某某、郭某4、郭某5被扶养人生活费、丧葬费、死亡赔偿金、精神损害抚慰金等损失合计151000元；

二、被告乙保险公司于本判决生效之日起十日内在商业三者险责任限额内赔偿原告林某某、郭某某、郭某4、郭某5被扶养人生活费、丧葬费、死亡赔偿金、误工费、住宿费、交通费等损失合计466484.7元；

乙保险公司不服一审判决，提起上诉。福建省厦门市中级人民法院同意一审法院裁判意见。

福建省厦门市中级人民法院依照《中华人民共和国民事诉讼法》第一百七十条第一款第一项规定，判决如下：

驳回上诉，维持原判。

【法官后语】

挂车虽然不能单独使用，其本身也没有独立的动力系统，但通常来说挂车都有独立的登记，并且挂车在保险公司投保时，也是作为一个独立的个体投保交强险和商业险的。故在因为挂车发生碰撞而导致受害人人身伤亡或财产损失的交通事故损害赔偿案件中，受害人通常可将承保挂车交强险和商业险的保险公司诉至法院，要求保险公司在保险限额范围内承担赔付责任。

而在本案中，挂车并未按照法律相关规定投保交强险以及商业险，仅有牵引车投保了相应的交强险及商业险，此时交通事故是否属于保险赔付责任范围，牵引车投保的保险公司是否应当对挂车交通事故承担交强险及商业三者险尚未赔付责任。对此存在两种不同的认识：第一种意见认为，本案事故系挂车与牵引车相分离、挂车单独停放时发生，牵引车在本次交通事故中并未与受害人及受害车辆接触或发生碰撞，牵引车与事故发生无关，故牵引车的保险公司不承担保险赔偿责任。第二种意见认为，挂车本身不具有动力装置，而且挂车也无驾驶员，无法控制车辆，挂车与牵引车应当视为一体，挂车系由于牵引车的牵引才出现在事故地点，二者不可分离，在挂车未购买交强险及商业险的情况下，牵引车投保的保险公司应当承担相应的保险赔偿责任。

在本案中法院在审理后采纳了上述第二种意见，即使挂车未投保交强险及商业险，保险公司也应当在牵引车的保险范围内承担赔偿责任，理由在于：

第一，牵引车与挂车应视为一个整体。实践中，牵引车仅提供牵引动力，不能装载货物，而挂车本身没有独立的动力系统，而且挂车也无驾驶员，无法控制车辆，挂车离开牵引车的牵引，就无法运行，只有在和牵引车组成汽车列车才能上路行驶。虽然发生事故时，牵引车与挂车处于分离状态，但其系由牵引车牵引才出现在事故地点，故牵引车与挂车不论是在道路运输中还是在经营活动中必然是要结合在一起，应视为一个整体。牵引车也属于事故机动车，按照保险条例的有关规定，牵引车的交强险及商业险应予赔偿。《道路交通安全法》第一百一十九条第五项规定，“交通事故”，是指车辆在道路上因过错或者意外造成的人身伤亡或者财产损失的事件。

第二，牵引车的牵引行为与本起交通事故的发生具有一定的因果关系。因果关系是构成侵权责任的四要件之一。侵权责任中的因果关系是指行为人的行为与损害结果之间的因果联系，只要行为人的行为对损害结果的发生起了作用，行为与损害结果间就存在因果关系。挂车是需由牵引车牵引，才能在道路上正常使用的无动力道路车辆；牵引车是挂车的驱动车辆。本案中，挂车与牵引车连为一体行驶至事发地点并违停的，故牵引车的牵引行为与本起交通事故的发生具有一定的因果关系。虽然事故发生时，案涉牵引车已与挂车完全分离，不在连接状态，但这不应影响牵引车的牵引行为对本起交通事故的发生具有一定因果关系的判定。

第三，根据《机动车交通事故责任强制保险条例》第四十三条的规定，挂车不投保机动车交通事故责任强制保险，发生道路交通事故造成人身伤亡、财产损失的，由牵引车投保的保险公司在机动车交通事故责任强制保险责任限额范围内予以赔偿；不足的部分，由牵引车方和挂车方依照法律规定承担赔偿责任。该条款并未作出例外规定，由此可见牵引车与挂车分离后发生道路交通事故的情形也应当适用本条款进行赔偿。

本案涉及的主要法律问题是挂车与牵引车分离时发生交通事故，挂车在未投保任何保险的情况下，牵引车的保险公司是否应当在其保险范围内全赔。在一般机动车交通事故责任纠纷案件中，保险公司是否需要承担交强险赔偿责任比较清晰，而本起案例可以看作机动车交通事故责任纠纷中的“特殊案例”，为类似情形提供参考。

编写人：福建省厦门市海沧区人民法院　郭碧娥　刘影

43

对停放无过错、认定无责任静止车辆的保险公司在交强险无责任赔偿限额范围内无须承担赔偿责任

——邹某诉甲保险公司等机动车交通事故责任案

【案件基本信息】

1. 裁判书字号

江西省宜春市中级人民法院（2022）赣09民终2825号民事判决书

2. 案由：机动车交通事故责任纠纷

3. 当事人

原告（被上诉人）：邹某

被告（上诉人）：甲保险公司

被告（被上诉人）：周某、汽车服务公司、乙保险公司

【基本案情】

2022年5月8日8时20分许，周某驾驶车牌号为赣CA××××的重型自卸货车，行驶至某县某地1公里100米某镇加油站路口路段时，与邹某驾驶的电动自行车发生碰撞后，电动自行车与涂某行驶后停靠在道路右侧停车位内的赣CH××××小客车发生碰撞，造成邹某受伤、车辆受损的交通事故。同年5月12日，某县公安局交通警察大队作出道路交通事故认定书，认定邹某与周某均负同等责任，涂某无责任。

事故发生后，原告邹某于2022年5月8日至2022年6月12日，在医院住院治疗。经医院诊断邹某骶骨骨折以及多处软组织损伤。邹某住院34天，花费医疗费7650.7元。

另查明，周某驾驶的赣CA××××重型自卸货车所有人为汽车服务公司，赣CA××××重型自卸货车车辆使用性质为营运货运，并于2021年6月8日在甲保险公司处投保了机动车交通事故责任强制保险（以下简称交强险），此次事故发生在保险期内。涂某所有的赣CH××××小型面包车于2021年4月27日在乙保险公司处投保了机动车交通事故责任强制保险，此次事故发生在保险期内。

【案件焦点】

涂某所有的赣CH××××小型面包车是否需要承担无责交强险赔偿部分。

【法院裁判要旨】

江西省靖安县人民法院经审理认为：公民的生命健康权受法律保护，侵犯他人身体造成伤害的，依法应承担民事赔偿责任。本案中，某县公安局交通警察大队作出的事故责任认定书合法有效，依法予以确认。邹某各项损失共计32362.1元。

本次交通事故中，涂某驾驶后停靠在道路右侧停车位内的赣CH××××小型面包车，不属于违规停放，且该车辆处于静止的停放状态，未处于通行状态，既没有发挥车辆的运输、行驶功能，也不会对他人与车辆带来危险性，对邹某损害后果的发生没有发挥任何作用，不存在事故损害上的原因力，因而不符合保险赔偿的近因原则，不属于交强险理赔范围。故邹某要求乙保险公司承担相应责任的诉讼请求，以及甲保险公司要求乙保险公司应承担交强险无责赔付的辩称，于法无据，本院不予采纳。

因邹某的各项损失均未超过交强险的赔偿范围，故甲保险公司应在交强险责任限额范围内赔偿原告邹某各项损失 32362.1 元。

周某、汽车服务公司经本院依法传唤未到庭，也未提供书面答辩意见，应视为其放弃相关举证质证及辩论等权利。

江西省靖安县人民法院依照《中华人民共和国民法典》第一千一百七十九条、第一千二百零八条、第一千二百零九条、第一千二百一十一条、第一千二百一十三条，《最高人民法院关于审理人身损害赔偿案件适用法律若干问题的解释》第六条、第七条、第八条、第九条、第十条、第十一条，《中华人民共和国民事诉讼法》第一百四十五条、第一百四十七条的规定，判决如下：

一、被告甲保险公司于本判决生效之日起十日内在机动车交通事故责任强制保险责任限额范围内向原告邹某赔偿各项损失共计 32362.1 元；

二、驳回原告邹某的其他诉讼请求。

甲保险公司不服一审判决，提起上诉。江西省宜春市中级人民法院经审理认为：根据查明的事实，交警部门已对本案所涉交通事故依法作出认定，事故发生时，赣 CH××××号小车正常停放在停车位内，处于静止状态。案涉事故是赣 CA××××号货车与邹某驾驶的电动车发生碰撞，电动车再与赣 CH××××号小车碰撞，电动车是因赣 CA××××号货车的撞击而再撞向赣 CH××××号小车。而赣 CH××××小车处于正常停放静止状态，不是通行状态，一审判决认定该车辆对本案保险事故造成的损害不存在原因力，不符合保险赔偿的近因原则，符合本案事实，并无不当。且就事故赔偿而言，赣 CA××××号货车所投交强险已足以赔偿邹某的损失。甲保险公司要求赣 CH××××号小车承担无责交强险赔偿部分、扣减甲保险公司赔偿金额的上诉主张，不能成立。邹某的医疗费未超出交强险医疗费用的赔偿限额，甲保险公司提出扣减不低于 20%的非医保和无关联用药费用的上诉理由和主张，也无事实和法律依据，不能成立。综上，甲保险公司的上诉请求不能成立，应予驳回；一审判决认定事实清楚，适用法律正确，应予维持。

江西省宜春市中级人民法院依照《中华人民共和国民事诉讼法》第一百七十七条第一款第一项的规定，判决如下：

驳回上诉，维持原判。

【法官后语】

交强险理赔是交通事故案件中法官需要予以审视的一个方面。本案事实清楚，各方对事故的责任认定无异议，争议焦点在于交通事故中涉案车辆的保险公司对交强险理赔责任的分担问题，即对停放无过错、认定无责任的静止车辆，保险公司是否应当在交强险无责任限额内承担理赔责任。

本案基于以下特殊性，不适用无责赔付：

首先，从司法解释来看，肇事车辆必须处于通行中。《最高人民法院关于审理道路交通事故损害赔偿案件适用法律若干问题的解释》第二十五条规定："机动车在道路以外的地方通行时引发的损害赔偿案件，可以参照适用本解释的规定。"可见，认定交通事故之关键在于车辆处于通行状态，而不论是否处于道路中。本案事故发生时，赣 CH××××面包车停放于隔离栏外的人行道内，不属于违法违规停放范围，也就是说车主停放不存在过错；且车辆处于静止的停放状态，未处于通行状态，既没有发挥车辆的行驶、运输功能，也不会对他人与车辆带来危险性，对交通事故损害后果的发生没有发挥作用。简而言之，此时赣 CH××××面包车无异于民法概念上的物，非通常意义上的机动车辆。

其次，保险公司理赔需车辆对损害产生具有危险性与杀伤力，即必须符合保险近因原则。近因原则指保险人承担赔偿责任的范围应限于以承保风险为近因造成损失的根本规则。作为保险领域国际通用的基本原则之一，虽然目前我国保险法并未明确规定，但实践中在界定事故是否属于保险范畴时应以此原则作为确定保险责任的基本依据。学术界对近因原则中近因的解释主要有两种不同的观点：一为时间上最为接近的原因就是近因，即时间说；另一为效力上最为显著的原因才是近因，即效力说。案件中的赣CH××××面包车不符合此两种观点。本案交通事故的发生，可分解为如下过程：电动车→货车→静止面包车，邹某受伤的初始外力来源于周某驾驶的货车，受货车强力冲撞后，其所驾驶的电动车处于失控状态，进而发生碰撞涂某停放的面包车的后果。上述经过是一个快速的连贯过程，虽然导致邹某受伤的原因既包括货车的碰撞，也包括冲撞涂某停放的面包车，但由于邹某所驾驶的电动车在货车碰撞后已处于失控的危险状态，即使周边并不存在其他车辆，其受伤仍然不可避免。因此，邹某受伤的近因并非涂某的停放车辆，直接和根本原因是周某驾驶的货车碰撞。邹某虽然实际与涂某停放于路边的车辆发生碰撞，但由于涂某的停放行为并无可责性，与邹某受伤之间并不存在保险理赔上的近因，故涂某无须对邹某承担赔偿责任。

交通事故，究其本质，应为一种特殊侵权行为类型。交强险源于国家考虑到个人的偿付能力有限，交通事故受害方往往只拥有一种形式权利，在得不到实质救济时而采取的一种风险转移与责任转嫁。作为责任保险中的一种特殊制度设计，交强险理赔不能超脱于保险理赔基本原则之外，保险公司保险责任的承担必须以被保险人需要承担民事侵权责任为前提。因此，交强险无责任赔偿，其实质是建构于法律对机动车驾驶人一方拟制的赔偿责任基础之上。

首先，在交强险理赔与侵权责任认定上，正常逻辑应先确定侵权责任法意义上的交通事故赔偿归责原则，使被保险车辆依据法定原则对受害人负有赔偿责任，保险才作为责任风险承保方承担最终的损失补偿。从文义解释的角度，可以理解为交通事故发生后，应当先确定机动车的侵权责任，然后在侵权责任范围内由保险赔偿。也即，保险人无责任限额赔偿不应解释为保险人对被保险人的无侵权责任赔偿，相反，保险人应当以被保险人在交通事故中的侵权责任为赔偿前提。一言以蔽之，不论强制保险也好，商业保险也好，所有责任保险的前提都是被保险人对他人依法应当承担赔偿责任。

其次，肇事车辆的保险公司足以理赔时，静止车辆的保险公司无须理赔。侵权行为应符合侵权责任构成要件，通说认为包括加害行为、归责原则、违法性、因果关系四个要件。本案中，肇事车辆系周某驾驶的赣CA××××货车，系其该车碰撞致邹某受伤。而赣CH××××面包车车主涂某的停放行为，在交通事故责任认定书中并没有认定其违规停放，即无过错，不符合侵权责任构成要件中的加害行为、违法性，故不具有不法的侵权性，无须承担侵权责任。保险公司之间如何分担责任，可以借鉴侵权责任人之间的责任承担。鉴于甲保险公司之理赔未超出其交强险责任限额范围，完全没有必要将其赔偿责任细化出一部分无责任赔偿限额，否则便是对自身责任的推卸。因此，甲保险公司无须对邹某的损失承担交强险无责限额内的赔偿责任，如此方能体现出侵权责任法之损害填补与损害预防目的。

当然，由于交通参与主体时刻处于相互运动关系之中，机动车辆并非在任何停放情况下都对周围的人和物无害，如果随意违规停放，影响到他人或车辆的正常通行，亦会产生危害人身和财产安全的可能。对此应具体案情具体分析，在综合分析致害原因的基础上，以保险近因原则为参照，合理准确界定行为人是否承担赔偿责任及责任比例限度，杜绝机械理解法律，唯此方能确保案件处理的公平与公正。

法律不只是保护弱者的工具，更是平衡社会关系、缓和社会矛盾、维护公平正义的利器，不能因为个案而损害公平正义原则。交强险虽然是一种公益性保险，主要在于保障与救济受害方权益，但实施中也要注重公平正义及其社会影响，不仅要维护受害者的合法权益，更要维护社会稳定，构建和谐社会，无责赔付滥用或扩大化必将带来不良后果。

编写人：江西省靖安县人民法院　周彭

44

多车事故中部分车辆未投保交强险，交强险赔付责任的认定

——郑某诉保险公司等机动车交通事故责任案

【案件基本信息】

1. 裁判书字号

福建省漳州市中级人民法院（2022）闽 06 民终 2669 号民事判决书

2. 案由：机动车交通事故责任纠纷

3. 当事人

原告（被上诉人）：郑某

被告（上诉人）：保险公司、许某 1

被告（被上诉人）：茅某、蒋某

被告：许某 2

【基本案情】

2021 年 1 月 21 日 21 时 49 分，茅某驾驶某城 H9×××号二轮电动车沿某市某区某路右机动车道由南往北行驶至某村村委会路段时，因许某 1 所停闽 E6××××号小型轿车与蒋某所停闽 E5××××号轻型栏板货车占道，致其未确保行驶安全，与右前方步行的郑某发生剐碰，造成车损及郑某受伤的交通事故。经某市公安局交通警察支队某大队做出《道路交通事故认定书》，认定茅某负事故主要责任，许某 1、蒋某负事故次要责任，郑某无责任。事故发生后，郑某被送往某医院住院治疗，并经某司法鉴定中心鉴定意见为十级伤残，误工期限为伤后 120 日，护理期限为伤后 60 日。郑某因本次交通事故造成经济损失共计

152651.16元。闽E5××××号轻型普通货车为蒋某所有，于保险公司处投保交强险及商业险，事故发生在保险有效期内。闽E6××××号小型轿车未投保交强险，车辆登记所有人是许某2，系未成年人，该车实际所有人及使用人为许某1，该二人为父子关系。

【案件焦点】

保险公司是否应当在交强险限额内承担郑某全部损失。

【法院裁判要旨】

福建省漳州市芗城区人民法院经审理认为：郑某因本次交通事故的经济损失为152651.16元。许某1与蒋某驾驶两辆机动车，按照交通事故认定均负担本事故次要责任。因许某1与蒋某有义务为机动车投保交强险，故本案伤者郑某的损失应由许某1与蒋某在交强险赔偿范围内各自承担50%的赔偿责任。蒋某的机动车已投保交强险，应由承保的保险公司承担赔偿郑某各项经济损失76325.58元的责任。而根据《最高人民法院关于审理道路交通事故损害赔偿案件适用法律若干问题的解释》第十六条第一款的规定："未依法投保交强险的机动车发生交通事故造成损害，当事人请求投保义务人在交强险责任限额范围内予以赔偿的，人民法院应予支持。"应投而未投保交强险的机动车投保义务人许某1应在交强险责任限额范围内自行承担赔偿郑某经济损失76325.58元的责任。

福建省漳州市芗城区人民法院依照《中华人民共和国民法典》第一千一百七十九条、第二十三条、第二十七条、第一千一百八十八条，《中华人民共和国道路交通安全法》第七十六条，最高人民法院《关于审理道路交通事故损害赔偿案件适用法律若干问题的解释》第十九条，《最高人民法院关于审理人身损害赔偿案件适用法律若干问题的解释》第六条、第七条、第八条、第九条、第十条、第十一条、第十二条、第二十二条的规定，判决如下：

一、被告保险公司应于本判决发生法律效力后十日内在交强险限额内赔偿原告郑某各项损失76325.58元；

二、被告许某1应于本判决发生法律效力后十日内赔偿原告郑某各项损失76325.58元；

三、驳回原告郑某其余诉讼请求。

许某1、保险公司不服一审判决，提起上诉。福建省漳州市中级人民法院经审理认为：根据《最高人民法院关于审理道路交通事故损害赔偿案件适用法律若干问题的解释》第十八条第三款的规定，“多辆机动车发生交通事故造成第三人损害，其中部分机动车未投保交强险，当事人请求先由已承保交强险的保险公司在责任限额范围内予以赔偿的，人民法院应予支持。保险公司就超出其应承担的部分向未投保交强险的投保义务人或者侵权人行使追偿权的，人民法院应予支持”。本案伤者郑某的经济损失应由已承保交强险的保险公司在责任限额范围内先行赔付。保险公司赔付后，再依法就超出其应承担的部分向未投保交强险的投保义务人许某1行使追偿权。

福建省漳州市中级人民法院依照《中华人民共和国道路交通安全法》第七十六条，《最高人民法院关于审理道路交通事故损害赔偿案件适用法律若干问题的解释》第十八条第三款，《中华人民共和国民事诉讼法》第一百七十六条第一款、第一百七十七条第一款第二项的规定，判决如下：

一、撤销福建省漳州市芗城区人民法院（2022）闽0603民初1323号民事判决；

二、上诉人保险公司应于本判决发生法律效力后十日内在交强险限额内赔偿被上诉人郑某各项损失152651.16元；

三、驳回被上诉人郑某的其他诉讼请求。

【法官后语】

多车致交通事故发生，造成第三人损害，其中部分机动车未投保交强险的，应根据当事人请求，由已承保交强险的保险公司在责任限额范围内先行予以赔付，再由保险公司依法向未投保交强险的投保义务人或者侵权人另行追偿。在法律适用应根据《最高人民法院关于审理道路交通事故损害赔偿案件适用法律若干问题的解释》第十八条第三款，而不应先适用第十六条第一款。理由如下：

一、交强险的公益性和强制性

交强险与商业三者险有着截然不同的属性。交强险设置的目的，源于其公益特征，能够给予权利人遭受交通事故损伤后的托底式保障，在功能上更类似于社会救助基金，使得伤者在事故后得到及时的救助。另外，投保交强险系法定义务，具有强制性。投保义务人无权作出是否投保交强险的选择。无论出于故意或是过失的主观状态，未投保交强险在私法范畴均应给予严格的否定性评价，发生事故后，未投保交强险的投保义务人须在交强险的赔偿限额内承担赔偿责任。

二、立法初衷，强化对被侵权人的救助和保障

《最高人民法院关于审理道路交通事故赔偿案件适用法律若干问题的解释》第十八条第三款在解释立法上的意图更倾向于交强险的公益性和社会救助性。多车事故中应由未投保交强险机动车方赔偿责任的赔偿顺序，涉及未投保交强险方不予赔付的风险归于何处的问题。在交通事故中，被侵权人遭受人身或财产损害属于弱者，从经济负担能力的角度，能够承担的风险必然无法与保险公司相比拟。交通事故中出现人身损害一方往往需要及时就医治疗，保险公司先行赔付能够确保尽快兑现交强险限额内的款项赔付，避免投保义务人缺乏经济能力或主观赔付认识不到位，导致赔偿款未能及时到位甚至落空而延误伤情救治的情况。因此，由保险公司先行承担赔付责任，表面上虽然加重了保险公司的责任，但实则通过交强险的设置为被侵权人提供了强有力的保障，充满人道主义关怀，以社会力量助力救死扶伤，体现交强险设置的立法初衷。

三、价值考量，公平与效率的统一

由另一方有投保交强险的保险公司先行赔付再依法行使追偿权看似多出一个追偿环节，实则更能体现公平与效率的统一，体现司法公正。尤其是实践中，未投保交强险的投保义务人或侵权人往往赔偿能力不足，受损的社会关系难以得到恢复，会造成实质不公平。而由已承保交强险的保险公司先予赔偿，有利于对受害人损失及时填补，更有利于发挥交强险的基本保障功能。同时，由已承保交强险的保险公司在责任限额范围内予以赔偿后，再由保险公司就超出其

应承担的部分向未投保交强险的投保义务人或者侵权人行使追偿权，其追偿范围并不仅限于应投保而未投保的投保义务人，还可能包括应负担事故责任的其他侵权人，以体现责任与赔偿义务对等，既兼顾效率性，又能体现公平性，达到法律效果和社会效果的统一。

值得注意的是，多车致交通事故发生，造成第三人损害的情形，由于责任负担主体情况较为复杂，当事人在起诉时，往往仅要求所有侵权人和保险公司承担赔偿责任，诉讼请求含糊笼统，审判人员在立案或庭前准备时，应注意做好依法释明工作，厘清赔付主体和顺序，引导当事人明确诉讼请求，有利于固定诉辩双方的争议焦点，促进庭审调查和辩论实质化，从而达到较好的审理效果。

编写人：福建省漳州市中级人民法院　郭兰君　方汤琳

45

找人顶包行为构成商业三者险中的免赔情形

——夏某1等诉保险公司等机动车交通事故责任案

【案件基本信息】

1. 裁判书字号

重庆市第三中级人民法院（2022）渝03民终1860号民事判决书

2. 案由：机动车交通事故责任纠纷

3. 当事人

原告（被上诉人）：夏某1等7人

被告（上诉人）：保险公司

被告（被上诉人）：雷某某、杜某某

【基本案情】

2022 年 4 月 8 日 21 时 28 分许，雷某某驾驶杜某某所有的小车行驶至某市某县某镇某中学门口时，将醉酒后躺卧在道路人行横道中央的夏某某碾轧，造成夏某某当场死亡的交通事故。2022 年 6 月 29 日，某市某县公安局交通巡逻警察大队作出《道路交通事故认定书》，认定：雷某某承担本次事故主要责任，夏某某承担本次事故次要责任。认定书还载明：死者夏某某心血酒精含量 348.1mg/100mL，系醉酒后躺卧在道路中央；事故发生后，杜某某顶替称其驾驶肇事车辆发生的交通事故，后经公安机关查证，事发时的实际驾驶人为雷某某。雷某某驾驶的小车在保险公司投保有交强险及第三者责任险（责任限额 100 万元），事故发生时尚在保险期间。该机动车第三者责任保险第二十二条约定："下列情况下，不论任何原因造成的人身伤亡、财产损失和费用，保险人均不负责赔偿：（一）事故发生后，被保险人或驾驶人故意破坏、伪造现场，毁灭证据；（二）驾驶人有下列情形之一者：1. 交通肇事逃逸；2. 饮酒、吸食或注射毒品……"保险条款释义部分约定："交通肇事逃逸，是指发生道路交通事故后，当事人为逃避法律责任，驾驶或者遗弃车辆逃离道路交通事故现场以及潜逃藏匿的行为。"

夏某 1 等 7 人诉至法院，请求判令保险公司在交强险、商业三者险限额内直接支付 1154479.5 元。

【案件焦点】

杜某某顶包承担交通肇事责任后，保险公司能否在商业三者险范围内免责。

【法院裁判要旨】

重庆市垫江县人民法院经审理认为：根据《道路交通事故认定书》，确定二者的责任比例为 15∶85，即由雷某某承担 85%的责任。本案顶包行为发生在交通事故后，损害后果已产生，与事故发生的原因、损害程度无关，没有影响公安机关对事故发生经过、性质、原因等的认定和处理，亦没有扩大事故损失，未加重保险公司的赔偿风险和保险责任。

重庆市垫江县人民法院依照《中华人民共和国道路交通安全法》第七十六条,《中华人民共和国民法典》第一千一百六十五条、第一千一百七十九条、第一千一百八十三条、第一千二百零八条、第一千二百一十三条的规定,判决如下:

一、由保险公司在本判决生效后10日内赔偿夏某1等7人损失1041096.75元;

二、驳回夏某1等7人的其他诉讼请求。

保险公司不服,提出上诉。重庆市第三中级人民法院经审理认为:逃逸行为不仅包括从事故现场逃离,还包括在现场躲藏、虽然在现场但谎称自己不是肇事者或者虽在现场但指使或同意他人冒名顶替等情形。交通肇事逃逸在本质上是隐瞒肇事者身份而逃避法律追究,而找人顶包即是为了逃避法律责任实施的潜逃藏匿行为。本案中,尽管雷某某本人未逃离事故现场,但其让杜某某顶包充当肇事驾驶员,掩盖其为交通肇事者的真相,与其实际逃离现场并无本质上的不同,构成交通肇事后“潜逃藏匿”的情形。根据商业三者险免责条款的约定,在交通肇事逃逸情形下,保险人不负责赔偿。因此,保险公司不应在商业三者险责任限额范围内承担赔偿责任。

重庆市第三中级人民法院依照《中华人民共和国民事诉讼法》第一百七十七条第一款第二项规定,经该院审判委员会研究决定,判决如下:

一、撤销重庆市垫江县人民法院(2022)渝0231民初2921号民事判决;

二、由保险公司于本判决生效之日起10日内赔偿夏某1等7人损失180000元;

三、由雷某某于本判决生效之日起10日内赔偿夏某1等7人损失861096.75元;

四、驳回夏某1等7人的其他诉讼请求。

【法官后语】

实践中,肇事者在发生交通事故后,出于存在事前饮酒、特殊职业身份等因素,找人顶包承担交通肇事责任,意图逃避责任追究的情形时有发生。此种顶包行为的性质应如何界定，保险公司能否借此在商业三者险范围内免责，值得探讨。

1. 商业三者险的免赔情形。道交领域商业三者险设置的初衷，旨在补充交强险、转移被保险人本应对第三者承担的损害赔偿责任风险。作为典型的格式合同，商业三者险一般在法律规定范畴内事先将饮酒、吸毒后驾驶车辆、交通肇事逃逸等情形约定为保险免责事由。根据《中华人民共和国保险法》第十七条之规定，保险人对于免责条款承担着较一般格式条款更重的提示说明义务。本案中，商业三者险约定的免责事由并不存在违反法律禁止性规定等无效情形，保险人亦在合同订立时充分履行了提示说明义务，故应将其作为判断保险人能否免责的准据。结合现有证据，商业三者险并未将顶包行为约定为保险免赔事由，且亦不能得出驾驶人存在饮酒等其他行为，因此重在判断是否存在交通肇事逃逸行为。

2. 顶包属于交通肇事逃逸。对于合同中交通肇事逃逸条款的理解，应结合相关法律及司法解释进行目的解释。综合《最高人民法院关于审理交通肇事刑事案件具体应用法律若干问题的解释》及公安部《道路交通事故处理程序规定》对于交通肇事逃逸的释义，其主观核心目的即为意图逃避法律责任追究，民事、刑事、行政责任均应包含在内。从立法技术来看，逃离现场或在现场藏匿等仅为出于文义解释下肇事逃逸的典型情形，其外延表现形式并不能一一限定。一般认为，交通事故后肇事者应承担救助受害人与如实报告、接受责任追究的双重义务。尽管顶包的缘由可能多式多样，但其目的仍系逃避法律责任，可能产生的不良后果即有关部门无法查清事故真实原因，进而无法得出肇事者应承担何种真实法律责任，其本质上仍系一种消极的逃跑藏匿行为。结合本案，虽然雷某某本人未逃离现场，并进行了当即停车设置警戒标识和指挥现场、安排报警、事后赔偿等系列行为，但归其根本仅系履行了救助受害人的义务。对于如实向交警部门说明事故原因经过、辅助进行事实调查和责任追究的关键义务，其以顶包形式进行了逃避，由此产生的后果与逃离现场、伪造证据等典型情形所致后果并无根本性区别。因此，本案的顶包行为构成约定的交通肇事逃逸。

3. 顶包行为有违诚信原则。司法裁判具有价值示范引领作用，从反面效果而言，若不将此种顶包行为作否定性评价，则将导致作为民法领域帝王条款的诚信原则受损，既不利于保险行业的健康发展，也阻碍了社会主义核心价值观在民事司法领域的践行。故而，本案在认定顶包行为属于交通肇事逃逸情形后，依据免赔条款，改判保险人在商业三者险范畴内免责，达到了法律效果和社会效果的高度统一。

编写人：重庆市第三中级人民法院　吴小

重庆市垫江县人民法院　李驰明

46

农用联合收割机应认定为机动车并依法投保交强险

——常某某诉穆某机动车交通事故责任案

【案件基本信息】

1. 裁判书字号

山东省聊城市中级人民法院（2022）鲁15民终3222号民事判决书

2. 案由：机动车交通事故责任纠纷

3. 当事人

原告（被上诉人）：常某某

被告（上诉人）：穆某

【基本案情】

2021年10月2日，原告因收割自家玉米事宜到某县某村的某田间找到被告穆某。穆某驾驶号牌为鲁12×××××的轮式联合收割机在田间由北向南行驶时，常某某跟随被告的车辆后面也向南走，在行驶过程中因路面原因被告倒车，倒车中与常某某发生碰撞，造成常某某受伤的交通事故。常某某主张事故发生系因穆某倒车太快，没有掌握好方向盘导致的；穆某主张系由于常某某不听劝阻执意去找被告，要求及时收割其玉米而忽略被告所驾驶的联合收割机倒车的提示音所发生的。

【案件焦点】

1. 轮式联合收割机是否为机动车；2. 能否在交强险责任限额内承担赔偿责任。

【法院裁判要旨】

山东省冠县人民法院经审理认为：本案所涉联合收割机虽是农用车，但根据《中华人民共和国道路交通安全法》第一百一十九条规定，“车辆”是指机动车和非机动车，“机动车”是指以动力装置驱动或者牵引，上道路行驶的供人员乘用或者用于运送物品以及进行工程专项作业的轮式车辆。案涉轮式联合收割机应属机动车范畴。《机动车交通事故责任强制保险条例》第四条第二款规定：“公安机关交通管理部门、农业（农业机械）主管部门（以下统称机动车管理部门）应当依法对机动车参加机动车交通事故责任强制保险的情况实施监督检查。对未参加机动车交通事故责任强制保险的机动车，机动车管理部门不得予以登记，机动车安全技术检验机构不得予以检验。”在中华人民共和国境内道路上行驶的机动车的所有人或者管理人，应当依照《中华人民共和国道路交通安全法》的规定投保机动车交通事故责任强制保险。未依法投保交强险的机动车发生交通事故造成损害，当事人请求投保义务人在交强险责任限额范围内予以赔偿的，人民法院应予支持。案涉车辆未依法投保机动车交通事故责任强制保险，穆某应当自行承担在交强险限额范围内的赔偿。

关于双方当事人的责任划分问题。根据本案当事人陈述，可以反映在事故发生时，本案被告穆某驾驶收割机忽略了位于收割机后方常某某的安全，对本案事故的发生具有过错；常某某明知正在行驶的收割机具有危险性，未尽到必要的安全注意义务，发生本案事故具有过错，根据双方过错程度，酌定穆某负本次事故 50%责任，常某某负本次事故 50%责任。

山东省冠县人民法院依照《中华人民共和国民法典》第一千一百七十九条，《中华人民共和国道路交通安全法》第七十六条、第一百一十九条，《最高人民法院关于审理道路交通事故损害赔偿案件适用法律若干问题的解释》第十六条，《中华人民共和国民事诉讼法》第六十七条的规定，判决如下：

一、被告穆某于判决生效之日十日内赔偿原告常某某医疗费损失 48132.03 元；

二、驳回原告常某某的其他诉讼请求。

穆某不服一审判决，提起上诉。山东省聊城市中级人民法院经审理认为：本案所涉联合收割机虽是农用车，但农业机械管理局对涉案车辆发放了《中华人民共和国拖拉机和联合收割机行驶证》，说明该种车辆准许上路行驶，将该种车辆纳入机动车的管理范围。穆某主张应适用农业部《拖拉机和联合收割机登记规定》，其驾驶的收割机不应投保交强险。但《中华人民共和国道路交通安全法》第一百一十九条第三项规定："本法中下列用语的含义……（三）'机动车'，是指以动力装置驱动或者牵引，上道路行驶的供人员乘用或者用于运送物品以及进行工程专项作业的轮式车辆。"《机动车交通事故责任强制保险条例》第二条第一款规定："在中华人民共和国境内道路上行驶的机动车的所有人或者管理人，应当依照《中华人民共和国道路交通安全法》的规定投保机动车交通事故责任强制保险。"根据上位法优于下位法、新法优于旧法的法律适用原则，本案应当适用《中华人民共和国道路交通安全法》和《机动车交通事故责任强制保险条例》。依照上述法律规定，本案穆某驾驶轮式联合收割机，属于《中华人民共和国道路交通安全法》规定的"机动车"的范畴，应当依法投保交强险。《最高人民法院关于审理道路交通事故损害赔偿案件适用法律若干问题的解释》第十六条第一款规定，未依法投保交强险的机动车发生交通事故造成损害，当事人请求投保义务人在交强险责任限额范围内予以赔偿的，人民法院应予支持。第二十五条规定，机动车在道路以外的地方通行时引发的损害赔偿案件，可以参照适用本解释的规定。本案中，涉案联合收割机虽受农业机械管理部门管理，该主管部门的不同并不影响其作为机动车的属性，应当按照规定投保交通事故责任强制保险，在道路上发生交通事故时适用《中华人民共和国道路交通安全法》规定，未投保交强险的机动车发生交通事故造成损害，应在交强险责任限额范围内予以赔偿，超出范围按事故比例承担责任。穆某没有为涉案联合收割机投保第三者责任强制保险，一审法院判令穆某在交强险责任限额范围内对常某某所受损失予以赔偿，不足部分按各自过错责任比例承担符合法律规定。

山东省聊城市中级人民法院依照《中华人民共和国民事诉讼法》第一百七十七条第一款第一项的规定，判决如下：

驳回上诉，维持原判。

【法官后语】

本案主要涉及联合收割机在田间作业时发生交通事故是否应认定为机动车，能否在交强险限额内承担赔偿责任的问题。

农业机械有其特殊性，因其结构的原因，作业的部位大都暴露在外，作业时也缺少有效的防护装置，又大部分在田间地头作业，给操作使用人员带来了安全隐患。实践中，在农田作业中，与联合收割机相关的道路交通事故时有发生。本案的审理为准确认定农用联合收割机的性质，为正确适用《中华人民共和国道路交通安全法》提供了借鉴。

一、在田间作业的农用联合收割机是否属于机动车

根据《拖拉机和联合收割机登记规定》，拖拉机、联合收割机所有人应当向居住地的农机监理机构申请注册登记，但仅有拖拉机运输机组在注册登记时需提交交强险凭证，对轮式联合收割机没有相关强制规定。本案所涉联合收割机虽是农用车，但农业机械管理部门对涉案车辆发放了《中华人民共和国拖拉机和联合收割机行驶证》，说明该种车辆准许上路行驶，将该种车辆纳入机动车的管理范围。2007 年中国保险监督管理委员会批准了中国保险行业协会申报的《拖拉机交强险费率方案》，明确了拖拉机交通事故责任强制保险的基础费率标准，并与农业部联合下发了《关于切实做好拖拉机交强险实施工作的通

知》，强化拖拉机投保交强险的实施工作。其次，《中华人民共和国道路交通安全法》第一百二十一条规定：“对上道路行驶的拖拉机，由农业（农业机械）主管部门行使本法第八条、第九条、第十三条、第十九条、第二十三条规定的公安机关交通管理部门的管理职权。”依据该规定，上道路行驶的联合收割机应视为机动车对待。且根据《中华人民共和国道路交通安全法》第一百一十九条第三项规定：“本法中下列用语的含义……（三）‘机动车’，是指以动力装置驱动或者牵引，上道路行驶的供人员乘用或者用于运送物品以及进行工程专项作业的轮式车辆。”因此，本案穆某驾驶轮式联合收割机符合法律对于机动车的定义，应属于《中华人民共和国道路交通安全法》规定的“机动车”的范畴。

二、农用联合收割机是否应投保交强险

根据《机动车交通事故责任强制保险条例》第二条第一款规定：“在中华人民共和国境内道路上行驶的机动车的所有人或者管理人，应当依照《中华人民共和国道路交通安全法》的规定投保机动车交通事故责任强制保险。”对未参加机动车交通事故责任强制保险的机动车，机动车管理部门不得予以登记，机动车安全技术检验机构不得予以检验。本案穆某驾驶轮式联合收割机属于“机动车”的范畴，应当依法投保交强险。我国交强险制度的设立，对于保障人民生命财产安全和维护社会稳定具有重要意义。交强险具有显著的公益性，保障机动车交通事故受害人得到及时有效的基本赔偿是设立交强险的首要宗旨。因此，交强险合同条款的约定应当符合交强险立法的公益目的。涉案联合收割机并非道路交通安全法中所指的狭义的机动车，而是《机动车交通事故责任强制保险条例》中所指的广义的机动车。为了保障事故受害人依法得到赔偿，投保义务人应当履行为联合收割机投保交强险的法定义务，以此分散联合收割机上路行驶发生交通事故后的责任风险。如有承保交强险业务资格的保险人拒绝承保等，保险人应在交强险限额内承担相应的责任。

三、未投保交强险的农用联合收割机发生交通事故造成损害时的责任承担

依照《最高人民法院关于审理道路交通事故损害赔偿案件适用法律若干问

题的解释》第十六条第一款规定，未依法投保交强险的机动车发生交通事故造成损害，当事人请求投保义务人在交强险责任限额范围内予以赔偿的，人民法院应予支持。第二十五条规定，机动车在道路以外的地方通行时引发的损害赔偿案件，可以参照适用本解释的规定。本案中，涉案联合收割机虽受农业机械管理部门管理，该主管部门的不同并不影响其作为机动车的属性，应当按照规定投保交通事故责任强制保险，在道路上发生交通事故时适用《中华人民共和国道路交通安全法》规定，未投保交强险的机动车发生交通事故造成损害，应在交强险责任限额范围内予以赔偿，超出范围按事故比例承担责任。实践中，联合收割机并非不能投保交强险，而是当事人怠于投保。因此，本案中，穆某没有为涉案联合收割机投保第三者责任强制保险，一审法院判令穆某在交强险责任限额范围内对常某某所受损失予以赔偿，不足部分按各自过错责任比例承担符合法律规定。

综上，联合收割机虽为行走式农业机械，但不能离开拖拉机单独工作，是拖拉机的配套机械，属于《中华人民共和国道路交通安全法》规定的“机动车”的范畴，未依法投保交强险的机动车发生交通事故造成损害的，应在交强险责任限额范围内予以赔偿，超出范围按事故比例承担责任。

编写人：山东省聊城市中级人民法院　丰雷

47

骑手雇主责任保险特别约定条款的效力认定

——徐某某诉江某某等非机动车交通事故责任案

【案件基本信息】

1. 裁判书字号

浙江省嘉兴市中级人民法院（2022）浙04民终2088号民事判决书

2. 案由：非机动车交通事故责任纠纷

3. 当事人

原告（被上诉人）：徐某某

被告（被上诉人）：汪某某、电子商务公司

被告（上诉人）：保险公司

【基本案情】

2021年11月8日8时53分许，汪某某驾驶电动自行车执行电子商务公司外卖配送任务过程中，行驶至某省某市某街道某路某号地方时，与徐某某驾驶的电动自行车发生碰撞，造成徐某某受伤、车辆受损的交通事故。经某市公安局交通警察大队认定，汪某某负全部责任，徐某某无责任。事故发生后，徐某某经治疗，产生医疗费用11306.88元。后徐某某诉至法院，请求判令三被告赔偿18848.29元。

骑手雇主责任保险保险单载明："第三者责任赔偿限额450000元，保险期间自2021年12月8日0时起至2021年12月9日0时止，保费2.9元。"保险单特别约定第4条载明："在保险期间内，被保险人及其指定的雇员在中国境内为'M平台''M平台外卖'上班的过程中发生意外事故（含交通事故），造成第三者人身伤亡或财产损失，应由被保险人承担的经济赔偿责任，保险人按照本保险合同约定负责赔偿：三者死亡赔偿金、伤残赔偿金、医疗费、三者误工费、三者财产损失赔偿金，前述列明以外的项目和费用为除外责任，包括但不限于：营养费、康复费、护理费、交通费、食宿费……"

【案件焦点】

"骑手雇主责任保险"保险单中有关责任免除的特别约定是否属于免责条款，是否有效。

【法院裁判要旨】

浙江省桐乡市人民法院经审理认为：保险公司未能举证证明"骑手雇主责任保险"保险单特别约定中责任免除内容已尽到了说明告知义务，投保人（被保险人）电子商务公司也明确保险公司对免责条款未履行明确的说明告知义务。故骑手雇主责任保险保险单特别约定中责任免除内容无效。徐某某的损失未超过保险责任限额，应全部由保险公司承担。

浙江省桐乡市人民法院依照《中华人民共和国民法典》第一千一百六十五条、第一千一百七十九条、第一千一百九十一条，《中华人民共和国保险法》第十七条，《最高人民法院关于审理人身损害赔偿案件适用法律若干问题的解释》第六条、第七条、第八条、第九条、第十一条，《中华人民共和国民事诉讼法》第一百四十五条的规定，判决如下：

一、被告保险公司应赔偿原告徐某某 20496.88 元，扣除已付款 2694.67 元，尚应赔偿原告徐某某 17802.21 元，于本判决生效之日起十日内履行；

二、驳回原告徐某某其余诉讼请求。

保险公司不服一审判决，提起上诉。浙江省嘉兴市中级人民法院经审理认为：电子商务公司在保险公司投保的险种为“骑手雇主责任保险”，该险种不同于通常的机动车商业保险中的机动车第三者责任保险，从其保险单的特别约定来看，其对相关雇员（骑手）意外伤害及雇员（骑手）致他人人身伤亡或财产损失作了特别约定。相关约定属于对该保险险种的保险范围的约定，而非免责条款。一审将相关条款理解为免责条款并以保险公司未履行免责条款的明确说明义务为由，按通常的机动车商业保险中的机动车第三者责任保险进行赔付，不符合该保险合同的约定，予以纠正。根据该保险单特别约定，护理费、营养费、交通费不在该险种的保险责任范围。

浙江省嘉兴市中级人民法院依照《中华人民共和国民法典》第一千一百七十九条、第一千一百九十一条，《中华人民共和国保险法》第六十五条第一款，《中华人民共和国民事诉讼法》第一百七十七条第一款第二项的规定，判决如下：

一、撤销浙江省桐乡市人民法院（2022）浙 0483 民初 1398 号民事判决；

二、保险公司赔偿徐某某 15406.88 元，扣除已付的 2694.67 元，尚需支付 12712.21 元；

三、电子商务公司赔偿徐某某 5090 元；

四、驳回徐某某的其他诉讼请求。

【法官后语】

本案的争议焦点在于保险单中特别约定条款的法律性质和效力如何认定。一种意见认为，特别约定是由保险公司单方面出具的合同约定，该约定免除了保险人部分保险责任，属于免责条款。保险人应证明就该条款尽到了提示和说明义务，否则该条款不发生法律效力，保险人应给付全部赔偿金；另一种意见认为，特别约定是经过双方磋商对保险条款进行的修正和约定，该条款并非免责条款，保险人无须进行提示说明，保险人按照特别约定给付赔偿金。就本案而言，笔者同意第二种意见，理由如下：

一、经投保人与保险人协商订立的特别约定条款，并非为格式条款

保险合同作为一种格式合同，一定程度上限制了保险合同双方的缔约自由，为保障当事人的意思自治，《中华人民共和国保险法》在规定保险合同基本事项的前提下，赋予了合同当事人针对保险合同进行特别约定的权利。本案讼争的保险单险种为“骑手雇主责任保险”，该险种不同于提供备案格式合同的机动车商业保险中的机动车第三者责任保险。从其保险单特别约定的内容来看，投保人电子商务公司与保险人保险公司对被保险人雇员致第三者人身伤亡或财产损失作了约定，且特别约定对雇员身份情况、保障期间、雇员工作内容、赔偿项目、免赔项目、理赔手续等内容进行了详细的列明。判断上述特别约定是否具有法律效力，关键在于该特别约定是否经双方自由磋商达成合意后订立，即采用非格式条款的形式来约定免责。对于如何审查特别约定是否属于双方当事人磋商合意形成的条款，本案可以从条款的认知可能、地位的悬殊程度、保险责任与获益程度相当三个方面进行分析认定。

（一）条款的认知可能

针对保险合同的订立，投保人对于合同每个条款的含义、合同各方的权利义务、对自身权益的影响等都是需要考虑的问题，当投保人因受教育程度、获取信息的渠道、成本等因素的影响而无法对保险条款的含义、法律效力等方面进行充分认识时，则不应要求其承担超出能力范围之外的注意义务，反之则不

然。本案中，投保人电子商务公司是一家专门从事M平台外卖配送业务的公司，案涉保险单关于第三者责任的特别约定条款，约定的赔偿范围恰是其雇员作为M平台骑手工作期间发生的意外事故所造成的第三者人身伤亡、财产损失，条款言语通俗、意思明确，所涉内容与投保人电子商务公司经营活动密切关联，具有极强的针对性，且投保人长期反复投保案涉“骑手雇主责任保险”，亦未提出异议，因此投保人对该特别约定条款具有高度认知可能性。

（二）地位的悬殊程度

地位是指双方当事人由于经济条件、所具备的身份以及掌握的社会资源等的不同而导致的进行商讨的能力。在保险合同领域，投保人与保险人的地位越悬殊，则在订立保险合同时，保险人应承担的提示说明义务就越多，而地位差距越小的，保险人应承担的提示说明义务也相对较少。具体到本案中，投保人电子商务公司作为长期经营多地M平台外卖配送业务的大公司，拥有法务专岗，和普通个人投保人相比，其与保险人地位差距较小，具有较强的缔约能力，故在提示说明义务的承担上，不应苛责于保险人。

（三）保险责任与获益程度相当

保险责任与获益程度的相当，本质上就是公平原则的体现。在法律要求当事人承担某种责任的同时，也应当考虑到责任与其享有的权利相当。保险合同作为一种双务合同，投保人负有支付保费的义务，而保险人则要承担在保险事故发生时给付保险赔偿金的义务。又因保险合同是射幸合同，相较于其他双务合同而言，双方不存在对等的给付义务。从经济角度观察，保费实质是投保人为形成共同风险保障而分摊的资金。本案“骑手雇主责任保险”，保费为2.9元一天，投保方式为按天投保，第三者责任总赔偿限额为450000元。综合考虑外卖配送业务的高风险性、骑手人员流动的频繁性、按天投保的方式、相对较低的保险费率，可以认定特别约定列明的赔偿项目、免赔项目等条款，是由投保人电子商务公司根据其外卖配送业务实际需求，经与保险人保险公司商议并平衡双方利益后，共同确定的特殊内容，可谓是量身定做。因此，该特别约定是保险合同的重要组成部分，并非格式条款。

二、保险人对双方自由约定的特别约定条款，无须提示说明

《中华人民共和国保险法》第十七条规定："订立保险合同，采用保险人提供的格式条款的，保险人向投保人提供的投保单应当附格式条款，保险人应当向投保人说明合同的内容。对保险合同中免除保险人责任的条款，保险人在订立合同时应当在投保单、保险单或者其他保险凭证上作出足以引起投保人注意的提示，并对该条款的内容以书面或者口头形式向投保人作出明确说明；未作提示或者明确说明的，该条款不产生效力。"该条分为两款：第一款是对保险人提供的格式条款的一般说明义务，第二款是保险合同中免除保险人责任的条款的提示和明确说明义务。根据体系解释，第二款的理解应以第一款的规定为前提，故第二款中的免责条款应指保险人提供的格式条款中的免责条款，不包括非格式条款中的免责条款。另外，《中华人民共和国保险法》中保险人提示说明义务的立法目的，是保护被保险人的利益，使当事人在相互了解各方的权利义务，根据平等互利原则经过自由磋商的基础上订立保险合同。本案"骑手雇主责任保险"中特别约定条款，虽然部分免除了保险人的保险责任，但是其并非由保险人单方事先拟定，而是由投保人根据自身需求，与保险人共同磋商形成，故不属于格式条款，更不属于法律意义上的免责条款，保险人无须履行提示和说明义务。因此，本案特别约定条款对保险合同各方均具有法律约束力。最后，需要指出的是，虽然特别约定在定义上不属于格式条款，但不能仅仅依据其在保单中标注的名称是特别约定，而直接认定不属于格式条款从而免除保险公司的提示说明义务，而应当结合案情综合分析认定。司法审判应辩证看待保险纠纷当事人之间的关系，既要坚持保险立法的基本精神和价值取向，注重对被保险人利益的保护，又要尊重保险业的固有属性，均衡保护保险市场主体的权益，促进保险业的健康有序发展。

编写人：浙江省桐乡市人民法院　周洪杰

48

私家车出租导致车辆危险程度显著增加的认定

——钱某某诉保险公司等机动车交通事故责任案

【案件基本信息】

1. 裁判书字号

江苏省无锡市中级人民法院（2022）苏02民终2229号民事判决书

2. 案由：机动车交通事故责任纠纷

3. 当事人

原告（被上诉人）：钱某某

被告（被上诉人）：蒋某某、严某某

被告（上诉人）：保险公司

【基本案情】

严某某将自有某牌私家车交由郑某某保管，郑某某保管期间将车辆出租给蒋某某，约定租金10000元/年，蒋某某将案涉车辆用于家庭自用，蒋某某在使用车辆过程中发生交通事故，致第三人钱某某的车辆损坏，钱某某车辆损失经评估车损为20000元，钱某某支付评估费1500元。严某某的案涉车辆在保险公司投保了交强险与100万元商业三者险，钱某某起诉要求蒋某某、严某某、保险公司赔偿车辆损失。保险公司以案涉车辆被严某某有偿租赁给蒋某某驾驶，车辆性质已由家庭自用转为租赁、危险程度显著增加为由拒赔商业三者险。

【案件焦点】

严某某将私家车出租给蒋某某使用是否导致车辆危险程度增加致商业三者

险拒赔。

【法院裁判要旨】

江苏省宜兴市人民法院经审理认为：租赁合同的成立需要双方当事人达成合意，虽然蒋某某在保险公司调查时单方面称其从郑某某处租赁了涉案某车，但车辆的车主严某某及车辆保管人郑某某均否认车辆出租事实。虽然蒋某某在保险公司单方调查笔录称其以 1 万元/年租赁了涉案车辆，但该费用远低于正常市场租赁价格，故无法得出郑某某、严某某有以涉案车辆营利之目的，郑某某、严某某称 1 万元属于弥补车辆损耗费用更显合理；车辆使用性质改变是指将家庭自用非营运性车辆改变车辆用途用于经营、运输等使车辆变为营运性质，营运车辆是以营利为目的而从事道路运输经营活动。保险公司以车辆使用性质改变作为商业三者险拒赔的根本原因在于车辆使用性质的改变易引起保险标的危险程度显著增加。本案中，保险公司并未提供证据证明蒋某某以涉案车辆从事车辆营运活动，蒋某某对涉案车辆的实际使用并未超出自用范畴，也并未显著增加车辆的危险程度。综上，钱某某的车损应由保险公司在交强险与商业三者险限额内予以赔偿。

江苏省宜兴市人民法院依据《最高人民法院关于适用〈中华人民共和国民法典〉时间效力的若干规定》第一条，《中华人民共和国侵权责任法》第二条、第三条、第六条、第十六条、第十九条、第四十八条，《中华人民共和国道路交通安全法》第七十六条的规定，判决如下：

一、保险公司于判决生效之日起十日内赔偿钱某某车损 20000 元；

二、驳回钱某某对蒋某某、严某某的诉讼请求。

保险公司不服一审判决，提起上诉。江苏省无锡市中级人民法院经审理认为：车辆使用性质改变是指将家庭自用非营运性车辆改变车辆用途用于经营、运输等使车辆变为营运性质，营运车辆是以营利为目的而从事道路运输经营活动。保险公司以车辆使用性质改变作为商业三者险拒赔的根本原因在于车辆使用性质的改变易引起保险标的危险程度显著增加。本案中，保险公司并未提供证据证明蒋某某以涉案车辆从事车辆营运活动，且显著增加车辆的危险程度，一审法院判决保险公司应承担理赔责任，符合法律规定，予以确认。

江苏省无锡市中级人民法院依照《中华人民共和国民事诉讼法》第一百七十条第一款第一项的规定，判决如下：

驳回上诉，维持原判。

【法官后语】

保险合同是双务合同，合同的双方当事人都必须按合同的约定和法律的规定享有相应的合同权利和履行各自的义务。根据《中华人民共和国保险法》第五十二条的规定："在合同有效期内，保险标的的危险程度显著增加的，被保险人应当按照合同约定及时通知保险人，保险人可以按照合同约定增加保险费或者解除合同。保险人解除合同的，应当将已收取的保险费，按照合同约定扣除自保险责任开始之日起至合同解除之日止应收的部分后，退还投保人。被保险人未履行前款规定的通知义务的，因保险标的的危险程度显著增加而发生的保险事故，保险人不承担赔偿保险金的责任。"保险标的危险程度的显著增加意味着保险人需承担更多的赔付风险，打破了保险合同成立时保险费与承保危险之间的对价平衡关系，因此《中华人民共和国保险法》第五十二条赋予了保险人知情权、保险费增加权、合同解除权。但在日常生活与司法实践中，保险公司也存在滥用该法条的情形，对于个人出租私家车发生交通事故情形，保险公司往往不区分车辆租赁情形，也不考虑保险标的危险程度是否显著增加，商业三者险一律拒赔，既增加了被保险人的维权成本，又占用了大量司法资源。对于个人出租私家车，有无导致车辆危险程度增加，应当从以下三个角度予以综合认定：

1. 从租赁主体分析私家车租赁范围的特定与不特定。私家车一般为家庭自用，车辆使用范围、车辆驾驶人员相对固定，车辆使用范围、车辆驾驶人员的无限扩大导致车辆发生交通事故的概率随之增大。如车主将车辆出租给特定的个人（如出租给亲戚、朋友）使用，一般不会导致车辆危险程度增加；如车辆出租给不特定个人或组织（如出租给专门从事汽车租赁业务的租赁公司），致使私家车驾驶人范围从其家庭成员及其允许的有限的合法驾驶人扩大到更为广泛的不特定人员，则会造成车辆危险程度显著增加。

2. 从出租目的分析其出租行为的营利性与非营利性。机动车按照使用性质可分为营运和非营运。营运机动车是指个人或者单位以获取利润为目的而使用机动车，非营运机动车是指个人或者单位不以获取利润为目的而使用机动车。如个人主观上以营利为目的将私家车经常性、高频率或者长时间地进行出租（专门从事汽车租赁）并以此作为主要收入来源，应视为其改变了车辆使用性质，车辆由非营运转为营运，车辆危险程度会显著增加。如果个人主观上并无营利目的，也非专门从事汽车租赁业务并以其作为主要生活来源，仅是向承租人让渡了车辆使用权时收取了合理对价，不能认为其具有营利目的，也不会显著增加车辆危险程度。

3. 从车辆用途分析车辆是家庭（个人）自用还是营业运输。在车辆保险领域中，保险公司根据被保车辆的用途分为家庭自用和营运车辆两种，并设置了不同的保险费率，营运车辆的保费接近家庭自用车辆的两倍。相较于家庭用车，营运车辆运行里程多，使用频率高，发生交通事故概率也自然更大，这既是社会常识也是保险公司对风险的预估，车辆的危险程度与保险费是对价关系，家庭自用车辆风险小，交付保费低，营运车辆风险大，支付保费高。以家庭自用车辆用于营业运输并谋求利润，车辆风险必然会显著增加。

本案中，保险公司并未提供证据证明严某某、蒋某某以涉案车辆从事车辆营运活动，且显著增加车辆的危险程度，故保险公司商业三者险不得拒赔。无锡中院通过对该案的裁判，指导了投保非营运保险私家车的合理使用范围，规范了保险公司保险理赔与拒赔尺度，有助于维护被保险人的合法权益及促进保险行业良性发展。

编写人：江苏省宜兴市人民法院　孟理想

49

为“超标”电动车承保非机动车险后不得以车辆鉴定性质与保单不符拒赔

——方某某诉董某某等机动车交通事故责任案

【案件基本信息】

1. 裁判书字号

浙江省台州市中级人民法院（2022）浙10民终3296号民事判决书

2. 案由：机动车交通事故责任纠纷

3. 当事人

原告（被上诉人）：方某某

被告（上诉人）：董某某、余某1、余某2、甲保险公司、乙保险公司

【基本案情】

2021年11月21日，方某某驾驶自行车沿某市某镇某农贸城通道自北向南进入沿河路时，因未注意安全，与沿河路自东向西由董某某驾驶的未注意安全且受余某1不按规定停放的浙J1××××号轻型仓栅式货车影响的无号牌轻便正三轮摩托车发生碰撞，造成方某某受伤。此事故经某市公安局交通警察大队认定，方某某与董某某负本次事故同等主要责任，余某1负本次事故次要责任。董某某所有的无号牌轻便正三轮摩托车经交警部门鉴定性质属于机动车。2022年8月1日，方某某伤情经某司法鉴定中心鉴定：脑叶部分切除术后评定为人体损伤九级残疾。方某某向法院提出诉讼，请求判令董某某赔偿因交通事故所造成的损失共计143296元，判令余某1、余某2共同赔偿损失286182元，甲保险公司、乙保险公司各自在保险责任范围内赔偿上述损失。

【案件焦点】

甲保险公司应否在电动车第三者责任保险限额内为案涉轻便正三轮摩托车承担赔偿责任。

【法院裁判要旨】

浙江省临海市人民法院经审理认为：诚信，是民事主体从事民事活动应当遵循的基本原则，也是社会主义核心价值观的最基本要素和道德基础。根据保单所载，甲保险公司在承保时明知案涉车辆可能因规格、未上牌等因素被鉴定为机动车，而仍然按非机动车性质承保电动车第三者责任险，应当对理赔风险有充分认识，现以车辆性质不符拒赔，与保险合同约定相悖，亦有违诚实信用原则，对其抗辩主张不予采纳。

浙江省临海市人民法院依照《中华人民共和国民法典》第四百九十六条、第四百九十八条、第一千一百七十九条、第一千二百零八条、第一千二百一十三条，《中华人民共和国道路交通安全法》第七十六条，《最高人民法院关于审理人身损害赔偿案件适用法律若干问题的解释》第十二条，《最高人民法院关于审理道路交通事故损害赔偿案件适用法律若干问题的解释》第十三条，《最高人民法院关于适用〈中华人民共和国保险法〉若干问题的解释（三）》第十九条，《中华人民共和国民事诉讼法》第六十七条、第一百四十七条的规定，判决如下：

一、董某某于本判决发生法律效力之日起十日内赔偿方某某交通事故损失59838.3元（已扣除垫付的7000元）；

二、甲保险公司于本判决发生法律效力之日起十日内赔偿方某某交通事故损失56431.3元；

三、乙保险公司于本判决发生法律效力之日起十日内赔偿方某某交通事故损失266621.89元（已扣除垫付的18000元）；

四、驳回方某某的其他诉讼请求。

董某某对一审判决不服，提出上诉。浙江省台州市中级人民法院经审理认为：温州市汽车工程学会对上诉人驾驶的无号牌轻便正三轮摩托车出具了技术鉴定意见书，上诉人未提供反驳证据，故原审法院认定上述车辆性质为机动车并无不当。关于责任认定，交警部门根据现场勘察笔录、技术鉴定意见书、监控录像等证据，综合考量各方当事人的过错，认定上诉人与被上诉人方某某承担本案事故的同等责任，且上诉人未就案涉《道路交通事故认定书》申请复核，故原审法院采信交警部门的责任认定并作为定案依据，亦无不当。上诉人关于其应承担本案事故次要责任的主张依据不足，本院不予支持。至于甲保险公司辩称，上诉人驾驶车辆性质与保单不符，其不应承担保险赔偿责任，因甲保险公司未提起上诉，本院对此不作审查。综上，董某某的上诉请求不能成立，应予驳回；一审判决认定事实清楚，适用法律正确，应予维持。

浙江省台州市中级人民法院依照《中华人民共和国民事诉讼法》第一百七十七条的规定，判决如下：

驳回上诉，维持原判。

【法官后语】

“超标”电动车发生交通事故时，如何合理分配赔偿责任，成为人民法院审理类案的难点。

一、“超标”电动车行政管理现状

根据公安部《机动车驾驶证申领和使用规定》等有关规定，无论采用何种驱动方式，最高设计车速不超过50km/h，且若使用内燃机，其排量不大于50mL的两轮或三轮车辆系轻便摩托车，属于机动车。而根据GB 17761-2018《电动自行车安全技术规范》第3.1条规定，电动自行车应符合“以车载蓄电池作为辅助能源，具有脚踏骑行能力，且最高设计时速不超过25km/h，整车质量小于或等于55kg，蓄电池电压小于或等于48V，额定连续输出功率小于或等于400W”的标准。实务中，对于已办临时牌照上路的超标电动车，即使发生交通事故，交警部门也通常按非机动车对待，反之，交警部门则将予以行政处罚，并将之定性为无号牌机动车。

回到本案，虽然董某某所有的电动三轮车经鉴定属于机动车范畴，但如前述，这一定性更多是基于行政管理的需要，对未按规定申领临时牌照的当事人予以处罚。在民事赔偿中，由于该类电动三轮车并未列入国家产品目录，无机动车的车辆识别代码及发动机号码，无法办理正式牌照和行驶证，故不具备投保机动车相应保险的客观可能。董某某在行政规定上的过错，并不构成其承担机动车交强险及商业险替代赔付责任的违法基础，在责任比例上将其视为机动车方适当加重已足够，不应过多苛责。

二、“超标”电动车的非机动车三者险

无论行政管理规定如何，案涉电动三轮车被定性为机动车，仍系事实，也确与非机动车三者险保单所载车辆性质不符，这能否构成保险公司的拒赔理由？

车辆性质，在保险法语境下可量化为“保险标的危险程度”，保险公司综合车辆的规格、用途、使用人等要素，评估承保风险，并确定保险种类及费率标准。根据《中华人民共和国保险法》第五十二条规定，在合同有效期内，保险标的危险程度显著增加的，被保险人应当及时通知保险人，被保险人未履行前款规定的通知义务的，因保险标的危险程度显著增加而发生的保险事故，保险人不承担赔偿保险金的责任。危险程度增加是一个相互比较的概念，其标准在于保险人承保时对风险程度的评估，易言之，承保时该风险应具备不可预见性，如果危险状况在合同订立时即已存在，不会影响当事人的对价平衡，自然不构成该免赔事由。

本案中，保险公司作为长期从事相关业务的商事主体，具备充分的商事理性，在保险合同订立时，理应对案涉车辆的规格、上牌情况进行综合评估，案涉保单所载车辆各类信息也能体现保险公司对该车性质已有认定，同意为其承保非机动车商业三者险，系其意思自治，并不存在受欺诈、车辆嗣后改装等情况，合同依法生效，故应当依保险合同约定承担理赔责任。

需要强调的是，诚信原则，不仅是民法的基本原则，更是保险法中的“帝王原则”。作为本地保险公司，甲保险公司熟知地方交警部门管理超标电动车的相关规定，而仍然按非机动车性质承保电动车第三者责任险，应当对理赔风险有充分认识。现发生交通事故后，却以车辆性质与保单不符拒赔，主张解除保险合同退还保费，显有违诚信原则，也不利于保险业务长远良性发展。

编写人：浙江省临海市人民法院　阮志强　徐昊阳

50

线上投保时投保人在投保单及投保人声明上签字确认的，可以认定保险人尽到了提示和明确说明义务

——孙某某诉李某、保险公司机动车交通事故责任案

【案件基本信息】

1. 裁判书字号

陕西省渭南市中级人民法院（2023）陕 05 民终 162 号民事判决书

2. 案由：机动车交通事故责任纠纷

3. 当事人

原告（被上诉人）：孙某某

被告（上诉人）：李某

被告（被上诉人）：保险公司

【基本案情】

2021 年 8 月 27 日 19 时 56 分，李某驾驶陕 AJ××××号小轿车在某市某区某大道某企业集团某县产业园门口由东向西行驶时，将孙某某及另一行人裴某某撞倒，造成孙某某及裴某某受伤、李某车辆受损的道路交通事故。孙某某受伤后即被送至某人民医院急救，住院治疗 45 天，花费治疗费 78009.74 元（李某支付 1000 元、保险公司支付 18000 元）。同年 9 月 9 日，某市某区公安局交管大队对事故作出认定：李某负事故全部责任，孙某某、裴某某无责任。孙某某治疗结束后在与李某及保险公司协商赔偿事宜未果后即诉至法院，要求李某及

其所驾车辆的保险公司即保险公司赔偿相关损失。

【案件焦点】

孙某某治疗费用中的非医保用药费用是否应由李某承担。

【法院裁判要旨】

陕西省渭南市华州区人民法院经审理认为：公民的健康权受法律保护。李某驾车发生交通事故致孙某某受伤，其行为侵犯了孙某某的健康权，应承担侵权赔偿责任；因李某所驾车辆在保险公司投保了交强险和商业险，事故发生在保险期内，因此由保险公司先在交强险限额范围内向孙某某予以赔偿，超出部分在商业险中予以赔偿，对孙某某的合理诉请予以支持。因本次交通事故的另一伤者裴某某业已提起诉讼，同时保险公司已将交强险中的医疗费18000元全额支付给了孙某某，因此由保险公司在交强险的死亡伤残项下预留40000元以赔偿另案当事人裴某某。

本案争议焦点在医疗费，保险公司认为李某在投保时，其已经向李某履行了明确的提示说明告知义务，因此孙某某治疗费中的非医保用药费由侵权人李某承担，李某认为孙某某治疗时应使用医保范围内的药品，孙某某使用非医保用药产生的费用由其自负。对此本院认为，根据保险公司提供的保险合同，能够认定李某在投保时保险公司已经履行了明确的提示、说明告知义务，因此保险公司不承担此部分费用；孙某某住院时，医院根据孙某某病情决定使用何种药物，孙某某对此无权决定，且该部分费用孙某某已实际支付，因此孙某某的非医保用药费用由李某承担，李某已经支付的1000元在赔偿时予以扣减；李某认为非医保用药费用应由孙某某自负的意见不能成立。孙某某主张的其余医疗费由保险公司向孙某某予以赔偿。

陕西省渭南市华州区人民法院依照《中华人民共和国民法典》第一千一百六十五条、第一千一百七十九条、第一千一百八十三条第一款、第一千二百零八条，《中华人民共和国道路交通安全法》第七十六条第一款的规定，判决如下：

一、被告保险公司于本判决发生法律效力后十五日内在交强险责任限额范围内赔偿原告孙某某经济损失 158000 元（已付 18000 元）；在商业险保险责任限额范围内赔偿原告孙某某经济损失 229436. 3 元；

二、被告李某于本判决发生法律效力后十五日内赔偿原告孙某某经济损失 8073. 85 元（已付 1000 元）；

三、驳回原告孙某某的其他诉讼请求。

被告李某不服一审判决，提起上诉。陕西省渭南市中级人民法院经审理认为：公民的人身权利受法律保护，侵犯公民的人身权利应当依法承担侵权赔偿责任。各方当事人对本案所涉交通事故的发生、责任认定、案涉车辆的保险合同关系均无异议，应予认定。上诉人上诉认为，保险公司未就保险条款尽到提示说明义务，故孙某某医疗费中的非医保用药 8073. 85 元应由保险公司一并承担，其垫付的 1000 元应由保险公司予以返还。依据法律规定，保险人在设立保险合同时负有向投保人履行提示和明确说明的义务，否则该条款不发生法律效力。被上诉人保险公司在一审时提交的《机动商业保险/机动车交通事故责任强制保险投保单》《投保人声明》《陕西省机动车车辆保险投保提示书》上均有上诉人李某的签字确认，能够认定保险公司已经向上诉人履行了明确的提示说明义务，故依据合同约定，孙某某治疗费中的非医保用药费用应由上诉人承担。

陕西省渭南市中级人民法院依照《中华人民共和国民事诉讼法》第一百七十七条第一款第一项的规定，判决如下：

驳回上诉，维持原判。

【法官后语】

随着经济社会发展，传统的保险售卖方式明显已经不能满足快速发展的社会需要，因此保险公司顺势而为，将原先单一的线下业务发展到线下与线上并用，推出的网络（线上）版保险，既方便投保人投保，较大幅度降低了保费，又降低了保险公司的运营成本，是一个双赢模式。保险合同作为格式条款合同，其中的免责条款关乎合同双方的切身利益，对双方具有重要意义。但实践中对于如何认定保险公司履行了提示与明确说明义务存在争议。

一、传统保险合同提示与明确说明义务的认定标准

传统的保险合同都是在线下操作，保险人履行提示与明确说明义务一般采用两种方式：一是投保人到保险公司填写投保单、缴纳保费、签字确认，对于免责部分，保险人采取黑体字、加粗字体、彩色字体或者免责部分字体与其他部分字体截然不同，以引起投保人注意，并且在投保单的最后部分都会要求投保人将保险人提前印制好的免责声明部分手抄一遍并签字，起到已尽到提示的作用。二是为了更加明确保险人的提示义务，部分保险人将免责部分的保险条款单独印制成册，由投保人阅读后签字确认。这两种情形下如果发生保险纠纷，一般争议不大。

由于保险条款具有较高的专业性，一般投保人对于免责条款的概念、内容和法律后果不是十分清楚，尤其对于免责条款的概念很模糊，绝大多数只是投保，对免责条款根本不懂，等到保险人拒赔时一脸茫然，不知所措。现行相关法律规定，投保人在具有相关免责条款页面或者在免责条款正反页印制的单独投保人声明处签字确认并同时表示对免责条款的概念、内容及法律后果已经明了的，应当认定保险人已经履行了明确说明义务，除非投保人、被保险人能提供充分反驳证据。

二、线上保险合同的特点及提示和明确说明义务的认定标准

线上保险合同的条款与纸质保险合同条款没有差异，只是将纸质合同改变为线上电子合同，由于保险合同条款繁杂冗长，字体过小过密，所以，同纸质合同一样，多数投保人不仔细阅读或者根本就不阅读，只是机械地按保险人设定好的步骤输入相关信息、点击同意进行下一步操作，最后电子签名完成投保。一般还会在生效前进行电话回访，确认投保人知悉合同内容，对合同条款无异议等内容。所以应当对整个签署的流程进行审查，以认定是否尽到提示和明确说明义务。

线上提示和明确说明义务的具体方式。(1) 线上投保时，保险人也会对提示及说明义务部分进行特别处理，如加粗字体、改变字体或者加下画线等方式

以引起投保人的注意，尽到提示义务；（2）对于比较难理解的部分或者重要部分也会采取动态演示方式达到尽到明确说明义务的目的，维护保险人的合法权益。还会设定一定的程序，保证你阅读一定的时间在此情况下，就要求投保人对于线上投保要慎之又慎，密切关注，认真阅读相关条款，准确理解保险条款，最后签字确认，完成投保。

具体到本案，李某在向保险公司投保时采用了线上投保方式，从保险公司提供的线上投保操作演示视频中可以看到，投保人李某在投保时，须按照操作步骤的要求逐一点击最后手写签字确认才完成了线上投保的所有步骤，此时应认定保险公司已经履行了提示和明确说明义务，保险合同正式成立，该合同对双方均具有法律约束力。依据双方保险合同约定，孙某某治疗期间支付的非医保用药费用应该由李某承担。

编写人：陕西省渭南市华州区人民法院　王瀚武

51

受害人因关联交通事故两次叠加受伤却仅有一份交强险赔付时，医疗费用的正确认定

——翟某某诉甲保险公司等机动车交通事故责任案

【案件基本信息】

1. 裁判书字号

山东省淄博市中级人民法院（2022）鲁03民终879号民事判决书

2. 案由：机动车交通事故责任纠纷

3. 当事人

原告（被上诉人）：翟某某

被告（上诉人）：甲保险公司

被告（被上诉人）：张某某、郑某某、乙保险公司

【基本案情】

2020年11月22日17时20分，郑某某驾驶辽PF××××号重型半挂牵引车沿某路慢车道由南向北行驶至某路口处时，与沿该路非机动车道同向行驶至此处左转的翟某某驾驶的电动二轮车相撞，相撞后翟某某倒在快车道内，后张某某驾驶的鲁CJB×××号小型轿车沿镇中路由西向东行驶至此处左转弯时与倒在此处翟某某相撞，造成翟某某受伤，车辆不同程度受损，张某某驾车逃逸。交警部门认定：第一次事故郑某某与翟某某负同等责任；第二次事故张某某负全部责任，翟某某无责任。涉案车辆权属及投保情况。辽PF××××号重型半挂牵引车在甲保险公司投保交强险，在被告乙保险公司投保100万元含不计免赔的商业三者险；鲁CJB×××号小型轿车系被告张某某所有且未投保险。

【案件焦点】

两次关联性交通事故的责任比例划分及交强险、商业险责任承担问题。

【法院裁判要旨】

山东省高青县人民法院经审理认为：因两次交通事故导致翟某某受伤，且庭审中各方当事人皆不能证明哪一次事故对原告损伤所起作用更大，故以两次交通事故各负50%比例为宜，每次事故所造成损失为97866.54元（195733.07×50%）。针对于第一次交通事故原告损失，应由被告甲保险公司在交强险内承担责任，赔偿数额为医疗费18000.00元，误工费、护理费、残疾赔偿金、精神损害抚慰金、交通费73196.21元，车辆损失费300.00元，共计91496.21元。原告交强险外损失为医疗费、住院伙食补助费、鉴定费，共计6370.33元。根据事故责任、投保情况及原告驾驶车辆为非机动车的实际状况，被告乙保险公司应承担相关损失60%的赔偿责任为宜，计款3822.20元。对于第二次交通事故，被告郑某某承担责任的依据为其驾驶员身份及《中华人民共和国道路交通安全

法》第七十条规定，且第二次事故与第一次事故无论是侵权行为还是主观过错皆明显不同，属于相互独立的事故。甲保险公司应当再次承担交强险责任，因张某某驾驶的车辆未投保交强险，原告翟某某要求先由被告甲保险公司承担交强险责任，符合《最高人民法院关于审理道路交通事故损害赔偿案件适用法律若干问题的解释》第十八条规定，予以支持。被告甲保险公司在交强险内先承担责任，赔偿数额为医疗费 18000.00 元，误工费、护理费、残疾赔偿金、精神损害抚慰金、交通费 73196.21 元，车辆损失费 300.00 元，共计 91496.21 元。被告张某某在相当于交强险范围内承担医疗费、住院伙食补助费 4550.33 元。原告翟某某交强险外损失为鉴定费 1820.00 元。根据事故责任、投保情况，由被告乙保险公司承担上述损失 30%赔偿责任较为适宜，计款 546.00 元（1820.00×30%）；被告张某某承担相关损失 70%赔偿责任较为适宜，计款 1274.00 元（1820.00×70%），已赔偿予以扣减。

山东省高青县人民法院依据《中华人民共和国侵权责任法》第三条、第六条、第十六条、第二十二条、第四十八条，《中华人民共和国道路交通安全法》第七十条、第七十六条，《中华人民共和国保险法》第六十六条，《最高人民法院关于审理道路交通事故损害赔偿案件适用法律若干问题的解释》第十三条、第十六条、第十八条的规定，判决如下：

一、甲保险公司在两份交强险责任范围内赔偿翟某某各项损失 182992.42 元；

二、被告乙保险公司赔偿翟某某医疗费、住院伙食补助费、鉴定费共计 4368.20 元；

三、被告张某某赔偿原告翟某某医疗费、住院伙食补助费、鉴定费共计 5828.33 元。

甲保险公司不服一审判决，提起上诉。山东省淄博市中级人民法院经审理认为：依据《中华人民共和国侵权责任法》第十二条规定，二人以上分别实施侵权行为造成同一损害，能够确定责任大小的，各自承担相应的责任；难以确定责任大小的，平均承担赔偿责任。《最高人民法院关于审理道路交通事故损害赔偿案件适用法律若干问题的解释》第十三条规定，多辆机动车发生交通事故造成第三人损害，当事人请求多个侵权人承担赔偿责任的，人民法院应当区分不同情况，依照《中华人民共和国侵权责任法》第十条、第十一条或者第十二条的规定，确定侵权人承担连带责任或者按份责任。本案中，先后发生两次交通事故，两次侵权行为共同给翟某某造成损害。翟某某损失共计195733.07元，单次事故损失为97866.84元。第一次交通事故造成损失责任承担问题。一审认定事实正确，判决并无不当，当事人亦未提起上诉，不再赘述。关于第二次交通事故造成损失的责任承担问题。《最高人民法院关于审理道路交通事故损害赔偿案件适用法律若干问题的解释》第二十一条第三款规定，多辆机动车发生交通事故造成第三人损害，其中部分机动车未投保交强险，当事人请求先由已承保交强险的保险公司在责任限额范围内予以赔偿的，应予支持。保险公司就超出其应承担部分向未投保交强险的投保义务人或者侵权人行使追偿权的，人民法院应予支持。根据上述规定，对于第二次交通事故给翟某某造成的损失，上诉人甲保险公司在交强险限额内承担责任。甲保险公司已在交强险限额内承担一次性医疗费18000.00元，已达限额不再承担。对于误工费、护理费、残疾赔偿金、精神损害抚慰金、交通费73196.21元，车辆损失费300.00元，共计73496.21元，由上诉人承担，并可以对张某某行使追偿权。《中华人民共和国道路交通安全法》第七十六条规定，机动车与非机动车驾驶人、行人之间发生交通事故，非机动车驾驶人、行人没有过错的，由机动车一方承担赔偿责任。根据上述法律规定，一审认定郑某某在第二次交通事故中应承担侵权责任法律依据不足。本案中，淄博市公安局交通警察支队高青大队认定第二次事故张某某负全部责任，翟某某无责任。张某某未投保交强险及商业三者险，应对第二次交通事故造成损失97866.54元承担全部责任。一审判决后，对546.00元承担问题，当事人未提出上诉，不再予以处理。在代张某某承担73496.21元和546.00元责任后，张某某还应承担23824.33元。

山东省淄博市中级人民法院依据《中华人民共和国侵权责任法》第十二条，《中华人民共和国道路交通安全法》第七十六条，《最高人民法院关于审理道路交通事故损害赔偿案件适用法律若干问题的解释》第十三条、第二十一条，《中华人民共和国民事诉讼法》第一百七十七条第一款第二项、第三百二十一条的规定，判决如下：

一、维持山东省高青县人民法院（2021）鲁0322民初2492号民事判决第二项；

二、维持山东省高青县人民法院（2021）鲁0322民初2492号民事判决第四项；

三、变更山东省高青县人民法院（2021）鲁0322民初2492号民事判决第一项为：上诉人甲保险公司在交强险责任范围内赔偿原告翟某某医疗费、误工费、护理费、残疾赔偿金、精神损害抚慰金、交通费、车辆损失费共计164992.42元（91496.21元+73496.21元），扣除已支付的18000.00元，余款146992.42元；

四、变更山东省高青县人民法院（2021）鲁0322民初2492号民事判决第三项为：被上诉人张某某赔偿原告翟某某医疗费、住院伙食补助费、鉴定费共计23824.33元，于本判决生效之日起十日内付清；

五、上诉人甲保险公司支付73496.21元后可以向被上诉人张某某追偿。

【法官后语】

本案涉及两次关联性交通事故中只存在一个投保公司这一特殊情况时，两次事故的交强险如何计算处理的问题。

交强险制度有利于道路交通事故受害人获得及时的经济赔偿与医疗救治，减轻肇事方赔偿责任与提升驾驶人员交通安全意识。在《中华人民共和国保险法》《机动车交通事故责任强制保险条例》《中华人民共和国道路交通安全法》中均有相应的规定。依据相关交通法规，上路行驶的机动车尤其是私家车都应当投保机动车强制保险，同时交强险的赔付原则为无过错责任原则，也就是发生事故后，机动车保险公司依法在交通事故责任强制赔偿限额范围内予以无条件优先赔付，当然若事故是受害人故意造成的，保险公司不应当赔付。

但是在涉及多车相撞或关联性交通事故中，交强险的责任承担较为复杂，其规则应如下：（1）多车相撞或产生关联事故时，各车均投保有交强险时，应当按照交警部门划分的事故责任在交强险责任比例限额内由各公司进行相应的赔付，剩余损失则由商业保险进行兜底式赔付；（2）部分车辆投保有交强险，其他车辆无投保交强险时，则应由投保交强险的公司对事故损失进行先行赔偿，之后再由赔偿的公司进行依法追偿；（3）多车相撞或产生关联事故时，无论存在几个交强险赔付公司，每一个公司均应在一次性交强险医疗费限额18000元额度内赔偿受害人医疗费用，无法覆盖的由肇事方承担，不应按两次或多次出险重复计算，防止过分加重保险公司的赔付责任。

本案中，鉴于张某某未为其车辆投保交强险及商业三者险，故其作为事故责任人，相关赔偿金额应由其承担。考虑到翟某某及时获赔问题，二审依据《最高人民法院关于审理道路交通事故损害赔偿案件适用法律若干问题的解释》第二十一条第三款规定，认定由第一次事故车辆的交强险投保公司甲保险公司在交强险额度内对两次事故造成的损失进行赔偿。同时交强险赔偿限额为200000元，分为车损2000元，直接医疗费用18000元及误工等各项费用180000元，上诉人在第一次事故中已全额承担18000元医疗费，已达交强险医疗费限额，一审判决认定上诉人在两次关联事故中均应承担18000元医疗费限额显属不当，两次事故均有明显关联性，翟某某的伤害系二次交通事故共同造成，此时若将两次事故因果联系割裂且分别计算交强险的医疗费限额，会背离填平原则，也无法真正反映出机动车交强险险种的保障本意，故一审在两次事故中均分别支持医疗费上限额度18000元不当，二审支持18000元医疗费限额于法有据。本案对正确理解交强险的各项费用计算及把握限额，在多车相撞或关联性事故中合理认定交强险计算次数，避免重复计算，防止加重保险公司保险责任与损害社会整体保险利益上具有重要示范意义。

另外，交警部门的事故认定书系依职权作出，第二次事故发生时郑某某驾驶车辆处于停驶状态，不存在过错，应当由张某某对第二次交通事故承担全部赔偿责任，一审直接认定第二次交通事故中郑某某存在过错并承担相应赔偿责任显属不当，基于严格界定不投保交强险且因危险驾驶发生事故司机的肇事责任，二审认定张某某直接承担全部赔偿数额，能有效加强对交通肇事逃逸行为打击力度，防止其转嫁社会责任。

编写人：山东省淄博市中级人民法院　荣明潇　孟庆红　杨富元

ISBN 978-7-5216-4350-3

9 787521 643503 >

图书在版编目（CIP）数据

中国法院2024年度案例．道路交通纠纷／国家法官学院，最高人民法院司法案例研究院编．—北京：中国法制出版社，2024.5

ISBN 978-7-5216-4350-3

Ⅰ.①中… Ⅱ.①国… ②最… Ⅲ.①公路运输-交通运输事故-民事纠纷-案例-汇编-中国 Ⅳ.①D920.5

中国国家版本馆CIP数据核字（2024）第054091号

策划编辑：李小草　韩璐玮（hanluwei666@163.com）

责任编辑：韩璐玮　　　封面设计：李宁

中国法院2024年度案例．道路交通纠纷

ZHONGGUO FAYUAN 2024 NIANDU ANLI. DAOLU JIAOTONG JIUFEN

编者/国家法官学院，最高人民法院司法案例研究院

经销/新华书店

印刷/三河市紫恒印装有限公司

开本/730毫米×1030毫米　16开　　　印张/16.25　字数/195千

版次/2024年5月第1版　　　2024年5月第1次印刷

中国法制出版社出版

书号 ISBN 978-7-5216-4350-3　　　定价：69.00元

北京市西城区西便门西里甲16号西便门办公区

邮政编码：100053　　　传真：010-63141600

网址：http：//www.zgfzs.com　　　**编辑部电话：010-63141791**

市场营销部电话：010-63141612　　　**印务部电话：010-63141606**